W0049176

*Das Buch*

Nicht nur Krafträuber, sondern sogar regelrechte Energievampire sind mitten unter uns. Sie schlagen am helllichten Tag zu, im Büro, zu Hause, im Straßenverkehr, in der Schule. Nirgends ist man vor ihnen sicher … Bis man endlich sagt: »Stopp! Jetzt ist Schluss! Meine Lebensenergie gehört mir!«

Dieses Buch zeigt Ihnen die besten Abwehrstrategien auf, mit denen Sie sich wirkungsvoll schützen können. Der Erfolgsautor Thomas Schäfer sensibilisiert Sie für ebenso gewöhnliche wie raffinierte Arten des Energieraubs. Er zeigt anhand zahlreicher lebendig geschilderter Beispiele, wie Energiediebe vorgehen und wie Sie ihnen Einhalt gebieten. Reicht bei kleinen Trödel- oder »Schmeckt mir nicht«-Monstern nämlich die Anwendung des Konsequenzprinzips, darf bei echten Energiesaugern durchaus auch mal schwereres Geschütz aufgefahren werden: Schlagfertigkeit, Humor oder auch deutliche Worte der Abgrenzung. So bleibt Ihre Lebensenergie dort, wo sie hingehört: bei Ihnen.

*Der Autor*

Thomas Schäfer, geboren 1960, beschäftigte sich in den 80er-Jahren intensiv mit den psychoanalytischen Thesen C. G. Jungs und wendete sie auf die Astrologie an. Seit 1993 ist er als Psychotherapeut und Heilpraktiker tätig.

Als Autor hat er sich seither vor allem mit Werken zum Familien-Stellen einen Namen gemacht. Sein Bestseller »Was die Seele krank macht und was sie heilt« und andere seiner Bücher wurden bereits in mehrere Sprachen übersetzt.

Weitere Informationen unter: www.thomas-schaefer.org

Thomas Schäfer

# Keine Chance
# für Krafträuber

## Wie Sie Ihre Lebensenergie
## schützen und aufladen

WILHELM HEYNE VERLAG
MÜNCHEN

Verlagsgruppe Random House FSC® N001967

Taschenbucherstausgabe 08/2019

Copyright © 2016 der deutschsprachigen Ausgabe by Integral,
München, in der Verlagsgruppe Random House GmbH,
Neumarkter Straße 28, 81673 München
Copyright © 2019 dieser Ausgabe by Wilhelm Heyne Verlag,
München, in der Verlagsgruppe Random House GmbH,
Neumarkter Straße 28, 81673 München
Alle Rechte sind vorbehalten. Printed in Germany.
Redaktion: Dr. Diane Zilliges
Umschlaggestaltung: Guter Punkt, München
nach einer Vorlage von no-mind.graphics, München
unter Verwendung eines Motivs von © Olesia Misheneva /
AdobeStock (Bildnr: 45375161)
Satz: Satzwerk Huber, Germering
Druck und Bindung: GGP Media GmbH, Pößneck
ISBN 978-3-453-70373-5

www.heyne.de

*Rache bedeutet das Eingeständnis*
*einer Kränkung.*

Seneca,
römischer Philosoph

*Die beste Art, sich zu rächen:*
*Nicht Gleiches mit Gleichem zurückzahlen.*

Marc Aurel,
römischer Kaiser und Philosoph

# Inhalt

Einführung.................................... 11

Das Paradebeispiel eines Energievampirs............ 17

Vier Schritte gegen Energieklau.................. 21
   Erster Schritt: Prüfung mit der
   Körperwahrnehmung .......................... 21
   Zweiter Schritt: Realitätsprüfung .............. 22
   Dritter Schritt: Energierücktransfer ............. 24
   Vierter Schritt: Handeln ...................... 24
   Möglicher Zusatzschritt: Verzeihritual ........... 25

Kraftraub in der Partnerschaft................... 29
   Energieklau in der Kennenlernphase und am
   Beziehungsanfang............................ 29
   Energiediebstahl während der Beziehung ......... 38

Energieklau zwischen Kindern und Eltern........... 84
   Kinder bestehlen ihre Eltern .................. 85
   Eltern bestehlen ihre Kinder .................. 104

Energieraub zwischen erwachsenen Kindern
und Eltern . . . . . . . . . . . . . . . . . . . . . . . . . . . . . . . . . . . 111
  Eltern bestehlen ihre erwachsenen Kinder . . . . . . . . . 111
  Erwachsene Kinder bestehlen ihre Eltern . . . . . . . . . 131

Energieklau durch Geschwister und Großeltern . . . . . . 136

Kraftraub im Beruf. . . . . . . . . . . . . . . . . . . . . . . . . . . . . . 142
  Grundregel: Keine persönliche Angriffsfläche
  bieten. . . . . . . . . . . . . . . . . . . . . . . . . . . . . . . . . . . . . . . 142
  Energieklau am Arbeitsplatz . . . . . . . . . . . . . . . . . . . 147

Energiediebe im Alltag, unter Freunden und
Bekannten . . . . . . . . . . . . . . . . . . . . . . . . . . . . . . . . . . . . 179
  Kraftklau im Alltag und in der Gesellschaft . . . . . . . . 179
  Energieraub unter Freunden und Bekannten . . . . . . . 203

Energieklau in der Psychotherapie . . . . . . . . . . . . . . . . . 212
  Der Therapeut bestiehlt den Klienten . . . . . . . . . . . . . 213
  Der Klient bestiehlt den Therapeuten . . . . . . . . . . . . . 219

Sich selbst die Kraft stehlen . . . . . . . . . . . . . . . . . . . . . . 237
  Einen Elternteil auf problematische Weise
  kopieren . . . . . . . . . . . . . . . . . . . . . . . . . . . . . . . . . . . . 237
  Kraftraub durch Selbstmitleid . . . . . . . . . . . . . . . . . . 238
  Hass, eine energetische Selbstsabotage . . . . . . . . . . . . 240
  Energetischer Selbstmord: Jemandem den Tod
  wünschen . . . . . . . . . . . . . . . . . . . . . . . . . . . . . . . . . . . 242
  Gefährliche Energiestaubsauger . . . . . . . . . . . . . . . . . 245
  Alltägliche Energieschlucker . . . . . . . . . . . . . . . . . . . . 246

Häuser und Orte .................................. 249
  Orte des Kraftverlusts .......................... 249
  Orte, an denen man Kraft tanken kann ........... 256

Energie schöpfen ................................ 261
  Das Denken ................................... 261
  Rückbindung an das Göttliche .................. 262
  Bewegung, Ernährung, Atem .................... 270

Dank.......................................... 280
Quellenverzeichnis.............................. 281
Über den Autor ................................ 285

# Einführung

Wer einen Dreitausender besteigt und sich anschließend erschöpft fühlt, der weiß in der Regel, wo er die Kraft gelassen hat. Wer sich jedoch für eine Stunde zu einem Gespräch mit einem Freund trifft und sich danach ebenfalls matt und ausgelaugt fühlt, der kommt in den seltensten Fällen darauf, was die Ursache dafür sein könnte: unfreiwilliger Energietransfer. Vielleicht hatte ihm sogar ein echter Energievampir seine Zähne in den Hals gebohrt?

Dicke Bücher sind darüber geschrieben worden, was denn »Energie« ist. Die Chinesen bezeichnen Energie als »Chi«, das sich in jedem Stein, jeder Pflanze, jedem Tier und jedem Menschen befindet. Alles, was existiert, reagiert mit seinem Chi energetisch auf seine Umwelt und die Umwelt wirkt wiederum zurück. Für unseren Umgang mit Energie genügt es völlig, sich immer wieder sensibel auf den Körper einzustimmen und theoretische Abhandlungen anderen zu überlassen.

Haben Sie im Gespräch mit einem bestimmten Menschen schon einmal auf Ihre Emotionen geachtet? Wurden Sie langsam innerlich wütend? Oder fühlten Sie sich eher von Langeweile eingelullt? Mussten Sie deshalb ständig gähnen und haben sich selbst noch darüber gewundert? Möglicherweise hatten Sie hierbei eine Begegnung mit einem Energiesauger.

Bekamen Sie während eines Gesprächs Beklemmungsgefühle oder einen Druck im Bauch? Haben Sie durch das, was der andere gesagt hat, *Angst* bekommen? Oder waren Sie *ärgerlich* auf jemanden? Oft, wenn Sie sich über das Verhalten eines anderen Menschen ärgern, hat er Ihnen erfolgreich Kraft gestohlen. Je mehr Sie sich geärgert haben, desto »erfolgreicher« war der Energietransfer beziehungsweise der Kraftraub. Wenn jemand nicht nur ab und zu, sondern *ständig* seine Saugwerkzeuge in das Fleisch seiner Mitmenschen gräbt, dann handelt es sich nicht um einen Energiedieb, sondern um einen menschlichen Energievampir. Energiedieb ist eigentlich jeder zuweilen – auch Sie und ich! Wir sind alle nur Menschen …

Doch mit Vampiren wird es sehr ungemütlich, vor allem wenn sie uns in eine (psychische) Abhängigkeitssituation bringen. Sich anderen Menschen überzuordnen, ihnen zu drohen, sie zu mobben, ihnen Angst zu machen, sie lächerlich zu machen und so weiter, das ist das Tagesgeschäft der meisten Energievampire. Von dieser Sorte Mitmensch wird in diesem Buch vorzugsweise die Rede sein. Doch es gibt auch Vampire, die sich Ihnen sogar (scheinbar) unterordnen, sich ständig an Ihren Schoß heften, Ihre Unterstützung erbetteln und Sie dauernd nervig um Entscheidungshilfe bitten: Bettelvampire. Auch diese Sorte Energievampir saugt Sie aus! Im schlimmsten Fall können uns Energievampire derart schwächen, dass wir professionelle psychotherapeutische Hilfe benötigen. Schauen wir uns also näher an, wie Mitmenschen uns unsere Kraft stehlen.

Wenn uns jemand eine Beleidigung an den Kopf wirft, zum Beispiel: »Sie werden es niemals lernen, es ist hoffnungslos mit Ihnen!«, dann versucht er, uns Energie zu stehlen. Je mehr wir uns über ihn ärgern, desto mehr Energie verlieren wir an ihn. Die Philosophen Marc Aurel und Seneca, die ich eingangs zitierte, haben es ganz richtig verstanden: Nur wenn wir dem Verbalrowdy verweigern, auf die gleiche Ebene mit ihm zu gehen, ihn nämlich ebenfalls fertigzumachen, nur dann bleibt unsere Kraft bei uns.

Wie jedoch reagiere ich am sinnvollsten, wenn mich jemand am Arbeitsplatz ständig zur Schnecke macht, meine Kinder mich mit einem Fußabtreter verwechseln, mein Partner beziehungsweise meine Partnerin ständig an meiner Figur, meinen Eigenheiten und anderem herumnörgelt? Genau davon handelt dieses Buch. Es handelt von den unterschiedlichsten Arten des Energieklaus, wobei – zugegeben – die meisten unbewusst geschehen.

Nicht wenige »Techniken« des Energieklaus kommen in mehreren Lebensbereichen vor, beispielsweise das Schweigen. In der Partnerschaft hat fast jeder schon einmal Kontakt damit gehabt. Als Autor musste ich mich entscheiden, welchem Kapitel ich es zuordne. Ich habe die Diebstahltechniken schließlich jeweils dem Kapitel zugeordnet, bei dem es mir in meiner Praxis am häufigsten begegnet ist. Das Schweigen lernte ich am häufigsten in der Paarbeziehung kennen: Oft sind es dort die Männer, die keine Worte mehr finden können oder wollen. Das Schweigen als »Methode« kommt jedoch auch im Beruf, im Umgang mit Kindern und in anderen Bereichen häufig vor, sodass dieses Thema deshalb in mehreren Kapiteln angesprochen wird. *Wie* ich nämlich mit

Schweigern am Arbeitsplatz umgehe, muss nicht identisch sein mit möglichen Lösungen in der Beziehung oder im Umgang mit Kindern. Generell gilt: Sie finden fast jeden der hier dargestellten Saugertypen in (fast) jedem Lebensbereich.

Schweigen in der Paarbeziehung kann zäh sein und uns viel Kraft verlieren lassen. Wer seinem Ehemann zum x-ten Male die Frage stellt: »Wo ist eigentlich die Zärtlichkeit in unserer Beziehung geblieben? Mir kommt alles so leblos zwischen uns vor …« und nur betretenes Schweigen erntet, der ist irgendwann mit den Nerven am Ende. Je intensiver die Frau eine Antwort einfordert, desto mehr Kraft verliert sie an den Partner. Das sollte ihr bewusst sein. Im Kapitel zur Partnerschaft werden an vielen Beispielen typische Machtspielchen und Energiekonstellationen aufgezeigt. Es ist kein Zufall, dass dieses Kapitel das ausführlichste dieses Buches ist, denn auf diesem Feld bekomme ich als Therapeut stets die meiste Arbeit.

Aber auch Kinder rauben uns oft den letzten Nerv. Welcher Vater, welche Mutter wüsste das nicht? Wie kann man den süßen kleinen Vampirmonstern effektiv im sozialen Lernen helfen und dabei dennoch »ressourcenschonend« mit der eigenen Kraft umgehen?

Dazu gleich ein Beispiel: Luisa war wegen eines psychosomatischen Problems in meiner Praxis. Eines Tages suchte sie Unterstützung in einer Erziehungsfrage: »Immer muss ich es als Mutter sein, die es nicht mehr aushält, dass die stinkenden Kleidungsstücke meines zwölfjährigen Sohnes Finn übers Zimmer verstreut herumliegen. Außerdem will ich eine Waschmaschine fertig machen! Also gehe ich in sein Zimmer, sammle die Wäsche ein und mache eine Trommel fertig.

Denn obwohl ich ihm x-mal am Tag sage, er soll seine Klamotten ins Bad tragen, macht er es nicht! So geht das seit Ewigkeiten. Ständig bitte ich ihn auf Knien, er soll endlich Ordnung halten und bitte schön selber die dreckigen Sachen in den Korb im Bad werfen, der für die Wäsche vorgesehen ist ...«

»Und dabei verlieren Sie ständig Energie«, unterbrach ich sie.

»Genau!«, bestätigte Luisa.

Wie diese Geschichte endete, wie Luisa es schaffte, ihrem Sohn zum nächsten Entwicklungsschritt zu verhelfen und zusätzlich viel Energie zu sparen, das können Sie ausführlich im Kapitel über Eltern und Kinder nachlesen. Dort finden sich auch zahlreiche andere Beispiele vom Energieklau der Kinder und wie man ihn problemlos zum Nutzen aller auflöst.

Was Sie in diesem Buch über den sinnvollen Umgang mit der eigenen Kraft lernen, hilft – wenigstens zum Teil – ebenfalls in Lebenssituationen, in denen Sie energetisch geschwächt sind. Jeder kann nachvollziehen, wie schwer man die Kraft bei sich behält, wenn ein naher Angehöriger gestorben ist, wenn wir schwer krank sind oder es unserem Kind nicht gut geht. Auch wirkt nicht jeder Ort, an dem wir uns aufhalten, energetisch neutral. Wie wir sehen werden, gibt es Orte, an denen man Kraft erhält, und solche, an denen man Kraft verliert.

Erwarten Sie hier bitte keinen längeren Vampir-Fragebogen-Test zum Selbstankreuzen mit Punkteauswertung, über die Sie Ihre »Vampirgefährdung« kennenlernen. Ebenfalls gibt es hier auch keinen Test, der ihren Partner »überprüft«.

Solche Tests gaukeln aus meiner Sicht nur eine scheinbare Objektivität vor. Diese Art von Ratgeberbuch halten Sie hier nicht in den Händen. Und natürlich kann dieses Buch auch nicht dem Anspruch gerecht werden, alle möglichen Arten von Energiediebstahl vollständig aufzuzeigen.

Mir als Autor ging es um etwas anderes: Sie als Leser sollen sensibilisiert werden für jede Art von Energieklau, egal ob im Beruf, in der Partnerschaft, unter Freunden, im Straßenverkehr oder wo auch immer. Und natürlich sollen Sie Hinweise erhalten, wie Sie kräftesparend mit diesen Energieräubern umgehen und womöglich länger anhaltende »Spenderverhältnisse« beenden können. Eigene Kapitel gibt es auch darüber, wie Sie aufhören, sich durch problematische Verhaltensmuster selbst Kraft zu stehlen, und wie Sie Ihre geleerten Tanks »umweltverträglich« wieder auffüllen können. Auch spirituelle Aspekte möchte ich gelegentlich ansprechen.

# Das Paradebeispiel
# eines Energievampirs

Damit Ihnen gleich ganz plastisch vor Augen tritt, was denn ein Energievampir ist, möchte ich mit einem drastischen Beispiel beginnen. Aus der folgenden Geschichte können Sie sehr viel Typisches über Energievampire lernen.

Natürlich findet auch in der Schule Energieklau statt. Schüler stehlen Lehrern die Kraft und umgekehrt. Und selbstverständlich gibt es dort auch Energievampire. Simon, einer meiner Klienten, berichtete von einer tief prägenden Erfahrung mit einem solchen Energievampir. Es handelt sich um den Lateinlehrer seiner Gymnasialzeit, den alle Schüler Opa Puh nannten, und zwar weil er schon älter war, etwas schwerfällig ging und besonders im Sommer unter der Hitze stöhnte: »Puh, ist das heute heiß«, ächzte er immer. Als Opa Puh zum ersten Mal in die Klasse kam, stellte er sich mit den Worten vor: »Ich bin Oberstudienrat Dr. Patschenke. Ich beglückwünsche euch dazu, dass ihr mich als Lateinlehrer erhalten habt. Dieses Privileg haben nicht alle! Eines müsst ihr nämlich wissen: In ganz Deutschland gibt es nur zwei gute Lateinlehrer, meinen Freund Dr. Wurmlinger in München und mich. Alle anderen sind Nullen! Die anderen Lehrer wissen noch nicht einmal, wie man das c im Lateinischen korrekt ausspricht …«

Energievampire stellen sich nicht selten in krankhafter Weise über ihre Mitmenschen: Je höher man sich selbst stellt, desto tiefer fallen nämlich die anderen und zum Saugen ist diese Höhendifferenz eine hervorragende Ausgangslage, da die langen Zähne von oben viel besser in den Hals eindringen können … Der Vampir will der Boss sein, um ungehindert zubeißen zu können.

Simon fand die Worte seines Lehrers damals schon merkwürdig. Immerhin gab es am Gymnasium noch einige andere Lateinlehrer! Waren das alles Nieten? Es war bekannt, dass alle im Lehrerkollegium Opa Puh verachteten. Wer ist so verrückt, nur sich und seinen besten Freund als Lateinlehrer gelten zu lassen? Außerdem hatte Opa Puh noch viele andere Marotten. Die Verachtung durch seine Kollegen quälte ihn. Und was macht man, um energetisch wieder Oberwasser zu bekommen? Genau! Man stürzt sich mit seinen Vampirzähnen auf die Schwächsten, die in der Umgebung zu finden sind. Im Fall einer Schule sind das die Schüler. Sie mussten es büßen!

Simon und zwei weitere männliche Mitschüler waren die bevorzugten »Nahrungsquellen« des Lateinvampirs. Schon nach kurzer Zeit beschied Opa Puh Simon: »Du bist eine Niete! Niemals wirst du Latein lernen! Bei Menschen wie dir ist jede pädagogische Bemühung ein Werfen von Perlen vor die Säue!«

Mit so einer Entmutigung entzog er Simon dauerhaft die Chance, sich mit Latein anzufreunden. Außerdem programmierte er den Schüler auf Dauer auf schlechte Noten in diesem Fach. Durch ständiges Lächerlichmachen und Demütigen vor den Mitschülern saugte er Simon über Jahre hinweg energetisch aus.

Heute weiß Simon, dass Opa Puh ein ganz armes Würstchen war. Er litt unter der Ausgrenzung und Verachtung der Kollegen. Für ihn gilt, was für die meisten Vampire gilt: Sie leiden unter großer *Angst!* Oft ist es Angst vor Isolation. Vampire am Arbeitsplatz leiden manchmal unter Existenzängsten oder dem Wahn, entlassen zu werden, und müssen deshalb aus ihrer Sicht »vorbeugen«.

Nur durch Energievampirismus konnte Opa Puh sein schwaches Selbstwertgefühl stabilisieren. Genau dies ist ein häufiges Merkmal für Energievampire: Sie haben zu wenig Selbstwertgefühl. Als Opfer suchen sie sich Mitmenschen, die ebenfalls wenig Selbstwertgefühl haben, jedoch nicht den Weg des Vampirismus eingeschlagen haben.

Um weitere populäre Techniken von Energievampiren zu studieren, schauen wir noch einmal Opa Puh bei seinem schlimmen Treiben zu. Schließlich sollen Sie Vampire in Zukunft gut erkennen können. Simon hatte selbstverständlich immer schlechte Lateinnoten; er war darauf programmiert worden. Das Ritual der Rückgabe von Klassenarbeitsheften sprach für sich. Die Hefte waren sortiert: Zuerst wurden die Einser und Zweier verteilt ... Simon kam stets am Ende dran: Opa Puh nahm das Heft in die rechte Hand und warf es aus dem Handwinkel durchs ganze Klassenzimmer in Richtung letzte Reihe, wo Simon saß. Der konnte das Heft fast nie auffangen. Es landete meist vor dem Tisch auf dem Boden. Simon musste also eigens aufstehen und es vom Boden aufheben – eine besondere Demütigung vor den Mitschülern. Parallel zu diesem Wurf sprach Oberstudienrat Dr. Patschenke stets dieselben Worte: »Messmer (Simons Nachname), det war wohl wieder nüscht, wa?«

Einmal schien Opa Puh eine zusätzliche Energieübertragung zu benötigen, denn er sagte zu Simon, als dieser falsch konjugierte: »In deiner Familie gab es bestimmte viele Geistesschwache, oder?«

Simon schwieg – leider! Die ganz Klasse lachte. Ein Vampir isoliert sein Opfer gern, indem er es vor anderen erniedrigt und der Lächerlichkeit preisgibt.

Wenn Sie dies nun gelesen haben, überlegen Sie einmal: Gibt es in Ihrem Bekanntenkreis oder an Ihrem Arbeitsplatz jemanden, der Ähnlichkeiten mit Opa Puh hat? Schläge unter die Gürtellinie, wie der gerade beschriebene, sind typisch für die schlimmeren unter den Energievampiren.

# Vier Schritte gegen Energieklau

Die folgenden vier Schritte sind bei jeder Art von Energie-klau hilfreich, außer wenn es um Ihre (jüngeren) Kinder geht. Energieklau durch Kinder und Jugendliche beendet man mit-hilfe des »Konsequenzprinzips«, wie es im Kapitel »Energie-klau zwischen Eltern und Kindern« beschrieben wird.

## Erster Schritt:
## Prüfung mit der Körperwahrnehmung

Für Sie als Opfer ist der erste Schritt das Erkennen des Um-stands, dass Sie in den »Spendermodus« geraten sind. Nach dem Lesen dieses Buches wird Ihre Sensibilität dafür mit Si-cherheit größer sein als vorher. Konkret lautet der erste Schritt im Falle eines Falles: Spüren Sie aufmerksam in Ihren Kör-per hinein. Bemerken Sie einen Druck im Magen, einen Kloß im Hals, fühlt sich Ihr Körper irgendwie schlecht an, seit eine bestimmte Person mit Ihnen zusammen war oder noch ist?

# Zweiter Schritt: Realitätsprüfung

Machen Sie nun die Realitätsprüfung: Stimmt das überhaupt, was Ihnen gesagt wurde? Vielleicht ist es Unsinn. Wenn Sie am Wahrheitsgehalt zweifeln, reden Sie mit Ihren Freunden über das, was der mutmaßliche Energieräuber sagte, um sich bestätigen zu lassen, dass es nicht stimmt.

Je nachdem, ob es sich um Ihren Chef, einen Kollegen, Ihren Partner oder wen auch immer handelt, müssen Sie prüfen, ob dem Angreifer ein offenes Nein entgegengesetzt werden soll. Was also tun, wenn die Botschaft inhaltlich nicht richtig ist? Wenn es sich um den Chef handelt, reicht oft ein »inneres Nein«, wobei Sie ganz ruhig und entspannt Ihre Dinge weitermachen wie bislang. Bei Ihrem Partner, Ihrer Partnerin sind womöglich offene Worte angebracht.

Jedenfalls muss Ihnen selbst klar werden, dass die Botschaften des Energiediebs Unsinn sind, den man nicht ernst nehmen darf. Handelt es sich beim Chef oder einem Bekannten wirklich um einen Energievampir, schrumpft der Energieklau direkt auf die Hälfte, sobald man den Räuber als das sieht, was er ist: ein armes Würstchen, so wie Opa Puh. Dieses innere Bild entkrampft so intensiv, dass es nach innen entlastend wirkt. Es fördert auch Ihre Kreativität, dem Räuber etwas Passendes entgegenzusetzen. Im Fall von Opa Puh war das jedoch sehr schwierig: Kinder haben gegen Erwachsene einfach schlechte Karten. Nur das Einschalten der Eltern hätte eventuell den Vampirismus stoppen können.

Ich möchte nicht den Eindruck erwecken, dass hinter jedem Baum ein missgünstiger Mitmensch oder ein Energievampir auf Sie lauert. Nicht jeder, über den ich mich ärgere, ist ein Energiedieb! Wenn ich gewissenhaft Schritt zwei (Realitätsprüfung) mache, kann ich das schnell erkennen. Ein Beispiel: Ich gerate in eine Polizeikontrolle, bei der ich damit konfrontiert werde, dass ich fünfundzwanzig Kilometer pro Stunde zu schnell gefahren bin. Es wird richtig teuer und nun ärgere ich mich über den Polizisten. Ich bekomme fast all die Symptome, die oben als typisch für eine Begegnung mit Energiedieben beschrieben sind. Hat der Polizist mir nun Energie gestohlen? Würde die eingangs gegebene Definition vollständig sein, dann wäre dies so. Doch natürlich stiehlt mir der Polizist keineswegs Kraft. Er macht nur gewissenhaft seine Arbeit.

Wenn ich mich schon ärgern will, dann sollte ich mich über die vorher nicht bedachten Folgen meines eigenen Verhaltens im Straßenverkehr aufregen. Tatsächlich findet auch in diesem Beispiel eine Art von Energieklau statt: Ich selbst verschleudere meine eigene Kraft, solange ich mich über mich ärgere. Ich stehle mir selbst Kraft!

Meine Selbstsabotage in Sachen Energie hört schlagartig auf, wenn ich einfach die Verantwortung für mein Verhalten übernehme: »Ich habe einen Fehler gemacht und in Zukunft mache ich es besser!« Wer also innerlich zu seinen Fehlern steht und bereit ist, die Folgen zu tragen, der gibt keinerlei Energie ab. Nicht selten sind wir selbst im Alltag die eifrigsten Diebe unserer Kraft, weswegen auch diesem Thema ein eigenes Kapitel gewidmet ist.

## Dritter Schritt: Energierücktransfer

Sie holen sich Ihre Energie wieder vom Dieb zurück, indem Sie *innerlich* sagen: »Die gestohlene Kraft nehme ich wieder zurück zu mir! Sie gehört mir!« Ob Sie es glauben oder nicht, dieses kleine Ritual bringt nicht nur die geklaute Kraft zurück, sondern es signalisiert dem Dieb *unbewusst*, dass Sie ihm als jederzeit offene »Tankstelle« nicht mehr zur Verfügung stehen. Zwar dürfen Sie nicht erwarten, dass er keine weiteren Angriffe mehr startet, doch wenn Sie konsequent bleiben, bessert sich die Situation deutlich.

## Vierter Schritt: Handeln

Schließlich folgt Schritt vier mit der Frage: Welche Maßnahmen sind jetzt notwendig? Wenn es sich beim Energiedieb beispielsweise um Ihren Partner oder Ihren erwachsenen Sohn handelt, müssen Sie möglicherweise einmal Tacheles mit ihnen reden. Geht es um Ihren Chef, empfiehlt sich meist ein taktischeres Vorgehen. Bei Mitarbeitern am Arbeitsplatz bieten sich oft verschiedene Strategien an. Einerseits geht es darum, welche Maßnahme zu Ihnen als Mensch passt. Andererseits ist nicht bei jedem Energieklau jede Maßnahme sinnvoll. Man muss prüfen, was unter den gegebenen Umständen Erfolg verspricht. Dafür braucht es gesunden Menschenverstand. Was häufig sehr wirksam ist: Lächeln! Wenn Sie es schaffen, einigermaßen natürlich zu lächeln, merkt der Energiedieb, dass Sie souverän mit seiner Attacke umgehen können und kein geeignetes Daueropfer sind. Ein gezwungenes,

eingefrorenes »Tigerlächeln« hilft jedoch nicht weiter, sondern macht alles nur noch schlimmer. Wenn Sie es nicht
schaffen, in solch einer stressigen Situation natürlich zu lächeln, probieren Sie besser andere Strategien aus.

Manchmal ist der Energievampirismus so schlimm, dass
Sie fachliche Unterstützung benötigen, zum Beispiel einen
Psychotherapeuten an Ihrer Seite, einen Arzt, den Betriebs-
rat ...

Weil Schritt vier in kein Schema passt, muss er jedes Mal
aufs Neue gefunden werden. In den folgenden Kapiteln geht
es vor allem darum, je nach Fall einen vernünftigen vierten
Schritt zu finden. Die vielen noch folgenden Fallgeschichten werden Ihnen helfen, selbst ein entsprechendes Finger-
spitzengefühl dafür zu entwickeln, was als Gegenmaßnahme
sinnvoll getan werden kann.

## Möglicher Zusatzschritt: Verzeihritual

Wenn Sie Lust haben, eine besondere Methode auszuprobieren, gibt es hier einen Zusatzschritt, den man mit Punkt drei
oder vier kombinieren kann. Damit deutlich wird, worum es
geht, folgt zunächst eine Geschichte aus meiner Praxis:

Marianne lebte seit zehn Jahren in ihrem kleinen Häuschen
am Rand eines schönen Kiefernwaldes. Beim regelmäßigen
Spazierengehen im Wald traf sie ständig die Dame vom Haus
nebenan, eine Witwe. Ihr Mann war schon verstorben, noch
bevor Marianne in das Dorf kam. Nachdem die Dame vor
fünf Jahren ihren Beruf als Lehrerin an den Nagel gehängt
hatte, ging sie noch öfter spazieren als zuvor.

Bei jeder Begegnung im Wald geschah dasselbe Ritual: Der Hund bellte schon von Weitem aggressiv, wenn sich Marianne ihm und der Dame näherte. *Niemals* in den zehn Jahren hatten sich die zwei Frauen gegenseitig gegrüßt. Früher hatte Marianne gegrüßt, wurde jedoch nicht zurückgegrüßt.

Marianne empfand die Situation als hoffnungslos: »Sie scheint mich zu hassen, ich weiß gar nicht, warum. Mit ihrer spitzen Nase hackt sie ständig auf mir rum, zum Beispiel wenn meine Brombeeren zu weit zu ihr rüberwachsen oder Äpfel von meinem Baum auf ihr Grundstück fallen ...«

Ich riet Marianne, Folgendes auszuprobieren. Vor dem nächsten Spaziergang soll sie mit ihrer Nachbarin innerlich ein kleines Ritual machen und abwarten, was dann geschieht. Marianne soll ihr innerlich sagen: »Ich verzeihe dir alles, was du mir jemals angetan hast. Bitte verzeih du mir, was ich dir jemals angetan habe. Meine Seele grüßt deine Seele.«

Die Wirkung dieser Übung war sehr überraschend! Bei der nächsten Sitzung berichtete Marianne: »Bei der darauffolgenden Begegnung im Wald war alles anders als sonst. Der Hund bellte zum ersten Mal überhaupt nicht! Ich fragte mich, ob er krank sei ... Und dann die nächste Überraschung: Die Nachbarin schaute mich an und grüßte. Ich grüßte zurück und wusste gar nicht, wie mir geschah ...«

Marianne wollte von mir wissen, warum die Übung so gut wirkte und warum der Hund plötzlich nicht mehr bellte. Die Antwort war einfach: Indem Marianne mit ihrem Ritual nicht das Ego, sondern die höchste Ebene ihrer Nachbarin angesprochen hatte, wurde das »böse Feuer« aus ihrem Kontakt genommen. Wer die Seele seines Mitmenschen anspricht, der bewirkt, dass dessen Seele, die gleichbedeutend mit dem höheren Selbst ist, diese wohlwollenden Signale an den Betreffenden weitergibt und dadurch im günstigsten Falle positive Verhaltensänderungen ausgelöst werden können. Da Frauchen und Hund seelisch selbstverständlich miteinander verbunden sind, reagierte der Hund prompt; er spürte im Wald, dass jetzt keine »Feindin des Frauchens« naht, die mit lautem Gebell angegriffen werden muss, sondern nur Marianne, die von Frauchen seit Neuestem anders eingestuft wurde. Das Verhältnis zur Nachbarin hat sich in der Folge dauerhaft normalisiert.

Sie sind skeptisch, dass so etwas funktioniert? Natürlich sollen Sie nicht einfach glauben, was ich schreibe. Bitte experimentieren Sie damit und überprüfen Sie es!

Zugegeben: Es gibt zwei Haken an der beschriebenen »Wundertechnik«. Die Dame ist nicht vergleichbar mit der schwersten Sorte von Energievampiren, die beispielsweise Ihr Arbeitsumfeld unsicher machen. Wenn Sie die Seele eines Energievampirs ansprechen, wird die Botschaft zwar von seiner Seele entgegengenommen, doch leider ist der Vampir womöglich selbst (innerlich) weit von seiner Seele entfernt. Dadurch wird die Seele eines Energievampirs nicht ganz so deutlich auf das Verhalten einwirken können wie beim Durchschnittsmenschen. Dennoch hat das Ritual eine positive Wirkung. Falsch kann man damit nichts machen!

Der zweite Haken: Ihre eigene emotionale Reaktion. Ein Beispiel: Der Vampir, mit dem Sie diese Übung machen möchten, ist wirklich ein ziemliches Monster. Zwar führen Sie das hier vorgeschlagene Ritual aus, aber schon bei seiner nächsten anzüglichen Bemerkung gehen Sie innerlich in Ihr altes Muster zurück: Innerlich läuft bei Ihnen nämlich stets derselbe Monolog ab: »Dieses blöde Arschloch, kann der nicht endlich mal seine Klappe halten!?« Dieser nur vier Sekunden dauernde innere Monolog ist energetisch wie das Drücken der Resettaste am PC während des laufenden Betriebs. Die Programmierung des Verzeihrituals wird sofort bei Ihrem Monolog gelöscht und Sie haben Ihrer eigenen Seele die Kooperation verweigert. Es bleibt Ihnen demnach nichts anderes übrig, als das Ritual zu wiederholen.

Trotz dieser beiden Haken rate ich Ihnen: Probieren Sie dieses Ritual mit allen Energieräubern aus. Bei besonders schlimmen Kraftdieben müssen Sie es häufig wiederholen, auch wenn es Ihnen nicht ganz leichtfällt. Das Schlimmste, was bei dieser Übung passieren kann: Sie funktioniert nur wenig oder gar nicht. Doch wenn Sie die Übung wirklich mit Ausdauer und Herzblut machen, können meiner Erfahrung nach viele Kriegsbeile begraben werden. Vor allem signalisieren Sie mit dieser Übung Ihrem eigenen Unbewussten: »Ich will Frieden mit diesem Menschen.« Das allein verändert auch schon etwas.

Wenn Sie visuell veranlagt sind oder gern mit Bildern experimentieren, können Sie zusätzlich noch eine Variation in die Übung einbauen: Wenn sich der aggressive Chef oder wer auch immer Ihnen gegenüber feindlich gesonnen ist, im Anmarsch befindet, visualisieren Sie hinter und über seinem Kopf dessen Seele als helles Licht. Dies verstärkt den Effekt des Rituals, dass Sie sich auf einer höheren Ebene begegnen und die Sache dort lösen.

# Kraftraub in der Partnerschaft

## Energieklau in der Kennenlernphase und am Beziehungsanfang

### Online-Dating: Vorsicht vor Energieklau!

Online-Partnerbörsen sind der ideale Ort für Energieklau. Die Sehnsüchte der Suchenden kann sich mancher zunutze machen. Monatelang einem Energieräuber Energie zu spenden, ist dabei keine Ausnahme. Folgendes Beispiel aus meiner Praxis macht dies deutlich.

Jörg ist achtundzwanzig Jahre alt. Sichtlich betroffen erzählte er seine Geschichte: Vor neun Monaten lernte er über eine Partnerschaftsseite im Internet Yvonne kennen. Sie wohnt in Hamburg, er jedoch 800 Kilometer weiter südlich. So lag es auf der Hand, dass die beiden sich zuerst einmal über E-Mails und Telefonate beschnupperten.

Doch auch bei 800 Kilometer Distanz stellt sich nach spätestens drei Monaten die Frage, ob man sich jetzt nicht einmal treffen könnte, zum Beispiel an einem Wochenende. Jörg hatte das Thema Treffen mehrfach angesprochen. Doch Yvonne hatte immer gute Gründe, weswegen es nicht ging: Einmal hatte die Großmutter achtzigsten Geburtstag, der Hund musste schwer verletzt zum Tierarzt, die Firma schickte sie unvorhergesehen zu einer Fortbildung und einmal war Yvonne unpässlich, denn ihr Magen-Darm-System machte ihr immer wieder schwer zu schaffen, wenn Jörg kommen wollte.

Nach über acht Monaten hielt Jörg es nicht mehr aus. Spontan packte er an einem Samstag seine Sachen und fuhr nach Hamburg. Gut in Schale geworfen und in der Rechten einen Blumenstrauß, klingelte er am späten Nachmittag an der Haustür – die Adresse hatte er jedenfalls. Es öffnete eine junge, klein gewachsene, korpulente Frau mit schwarzen Locken die Tür.

»Sie wünschen?«, fragte die Dame.

»Ist Yvonne zu Hause?«, fragte Jörg.

»Die steht vor Ihnen«, antwortete die Frau.

»Das kann nicht sein!«, entgegnete Jörg verunsichert, »Yvonne ist 1,80 Meter groß und hat lange blonde Haare.«

Die schwarzhaarige Dame bekam nun den Mund nicht mehr zu und errötete heftig. Noch vor der Haustür wurde Jörg darüber aufgeklärt, dass Yvonne tatsächlich vor ihm stand. Nur hatte sie beim Online-Dating ein schönes Foto ihrer besten Freundin verwendet. Auf Jörgs Nachfrage, warum sie das denn gemacht habe, antwortete sie beschämt: »Damit ich bei den Männern bessere Chancen habe!«

Jörg war sprachlos. Er warf ihr den schönen Blumenstrauß vor die Füße, drehte sich um und ging wieder zu seinem Auto.

Über acht Monate lang hatte sich Yvonne in einer Vielzahl von Komplimenten gebadet und in ihrer Fantasie eine »Beziehung« gelebt. All das tat sie auf Jörgs (energetische) Kosten.

Hinterher bedauerte Jörg, dass er nicht parallel andere Frauen angeschrieben hatte. Er war sich eben »hundertprozentig sicher« gewesen, endlich die Richtige gefunden zu haben.

Wie kann man ein solches Desaster verhindern? Mein Tipp: Lassen Sie sich niemals für längere Zeit auf reine E-Mail-Bekanntschaften ein! Solch ein langes Mailen wie in Jörgs Fall fördert nur die Projektionen: Man steigert sich durch die Fantasie in seine Träume hinein und verliert die Realität völlig aus dem Blick. Damit man nicht ebenso hereinfällt wie Jörg, rate ich dazu, sanft, aber doch eindringlich nach einer gewissen Zeit auf einem persönlichen Kennenlernen zu bestehen. Falls man den Eindruck hat, dass dies mit fadenscheinigen Gründen verweigert wird, sollte man sich verabschieden und sich jemand anderem zuwenden. Dabei darf man sich stets vor Augen halten: Zeit ist identisch mit investierter Energie. Neun Monate bis zum »großen Ereignis« sind definitiv zu lang. Wenn die Verliebtheit so groß ist wie bei Jörg, kann sie noch einen anderen Nachteil haben: Falls die Blase platzen sollte, muss man wieder bei null anfangen und sich zuvor sogar noch mühsam aus einem Stimmungstief herausarbeiten. Deswegen kann es bei längeren E-Mail-Kontakten mit einer Person nicht schaden, wenn man parallel auch andere Männer oder Frauen kennenlernt.

Und ein letzter Hinweis: Es ist wichtig, beim Online-Dating auf sein Körpergefühl zu achten, während man all diese E-Mails liest. Jörg jedenfalls gestand hinterher: »Irgendwie hatte ich schon nach zwei Monaten das komische Gefühl im Bauch, dass irgendetwas mit Yvonne nicht stimmt. Aber ich habe mein Bauchgefühl nicht ernst genommen.«

## »Ja, mal sehen ...«

Ein beliebtes Spiel in der Kennenlernphase, das insbesondere von Frauen bevorzugt wird: Früher oder später dringen die Männer darauf, die Auserwählte, die ja nur dreißig Kilometer entfernt wohnt, direkt und leibhaftig zu treffen. Vorsicht ist geboten, wenn die Frau Energie-Angelhaken auslegt: »Ja, mal sehen, vielleicht werde ich spontan heute Nachmittag Lust haben, dich zu treffen. Deine Handynummer habe ich ja ...« Wenn der Mann das so stehen lässt, blüht ihm ein energieschwächender Nachmittag: Er wartet und wartet, schaut immer wieder auf sein Smartphone, doch gerade die Frau, deren »spontane« Reaktion er sehnsüchtig erwartet, meldet sich nicht. Stattdessen haben sich ihre »Vampirzähne« unsichtbar an ihm festgesaugt ...

Was also tun? Als Grundregel hat sich bewährt, sich immer eigene Grenzen und Limits zu setzen und sich nicht ständig vom Wohlwollen und der »Spontaneität« anderer abhängig zu machen. Zum Beispiel kann der Mann ihr schreiben: »Wenn ich bis vierzehn Uhr nichts von dir gehört habe, geht es bei mir nicht mehr. Ich geh dann spontan zum Billard und habe in diesem Fall heute keine Zeit mehr.« Diese Reaktion kommt in der Regel bei der Frau an. Sie spürt, mit wem sie es zu tun hat: nicht mit einem willenlosen, schwachen Mann, sondern mit jemanden, der ihr selbstbewusst gegenübertritt.

Wenn Sie als Mann des Öfteren Saugattacken wie die beschriebene verspüren, können Sie der Frau auch mal schreiben: »Heute geht es leider gar nicht bei mir, aber morgen Nachmittag schreibe ich dir vielleicht mal spontan eine Nachricht!« Falls der Vampir danach seine Zähne einzieht und sich verabschiedet: Macht nichts! Sie war ohnehin die Falsche. Beglückwünschen Sie sich lieber, dass Sie diese *Femme fatale* von sich ferngehalten haben.

Selbstverständlich gibt es auch Männer, die das hier dargestellte Energiespiel mit Frauen spielen, doch in dieser Form vor dem ersten persönlichen Treffen ist es meist bei Frauen anzutreffen. Die hier gegebenen Tipps verlangen vor allem eines: Man benötigt eine gewisse Selbstdisziplin. Ohne sie aufzubauen, ziehen wir im energetischen Spiel ständig die schlechteren Karten. Aus meiner Erfahrung haben die meisten Frauen mehr Selbstdisziplin und Geduld als Männer. Deswegen können sie dieses Spiel auch viel besser spielen als sie.

## »Mir ist was dazwischengekommen«

Dreißig Minuten bevor Albertine zu ihrem Date mit einer neuen Bekanntschaft fahren will, die sie schon zweimal getroffen hat, erreicht sie eine SMS von Jacques: »Tut mir leid, mir ist was dazwischengekommen … Hoffe, du bist nicht böse!« Wenn das einmal passiert, kann man nichts sagen. So etwas kommt vor. Doch wenn Sie dies mit einem Menschen häufig erleben, handelt es sich ganz klar um Energiediebstahl, denn Sie werden sich vermutlich heftig ärgern – oder etwa nicht?

Möglicherweise wurde von dem Mann ein Machtspiel gestartet. Er will die Macht prüfen, die er hat, um allein die Grenzen der Beziehung abzustecken; auch die zeitlichen Grenzen gehören dazu. Mit Jacques' Verhalten wird empfindlich auf Albertines Zeitbudget zugegriffen. Zeit aber ist

Energie! Achten Sie also darauf, ob Ihre Partnerin, Ihr Partner Ihre wertvolle Zeit achtet oder rücksichtslos darüber »verfügt«.

Wie handelt man am besten, wenn die Diagnose Energie- diebstahl lautet? Wenn es offensichtlich ist, dass die Gründe des Partners nur vorgeschoben sind, dann wäre eine Möglich- keit, dasselbe Spielchen einmal umgekehrt zu spielen. Wie gelassen geht der andere mit dieser für ihn bislang ungewohn- ten Situation um? Wenn er gleich an die Decke geht und Ih- nen Vorwürfe macht, dann reagieren Sie ganz ruhig: »Seltsam, letzte Woche war es genau umgekehrt ... Ich jedenfalls bin tolerant damit umgegangen! Bist du der Meinung, dass in un- serer Beziehung mit zweierlei Maß gemessen werden soll?«

Je nachdem, wie Sie Ihren Partner einschätzen, können Sie ihn auch ohne einen solchen Test direkt mit Ihrem Unbeha- gen konfrontieren. Wenn er oder sie Ihre Kritik als »dummes Zeug« abtut, dann haben Sie den falschen Partner gewählt. Wenn dies in der Kennenlernphase passiert, rate ich dazu: Suchen Sie sich jemand anderes! Wenn Sie jedoch ständig an Partner geraten, die egoistisch über Ihr Zeitbudget verfügen, dann sollten Sie sich das Thema mithilfe eines Psychothera- peuten anschauen. Vermutlich gibt es in Ihnen selbst einen »blinden Fleck« zu erlösen.

## Beidseitige Energiespielchen

Svenja hat einen Freund, Robin, mit dem sie jetzt sechs Mo- nate zusammen ist. Er ist beruflich im Kulturbereich tätig und hatte sie zu einer großen Party bei einem seiner Bekann- ten eingeladen. Als sie den Partyraum betraten, verschwand

Robin sehr schnell im Gewühle. Hier kannte er jeden, nur einen schien er nicht zu kennen: Svenja!

Sie ist zwar nicht schüchtern, doch sie kannte buchstäblich außer Robin niemanden. Auch wenn es ihr schwerfiel, ging sie auf Leute zu, doch da sich hier alle untereinander bestens kannten, war es äußerst schwierig für sie, reinzukommen. Es wurde für Svenja ein mittelprächtiger Abend ...

Nach vier Stunden kam Robin strahlend auf sie zu und fragte sie: »Na, Schatz, hat es dir gefallen? Können wir fahren? Gehst du noch mit zu mir?«

Als mir Svenja das alles in der Praxis erzählte, wurde sie wütend: »Am liebsten hätte ich gesagt: ›Reden tust du den ganzen Abend nicht mit mir, aber zum Vögeln bin ich gut genug!‹«

Stattdessen hatte Svenja nur einsilbig Antwort gegeben. Sie waren noch zu ihm gefahren, aber geschlafen hatte sie nicht mit ihm: »Das war meine Rache! Ich hab ihm einfach gesagt, meine Tage hätten etwas früher eingesetzt ...«

Spätestens nach einem Jahr ist der Honeymoon in einer Beziehung vorbei. Unbewusst versuchen Mann und Frau die Machtgrenzen in der neuen Beziehung auszuloten. Energiespielchen gehören da zum Alltag des Zusammenseins. Robin machte den Fehler, dass er Svenja vier Stunden lang völlig links liegen ließ. Es war ihm egal, dass sie auf der Party niemanden kannte. Zwar hätte er sich nicht den ganzen Abend um sie kümmern müssen, doch unterm Strich fehlte ihm jedes Feingefühl. Er demonstrierte seine Unabhängigkeit von ihr zu deutlich. Umgekehrt war auch Svenja im Spielchenmodus: Ihre Rache gehört zu den jahrtausendealten Machtmitteln der Frau.

Wie hätten Mann und Frau das besser machen können, statt gegenseitig ihre Energie-Angelhaken zu benutzen? Authentisch und ehrlich miteinander reden – das wäre die Lösung gewesen. Svenja hätte nicht so cool sein müssen, über ihre Verletzung zu schweigen. Wenn sie ihm nichts sagt, kann er nichts an seinem egoistischen Verhalten ändern. Und wenn ihre Befürchtung stimmt, dass er sie auslacht, dann weiß sie wenigstens tatsächlich, dass er nicht der Sensibelste ist. Wer hier kein Mitgefühl mit Svenja hat, sondern sie sogar auslacht, der sieht nur sich in seiner eigenen Größe und Unabhängigkeit und hat ein kaltes Herz.

Am Schluss der Sitzung gab ich Svenja mit auf den Weg, die Spielchenebene zu verlassen und dem Partner ehrliche Rückmeldungen zu geben. Wie soll uns unser Partner kennenlernen, wenn wir nur cool eine Rolle spielen und nicht authentisch sind? Wenn der Partner unsere Ehrlichkeit jedoch ausnutzt, dann muss man sich irgendwann die Frage stellen, an wen man da geraten ist.

Jede Frau ist anders … Svenjas Fall wäre es zwar nicht gewesen, doch manch andere Frau hätte vielleicht ganz zufällig in Sichtweite des Freundes einen harmlosen Flirt begonnen – auch auf diese Weise lassen sich männliche Energiespielchen energisch unterbrechen.

## »Bestechung« durch ein Zuviel an (Geld-)Energie

Jemandem Energie zu stehlen ist unfein, das Gegenteil jedoch – das ungefragte Überschütten mit Energie – kommt am Ende auf dasselbe heraus: Es stellt einen Übergriff dar, der den freien Willen des Partner untergräbt. Ein Fall aus meiner Praxis soll das verdeutlichen. Ralf war drei Jahre mit Silvia zusammen. Beide haben keine Kinder, weder aus einer früheren Ehe noch zusammen. Ralf hatte in früheren Jahren viel Psychotherapie in Anspruch genommen und auf Anhieb erkannt: Für Silvia wäre es gut, ein wenig an ihrem geringen Selbstwertgefühl zu arbeiten. Immer wieder gab er ihr »gute Tipps« und ermunterte sie zu beruflichen Zusatzausbildungen, »damit sie etwas aus sich mache«. Er gab ihr auch das Geld dafür.

Wer die familiensystemischen Gesetze in Familien und Paarbeziehungen kennt, weiß, welche Folgen so etwas mit sich bringt. Nach Abschluss der Ausbildungen trennte sich Silvia von Ralf. Sie gab ihm die Begründung sogar schriftlich: »Ich will nicht länger deine Sklavin sein und von deiner Freigiebigkeit unterdrückt werden!«

Ganz anders hätte das Ganze enden können, wenn Ralf sich versichert hätte, ob Silvia selbst Impulse verspürt, all diese Schritte zu unternehmen. Gleichzeitig hätte er ihr das Geld nicht einfach schenken dürfen, sondern hätte mit ihr einen schriftlichen Vertrag machen müssen, in dem klar formuliert wird, dass das Geld irgendwann zurückgezahlt wird. Ralf war nämlich in keiner Weise klar gewesen, dass Geld nichts anderes ist als Energie. Gebe ich jemandem zu viel davon und nimmt er es auch an, so mache ich ihn abhängig von mir (»Versklavung«). Jedenfalls ist Ralfs Vorgehen eine sichere Methode gewesen, Silvia zu verlieren.

Differenzierter müssen die Dinge betrachtet werden, wenn ein Paar gemeinsame Kinder hat. Wenn Silvia viele Jahre auf Ausbildung und Beruf verzichtet hätte, dann hätten Ralfs Finanzierungen keineswegs eine negative Wirkung auf die

37

Beziehung gehabt – sondern eher das Gegenteil wäre der Fall gewesen.

Es ist also wichtig in einer Beziehung, vor allem in einer ohne Kinder, auf einen transparenten und ehrlichen Umgang mit Geld zu achten. Das Geben und Nehmen in einer Paarbeziehung sollte einigermaßen ausgewogen sein, weil die Machtbalance sonst ins Wanken und damit die Beziehung in eine Schieflage gerät. Gerade am Anfang einer Partnerschaft ist es wichtig, dass offen und ehrlich über das Finanzielle gesprochen wird.

Wer kontrolliert bei Ihnen zu Hause das Geld? Geld ist Energie. Wenn nur einer der Partner das gemeinsame Geld verwaltet und allein bestimmt, was damit geschieht, hat er den anderen energetisch in der Hand. Wer Ihr Geld kontrolliert, der kontrolliert meist Ihre Kraft. Lassen Sie keine Fremdkontrolle Ihres Geldes zu. Und was gemeinsame Konten betrifft: Für eine Beziehung auf Augenhöhe müssen beide gleichberechtigt Zugang zu diesen Kassen und Konten haben. Was Ihnen jedoch allein gehört, weil sie es beispielsweise von Ihren Eltern geerbt haben, da hinein sollten nur Sie selbst Einblick und die Zugangsberechtigung besitzen.

## Energiediebstahl während der Beziehung

### Mangelnde Lust auf Sex

Wenn ein Mann permanent keine Lust mehr auf Sex mit seiner Partnerin hat beziehungsweise die Frau keine Lust mehr auf Sex mit ihrem Partner, dann geht es meiner Erfahrung nach meist *nicht* um Energieklau. Häufig ist in der Paarbeziehung etwas in Schieflage geraten, das im Symptom Lustlosigkeit an die Oberfläche kommt. Hier braucht es in der Regel die Unterstützung durch einen Therapeuten. Auch ein unbewusster sexueller Missbrauch aus der Kindheit kann hinter der Lustlosigkeit auf das andere Geschlecht verborgen sein. Wie man therapeutisch damit umgehen kann, habe ich anhand zahlreicher Beispiele in meinem Buch »Wie aus Leiden wieder Liebe wird« gezeigt.

Dennoch gibt es natürlich den Energieklau durch gezielte sexuelle Verweigerung, zum Beispiel als Rache für etwas. Gerade der punktuelle Einsatz der sexuellen Verweigerung zeigt uns, dass es dann tatsächlich um Energieklau geht, so wie im oben beschriebenen Beispiel von Robin und Svenja.

## Der Verweigerungsvampir

Gut erinnere ich mich noch an eine Klientin, die fünfzehn Jahre in einer Beziehung mit ihrem Freund lebte. Jeder hatte seinen Beruf, seine Kontakte zur Herkunftsfamilie, seine eigene Wohnung mit eigenem Freundeskreis und so weiter. Berührt haben sich die Lebensringe der beiden jedoch kaum.

Als sie ihren Partner darauf ansprach, ob man denn nach fünfzehn Jahren nicht eventuell heiraten und zusammenziehen könnte, antwortete er: »Im Moment ist es mir noch etwas zu früh ... Ich bin mir noch unsicher, was ich will. Lass mir noch Zeit!« Energetisch hatte er sie eindeutig in der Hand und entzog ihr die Kraft: Er war der Boss, von dessen Entscheidung sie abhing, und sie machte sich freiwillig (!) weiter abhängig. Ich riet ihr, die Entscheidung zu treffen, ob ihre Selbstachtung es zulässt, dass man(n) weiter ein solches Spielchen mit ihr treibt. Jedenfalls bestand ihre Empörung zu Recht: Als Mensch hat man für bestimmte Entwicklungen weder im Leben allgemein noch in der Partnerschaft beliebig viel Zeit zur Verfügung. Wer nach fünfzehn Jahren Partnerschaft immer noch nicht weiß, ob er mit der Freundin zusammenziehen soll, der sagt damit *zwischen den Zeilen:* »Vielleicht finde ich ja noch eine bessere Frau als dich. Mit ihr könnte ich dann vielleicht zusammenziehen. Als Reservefrau bist du mir jedenfalls momentan gut genug, denn ganz sicher bin ich nicht, ob meine Traumprinzessin noch kommen wird.«

Wenn die Frau dem Mann erlaubt, so mit ihr umzugehen, macht sie sich abhängig von ihm. Ständig schwebt ein Damoklesschwert über ihr: Verlässt er mich jetzt? Dadurch verliert die Frau an den Mann Energie, sehr viel Energie!

Der Verweigerungsvampir verweigerte die gemeinsame Wohnung und die Heirat. Seine »Kollegen« machen oft auch den Kinderwunsch zum Energie-Angelhaken. Für Frauen ist dies äußerst schmerzhaft. Hier ein Beispiel aus einer Gruppe:

Ulla und Maurice saßen in einem Kurs nebeneinander, doch sie wirkten wie ein getrenntes Paar. Sie redeten auch in den Pausen wenig miteinander und berührten sich nicht körperlich. Insbesondere der Mann wirkte, als habe er Scheuklappen auf.

Ulla beklagte sich, dass Maurice sich schon lange weigerte, sich mit dem Thema Kinderwunsch auseinanderzusetzen: »Dabei wünsche ich mir als Frau doch so sehr, schwanger zu werden!«

Ich schaute die beiden an und sagte zu Ulla: »Manchmal brauchen Männer etwas Zeit, um da hineinzuwachsen. Manchen Männern macht die Schwangerschaft Angst. Wenn Kinder kommen, wird es nämlich ernst zwischen Mann und Frau. Statt Unverbindlichkeit ist dann Verantwortung gefragt. Und mancher Mann und manche Frau verlängern gern etwas ihre Pubertät!« (Lachen in der Gruppe.)

Maurice blickte ungläubig drein. Er schien nicht verstanden zu haben, was ich sagte.

Ulla gab sich einen Ruck: »Wir sind seit dreizehn Jahren zusammen. Ich bin jetzt sechsunddreißig ... Es reicht mir langsam!«

Als Seminarleiter bestätigte ich: »Genau! Das ist zu viel. Ich wusste nicht, dass das schon so lange währt. Das kann dir kein Mann zumuten. Du hättest dich vielleicht schon vor Jahren von ihm trennen sollen, oder? Nach so langer Bedenkzeit kommt in der Regel kein Umschwung mehr. Oder?« Ich lenkte fragend den Blick auf Maurice.

Der schwieg und schaute betreten an die Decke. Am liebsten wäre er jetzt aus seiner Haut herausgeschlüpft. Ulla entging das Verhalten ihres Partners nicht. Es schien, als ob sie erst jetzt begriff, dass Maurice nicht bereit war, sich auf sie als Frau ganz einzulassen oder dass er zumindest niemals ein Kind wollen wird. Ulla begann zu weinen.

Als Kursleiter ergänzte ich: »Wenn ein Mann oder eine Frau ein Kind verweigert, hat man das Recht, sich einen neuen Partner zu suchen. Letztlich wird hier dem Wartenden etwas im Mann- beziehungsweise im Frausein verweigert.«

Im Laufe des Wochenendkurses zeigte sich in einer Übung, dass Ulla diesen Dauer-Energieklau tatsächlich beenden

41

sollte. Am besten war es für sie, sich jetzt einen neuen Partner zu suchen, der bewusst ebenfalls Kinder haben wollte. Diese Einsicht war für Ulla sehr schmerzhaft! Sie weinte. Wie könnte auch das Herausoperieren eines dreizehn Jahre alten Angelhakens, mit dem ihr viel (weibliche) Kraft entzogen wurde, schmerzlos sein? Doch der Schmerz hatte auch etwas Heilendes für sie.

Gegen Ende des Kurses kamen Maurice und Ulla auf mich zu und baten darum, dass ich mit ihnen ein Trennungsritual durchführe. Seit die Tatsachen auf dem Tisch lagen, war in Maurices Gesicht die stumme Pokermiene verschwunden. Er lächelte des Öfteren und wirkte seelisch befreit. Auf meine Nachfrage bestätigte er: »Es stimmt alles, was hier erarbeitet wurde. In der Tat ist es das Beste, wenn wir uns jetzt trennen.«

Unbewusst spürte Maurice, dass auch für ihn als Energieräuber diese Situation letztlich seelisch ungesund war und dass er Ulla zu viel zugemutet hatte. Wer zu viel Energie vom Partner nimmt, muss lernen, sich in Zukunft selbstständig und »umweltverträglich« mit Kraft zu versorgen. So enthielt die Trennung auch für Maurice eine wertvolle Zukunftschance.

## Der Besserwissi-Vampir

Kennen Sie das?

Sie: »Schatz, unsere Straßenbahn fährt in fünfzehn Minuten, mach dich bitte fertig!«

Er (leicht angesäuert in der Stimme): »Übertreib nicht wieder so! Es sind noch siebzehn Minuten!«

Oder werden Sie in Ihrem Alltag von Ihrem Liebsten gern unterbrochen? »Schatz, das heißt nicht ›besser wie‹, es heißt ›besser als‹ – wie oft soll ich dir das noch sagen?«

Wäre Ihr Liebster gern Lehrer geworden? Oder: Er ist gar Lehrer! Und er verwechselt das Wohnzimmer mit einem Klassenzimmer?

Selbst dann, wenn Sie einen »betonsicher« richtigen Satz sagen, wie: »Berlin ist die Hauptstadt Deutschlands«, muss Ihr Liebster das letzte Wort haben: »Ja, das stimmt, aber nur bedingt. Als die BRD und die DDR noch getrennte Staaten waren, da war Bonn die Hauptstadt von Westdeutschland!«

Wenn Ihr Partner sich ständig derart verhält, liebt er es, sich intellektuell über Sie zu stellen und Ihnen dadurch Energie zu rauben. Vielleicht ist Ihr Herz ja groß genug, dass Sie mittlerweile Ihren Frieden mit dieser Marotte gefunden haben. Kein Partner ist perfekt, Sie selbst ja auch nicht. *Wenn* Sie es also schaffen, innerlich ruhig und gelassen zu sein und er oder sie ansonsten ganz in Ordnung ist, dann können Sie einfach auch bestimmte Bemerkungen von ihm überhören. Sie entschließen sich, die Strategie Ignorieren anzuwenden, denn Sie wissen: Der Klügere gibt nach. *Falls* Sie wirklich innerlich beim Schweigen ruhig bleiben und sich nicht aufregen, hat kein Energiediebstahl stattgefunden. Erst wenn Sie sich aufregen, fließt die Kraft von Ihnen zu ihm.

Wenn Sie sein Verhalten nervt und er außerdem noch einige zusätzliche Saugtechniken pflegt, wie Sie sie in diesem Buch kennenlernen, dann besteht Handlungsbedarf. Nur in den wenigsten Fällen hat es sich bewährt, die Spiegeltechnik einzusetzen. Das würde bedeuten: Sie treiben es mal ein paar Tage mit ihm so bunt, wie er es bislang sprachlich mit Ihnen getrieben hat, damit er weiß, wie sich das anfühlt. Zwar kenne ich einen Fall, in dem das vorzüglich gewirkt hat, doch meist entsteht aus dem Spiegeln ein verstärkter Machtkampf. Da der Energiedieb sich durch seine sprachliche Besserwisserei nicht mehr über Sie stellen kann, weil Sie dasselbe praktizieren, sucht er neue Mittel und Wege. An Techniken des Energiediebstahls besteht ja kein Mangel. Dieses Buch ist voll davon und intuitiv kennen sowohl die Opfer als auch die Täter all diese Techniken, denn sie sind so alt wie die Menschheit.

Als Alternative zum Spiegeln bietet sich an, den Partner zu fragen: »Mein lieber Schatz, was brauchst du denn eigentlich? Es ist doch alles gut! Ich liebe dich doch …«

Zwischen den Zeilen geben Sie so zu erkennen, dass Sie seine Technik durchschaut haben. Da Sie ihn mit diesen Worten als Bedürftigen hingestellt haben, verpufft sein Versuch, sich über Sie zu erheben. Probieren Sie es aus!

Was aber tun mit Ihrem Liebsten, wenn alles nichts hilft? Dann müssen Sie ihm reinen Wein einschenken und authentisch sein. Erklären Sie ihm anhand einiger Beispiele, was Sie an seinem sprachlichen Verhalten nervt. Am Ende Ihres Berichts geben Sie ihm einen Kuss und sagen ihm: »Und natürlich darfst du mir auch sagen, was ich an meinem Verhalten ändern soll, damit es noch besser zwischen uns wird.« Dieser letzte Satz ist sehr wichtig! Auf diese Weise fühlt er sich nicht einseitig angegriffen, sondern spürt, dass Ihnen die Machtbalance in der Beziehung wirklich wichtig ist.

Und noch eine Warnung: Sollten Sie in der Kennenlernphase auf einen Menschen treffen, der sich so verhält, wie hier skizziert: Lassen Sie die Hände von ihm! Wenn Sie sich erst einmal auf ihn einlassen, wird sein Verhalten in der Regel noch schlimmer werden. Wer selbst im Verliebtheitsrausch am Anfang einer Beziehung den Besserwissi markiert, vor dem muss man sich in Acht nehmen.

## Der Brüllaffenvampir

Ihr Partner brüllt immer gleich los, wenn ihm etwas nicht passt? So etwas passiert ab und zu in nicht wenigen Beziehungen. Doch wenn es ständig geschieht, besteht Handlungsbedarf, denn Ihr Partner zwackt Ihnen durch seine Ausbrüche sehr viel Energie ab. Er macht Ihnen Angst und schüchtert Sie ein.

Lassen Sie sich keinesfalls von der Rage Ihres Partners anstecken. Je mehr Sie sich über ihn ärgern, desto mehr Energie verlieren Sie. Vielleicht machen Sie zunächst einmal jene Atemübung, die sich im Kapitel »Energie schöpfen – Bewegung, Ernährung, Atem« am Schluss des Buchs findet. Anschließend reden Sie in ruhigen Worten mit ihm. Machen Sie ihm deutlich, wie sein Verhalten auf Sie wirkt und dass Sie sich eine andere, sachliche Kommunikationsebene wünschen. Wenn keine Besserung in Sicht ist, schlagen Sie ihm therapeutische Hilfe vor. Er kann sich selbst Hilfe suchen oder Sie gehen gemeinsam zu einer Paartherapie. Oft werden solche Therapien von »Pro Familia« oder auch von kirchlichen Trägern kostengünstig, zuweilen sogar kostenlos angeboten.

Wenn Ihr Partner nicht bereit ist, an dem Problem allein oder aber mit ihnen gemeinsam zu arbeiten, dann benötigen Sie selbst möglicherweise therapeutische Unterstützung, um den periodischen Kraftraub an Ihnen beenden zu können.

Je nachdem, was Sie für ein Typus sind, können Sie es zunächst einmal auch auf unkonventionelle Art versuchen: Machen Sie sich zunächst klar, dass Brüllaffenvampire an einem starken Selbstwertdefizit leiden, sonst hätten sie es nicht nötig, sich derart daneben zu benehmen. Allein durch diesen Prozess der Bewusstmachung schrumpft seine Übermacht schon. Offensichtlich leidet der Energievampir unter entsetzlichem Hunger, weil er es nicht gelernt hat, sich Kraft auf sozial verträgliche Weise zu besorgen. Aber für diesen Mangel sollen Sie jetzt Ihren Hals hinhalten? Das kann es wirklich nicht sein! Sie grinsen also Ihren Partner an und sagen in ruhigem Ton: »Was willst du denn *eigentlich*, Schatz? Geht es dir nicht gut? Lief es heute im Betrieb nicht gut für dich? Brauchst du eine Kopfschmerztablette, Liebling?« Je deutlicher Sie ihm Ihre eigene Ruhe und Abgeklärtheit demonstrieren, desto schneller ziehen sich seine Saugzähne zurück.

Wenn Ihr Partner allerdings Gegenstände an die Wand wirft und dies nicht nur ausnahmsweise passiert, sondern immer wieder, wird die hier aufgezeigte Strategie nur wenig helfen. Reden Sie offen mit ihm, dass Sie dieses Verhalten auf Dauer nicht hinnehmen. Fragen Sie ihn, ob er bereit ist, mit Ihnen zusammen oder auch allein einige Sitzungen bei einem Psychotherapeuten zu nehmen.

### Der Tränendrüsen-Vampir

Kinder weinen oft, wenn sie etwas nicht bekommen oder etwas nicht so läuft, wie sie es wünschen. Das ist völlig normal! Wer kennt nicht die süßen Kleinen, die an der Supermarktkasse herzzerreißend weinen, weil die Mama gesagt hat: »Nein, ich kaufe diese Schokolade jetzt nicht!«

Bei Erwachsenen sollte das Stadium der Tränenstrategie eigentlich schon überwunden sein. Aber dennoch gibt es Menschen, meist Frauen, die ständig Tränen produzieren, wenn etwas nicht so läuft wie erwartet. Merkwürdigerweise fallen viele von uns darauf herein. Weil es uns im Körper mulmig wird und wir unbewusst ein Schuldgefühl bekommen, möchten wir das Weinen so schnell wie möglich stoppen. Das erreichen wir am schnellsten dadurch, dass wir genau das sagen oder tun, was der Tränendrüsen-Vampir von uns erwartet: 1:0 für den Sauger!

In Zukunft aber könnten Sie Ihr mulmiges Körpergefühl anders als bislang deuten (siehe »Erster Schritt: Prüfung mit der Körperwahrnehmung« im Kapitel »Vier Schritte gegen Energieklau«): Vorsicht, Sauggefahr! Machen Sie sich innerlich klar, was gerade das Ziel des Tränenproduzenten ist. Anschließend gehen Sie so abgeklärt und vernünftig damit um, als habe es niemals Tränen gegeben.

Wenn es sich allerdings um ein Dauerproblem handelt, dann kommen Sie nicht darum herum, das Thema ehrlich anzusprechen. Fragen Sie Ihren Partner oder Ihre Partnerin: »Woher kommt das eigentlich, dass du immer dann, wenn du etwas von mir willst, anfängst zu weinen? Mich kann man mit Tränen nicht erpressen.«

Möglicherweise gibt es für den Vampir etwas in Ihrem gemeinsamen Alltag, das eine Regression verursacht: Dieser Auslöser bewirkt einen unbewussten Rückfall in die Kindheit. Vielleicht achten Sie einmal gemeinsam mit Ihrem Partner darauf, in welchen Situationen die Tränen jeweils produziert werden. So ergibt sich die Chance, den verborgenen Ursachen dieses Verhaltens auf den Grund zu kommen. Möglicherweise wartet hier ein traumatisches Erlebnis aus der Kindheit darauf, aufgearbeitet zu werden. Zur Warnung: Betätigen Sie sich nicht als Therapeut! Wie, wann und mit wem das Problem gelöst wird, muss Ihr Partner selbst entscheiden. Ihre Aufgabe besteht allein in einem Punkt: Sie demonstrieren, dass Sie durch wiederholtes Weinen nicht mehr erpressbar sind.

Ein Klient beklagte sich einmal bitterlich über seine stets weinende Frau, weil er sich jedes Mal so hilflos fühle. Ich erklärte ihm, dass genau dies die versteckte Absicht hinter dem Ganzen ist. Nebenbei bemerkt: Die meisten Männer fühlen sich hilflos, wenn Frauen weinen. Selbst Humphrey Bogart schmolz dahin … Frauen wissen das nur zu gut! Anschließend riet ich dem Mann, sich beim Weinen der Frau innerlich zu entspannen und ihr zu sagen: »Hier, mein Schatz, hast du ein Taschentuch von mir!« Innerhalb von nur zwei Wochen spürte die Frau, dass ihre Waffe stumpf geworden war. Sie benutzte sie seitdem nicht mehr.

### »Du bist zu dick!«

Wenn Ihr Partner Sie in der Öffentlichkeit wegen Ihres Gewichts an den Pranger stellt, hat er eine Grenze überschritten: »Wenn ihr mich fragt, Corinna hat doch etwas zugelegt …« Ein solches Vorgehen stellt eine schlimme Verletzung dar und ist nicht zu entschuldigen! Keinesfalls sollten Sie in der Öffentlichkeit reagieren. Sie entfernen sich einfach räumlich von Ihrem Partner und reden mit anderen aufgeschlosseneren Menschen … Falls Sie öffentlich reagieren, müssen Sie damit rechnen, dass Ihnen weitere Energie abgezapft wird, zum Beispiel durch seinen lauten Kommentar: »Mein Gott, bist du aber heute empfindlich! Darf man denn gar nichts mehr sagen?« Krieg vor Zuschauern ist hoffentlich das Letzte, was Sie wollen, es würde Sie nur weiter in die Tiefe ziehen.

Zurück zu Hause müssen Sie Ihren Mann aber zur Rede stellen, denn Ihr Partner ist ein übler Energievampir. Hier lauert im Hintergrund vermutlich ein tieferer Paarkonflikt; möglicherweise brauchen Sie fachliche Hilfe, denn derart geht man mit seiner Partnerin nicht um.

## »Ich bin ja so krank!«

Auf wen man ständig Rücksicht nehmen muss, der hält sowohl in der Familie als auch in der Partnerschaft meist die Macht in den Händen. Belindas Partner Max hatte ständig »etwas«. Wenn sie Sex wollte, drückte ihm der Magen. Wenn sie mal mit ihm Tanzen gehen wollte, wurde ihm kurz zuvor schwindlig.

»Max ist unglaublich kreativ darin, ständig neue psychosomatische Dinge zu erschaffen. Die Dumme bin immer ich. Er hätte sich besser eine Krankenschwester ausgesucht oder eine fürsorgliche Mama«, erzählte sie in meiner Praxis.

Wer krank ist, der erwartet, dass man auf ihn Rücksicht nimmt. Das ist gut so, jeder kann das nachvollziehen. Wenn jedoch ein Partner ständig Wehwehchen bekommt, dann sollte man näher hinschauen, was die Funktion davon ist. Wer das Psychosomatik-Spielchen ständig aufführt, klaut dem Partner dabei jedes Mal Energie. Am Machthebel sitzt immer der Kranke.

Was macht man in der Partnerschaft, wenn der andere ständig neue Erkrankungen bekommt oder mit Dauerkopfschmerzen und Dauermagendruck wieder mal das erwartete gemeinsame Wochenende eintrübt. In der Regel bringt es nichts, wenn man dem anderen einen Spiegel vorhält: Ihm oder ihr im umgekehrten Falle mal Gleiches mit Gleichem zu vergelten, ist nur Taktiererei, die das Problem nicht löst. Wenn Sie Ihren Partner lieben, dann sollten Sie ehrlich sein. Sagen Sie ihm ganz offen: »Ich liebe dich sehr, aber deine ständigen Erkrankungen zum unglücklichsten Zeitpunkt verunsichern mich und machen mich nachdenklich. Bist du bereit, mit mir einmal zu einer Paartherapie zu gehen? Oder magst du mal allein zu einem Therapeuten gehen? Ist da vielleicht etwas Tieferes in dir, was gesehen werden will?« Im Fall meiner Klientin Belinda, die sich über ihren ständig kranken Freund beschwerte, haben genau diese Worte eine »Dauerheilung« bewirkt! Plötzlich blieb Max gesund – ohne zum Therapeuten zu gehen.


## Wenn der Partner schweigt

Schweigen ist eine besondere Form der Kommunikation. Man kann nicht nicht kommunizieren. Auch Schweigen ist Kommunikation und sogar eine sehr wirksame! Man kann dem »Gesprächspartner« damit sehr viel Energie entziehen: Je dringender er oder sie auf eine Antwort wartet, desto mehr

Kraft kann man absaugen, während beim anderen die innere Verzweiflung wächst.

Bei sehr vielen Paaren, die in meine Praxis kamen, war der Ausgangspunkt das Schweigen. Fast immer waren es die Frauen, die von ihren scheinbar sprachlosen Männern angeschwiegen wurden. Miteinander reden ist jedoch die *Essenz* der Paarbeziehung. Ohne ehrlichen Austausch von all dem, was die Partner bewegt, stirbt die Beziehung. Frauen sind zweifellos das kommunikativere Geschlecht. Und irgendwann halten sie es zu Recht mit dieser Sprachlosigkeit nicht mehr aus. Oft müssen sie mit Schlimmerem drohen, um ihren Partner zu bewegen, mit ihnen gemeinsam in meine Praxis zu kommen, um dem Hintergrund der Sprachlosigkeit auf den Grund zu gehen.

Ehrlicherweise muss ich aber einflechten, dass nicht jedes Schweigen des Mannes Energiediebstahl ist; manchmal ist es pure Notwehr, um sich gegen die Frau zu wehren. Wenn beispielsweise die Frau völlig unhaltbare Forderungen an den Mann stellt, ihm zusätzlich ständig aggressiv Dinge unterstellt, darf sie sich nicht wundern, wenn der Mann vorsichtshalber auf Dauertauchstation geht: Der Mann hat resigniert und glaubt fälschlicherweise, sich nur auf diese Art und Weise verteidigen zu können.

## Schwammig formulieren, um damit (später) unfair anzugreifen

Verstreut in diesem Buch finden sich immer wieder Hinweise auf den Schaden, den »schwammige« Kommunikation in menschlichen Beziehungen anrichtet. Wer nur unklar seine

Wünsche und Erwartungen ausspricht, zieht Energie schon dadurch, dass er *allein* weiß, worum es konkret geht. Das Opfer ist stets in der defensiven Position, weil es auf unklare Formulierungen nie konkret reagieren kann. Stets fragt sich das Opfer genervt: »Was will er/sie denn genau?«, was mit viel psychischen Kraftaufwand verbunden ist. Ein kleiner Tipp, was die Sprache des Vampirs angeht: Wenn Sie das Wort »eigentlich« hören, dann sollten Sie in Zukunft sofort hellwach werden, denn es bezeichnet oft den Beginn indirekter Kommunikation.

Ein triviales Beispiel: Waltraud sagte im Garten, während ihr Mann gerade mühsam damit beschäftigt war, die Wurzeln eines Unkrauts auszugraben: »Eigentlich wäre es doch gar nicht so schlecht, mal wieder abends rauszugehen.« Leonhard brummte nur etwas dazu und fluchte auf die hartnäckigen Wurzeln.

Drei Monate später kam es wegen einer Lappalie zu einem Ehekrach. Um noch ein Sahnehäubchen obendrauf zu setzen, sagte Waltraud: »Außerdem hast du dich geweigert, abends mit mir mal wieder tanzen zu gehen! Ich bin dir halt gar nichts wert!« Ihre Vampirzähne hatten sich tief in ihn eingegraben. Leonhard war völlig gelähmt und orientierungslos. An das Unkraut konnte er sich noch gut erinnern, aber dass mit jener undeutlichen Formulierung seiner Frau damals Tanzen gemeint war, davon wusste er nichts. Noch schlimmer: Er konnte sich an nichts vom damaligen Gespräch erinnern, denn unser Gehirn vergisst unklare, schemenhafte Formulierungen in der Regel sofort. Da Waltraud jedoch darauf beharrte, sie habe ihn eindeutig aufgefordert, mit ihr mal wieder zum Tanzen zu gehen, wurde er noch weiter verunsichert.

Er fragte sich, ob er mal zum Neurologen gehen sollte, denn er konnte sich beim besten Willen an nichts erinnern. Energetisch hatte die Frau nun starkes Oberwasser, er jedoch lag am Boden. Indirekte Kommunikation ist eine von Energie-vampiren häufig benutzte Technik, um Macht auszuüben.

Wenn Sie nicht genau wissen, was Ihr Gegenüber am Arbeitsplatz oder Ihr Partner zu Hause mit dem Wort »eigentlich« oder mit unklaren Ausdrücken hat sagen wollen, fragen Sie bitte *sofort* nach, was *konkret* gemeint ist, sonst fliegt es Ihnen in Zukunft irgendwann um die Ohren. Mancher Energievampir hat das unklare Formulieren zu einer Königsdiszi-plin ausgebaut, weswegen wir uns diesem Thema noch tiefer zuwenden müssen. Zuweilen gehen daran sogar Partnerschaften kaputt.

Wenn man nie *genau* sagt, was man vom Partner erwartet, hat man als Energieräuber oder Vampir einen großen Vorteil: Ständig kann man des Partners Bemühungen als »unange-messen« und »zu wenig« kritisieren. Damit ist man am Ruder der Macht. Wer sich selbst weigert, *exakt* zu sagen, was er erwartet, dem kann es der Partner oder die Partnerin nie recht machen. Immer stellt er sich als Benachteiligter hin.

Ein Beispiel aus meiner Praxis: Ein Paar, Felix und Jule, waren eineinhalb Jahre zusammen. Nach der Trennung kam Felix in meine Praxis, weil er nicht glauben konnte, dass man wegen solcher Kleinigkeiten seine Partnerin verliert: »In vielerlei Hinsicht war es die seelisch tiefste Liebe meines Lebens. Ich verstehe es einfach nicht – deswegen komme ich hierher«, seufzte er.

Felix und Jule hatten getrennte Wohnungen. Ab und an waren sie zusammen in den Urlaub gefahren. Vor Ort hatten sie dann ein gemeinsames Portemonnaie für gemeinsame Ausgaben. Sie kritisierte ständig, dies sei finanziell »nicht richtig fair«. Die Frage zu stellen, was »richtig fair« konkret bedeutet, kam Felix leider nicht in den Sinn ... Stets maulte Jule, sie sei benachteiligt. Sie musste ständig nachrechnen. Bei der nächsten Urlaubsbuchung hatte Felix stillschweigend die Fixkosten (Anzahlungsgebühr, Pauschalgebühren und anderes) aus dem eigenen Geldbeutel bezahlt; ihm war es zu dumm, wegen Geld zu streiten. Indem er hier auf einen finanziellen Ausgleich verzichtete, erhoffte er sich Ruhe an der Geldfront. Weit gefehlt!

Am Ende des Urlaubs zahlte Jule nur die Hälfte dessen, was vor Ort vom Vermieter als Restzahlung verlangt wurde; an den vorher entstandenen Kosten war sie somit nicht beteiligt. Als sie ihm dann bei einer anderen Gelegenheit wieder vorwarf, er ziehe sie über den Tisch, verzweifelte er innerlich. Leider wurde ihm nicht bewusst, dass völlig ungerechtfertigte Vorwürfe zu einer der am häufigsten benutzen Techniken von Energievampiren in der Partnerschaft zählen. Die energetische Wirkung auf das Opfer ist immer dieselbe: Man fühlt sich gelähmt – gerade deswegen, weil man innerlich mit sich im Reinen ist. Man hat ein gutes Gewissen. Und man erkennt nicht, dass Energievampire darauf lauern, dass der Partner kleine Fehler macht, die unbarmherzig ausgenutzt werden.

Felix tappte nun in die Falle und erzählte offenherzig, dass er aus freien Stücken bei der Buchung letztlich wesentlich mehr gezahlt habe als sie, weil er diese geldknauserigen Diskussionen für unwürdig halte. Daran könne sie erkennen, dass er wirklich nicht auf ihr Geld aus sei, sondern sie liebe.

Während mir Felix dies in der Praxis erzählte, wischte er sich verstohlen eine Träne weg: »Hätte ich geahnt, dass es deswegen zum Bruch kommt ... Es war so erschütternd für mich zu erkennen, dass sie mich in diesen achtzehn Monaten als Mensch gar nicht richtig kennengelernt hat. Jeder, der mich wirklich kennt, weiß doch, dass ich um des Friedens willen gern in finanziellen Dingen nachgebe ...«

»Ich weiß«, tröstete ich ihn, »dieses Machtspielchen ist Jule nicht bewusst gewesen. Vermutlich handelt es sich um ein aus der Familie übernommenes Machtmuster, das sie zum Energievampir werden ließ.«

Felix berichtete, dass Jule nach seinem Einwand raffiniert gekontert hatte: »Da sieht man es wieder, wie sehr du mich als Mensch verachtest! Du stellst dich über mich! Du scheinst mich als Prostituierte anzusehen, die käuflich ist. Ich bin nicht käuflich! Dein Verhalten ist extrem anmaßend!«

Felix hatte entgegnet: »Du verstehst mich völlig falsch, denn ich habe nur deswegen freiwillig mehr bezahlt, damit es nicht wieder diesen Geldstreit gibt. Mir ist das mit dem Geld nicht so wichtig. Natürlich stelle ich mich nicht über dich. Das müsstest du doch längst wissen!«

Sie beschimpfte ihn erneut, er erhebe sich durch dieses Verhalten über sie. Tatsächlich konnte er es ihr in *keiner Weise jemals recht machen*! Was hat er in der Kommunikation falsch gemacht?

Leider hat er nie den Spieß umgedreht. Felix hätte frühzeitig fragen müssen: »Wie *genau* sollen wir das jetzt mit dem Geld machen? Beschreib mir bitte *konkret*, wie wir es handhaben sollen, damit du in Zukunft zu 100 Prozent zufrieden bist.« Er hätte es sich *exakt* von ihr erklären lassen müssen.

Dass er es nicht gemacht hatte, nutzte sie geschickt zu einem (unbewussten) Energieklau. Da das Finanzielle nie genau definiert war, konnte sie stets sagen: »So ist es nicht gut! So passt es mir nicht. Du machst es falsch!«

Durch diese Reaktionsweise konnte sie ihm *immer* Energie stehlen, denn er konnte es (subjektiv) so gut machen wie irgend möglich: Es würde ihr nie reichen! Nie wäre es ihr recht. Schlimmstenfalls kann ein solches Spiel jahrelang getrieben werden. Das Ergebnis: Sie stiehlt ihm fortwährend Kraft und dominiert die Beziehung, sie ist die Mächtige. Ihm bleibt nur die Rolle des Untergebenen, der sich ständig verteidigen muss, obwohl er objektiv betrachtet ein reines Gewissen hat.

Erst durch unser Gespräch wurde Felix klar, welche Dynamik in der Partnerschaft abgelaufen war. Ihm war aufgefallen, dass Jule häufig noch eine zweite bei Energievampiren beliebte Technik benutzte: Unterstellungen und »Gedankenlesen«.

## Unterstellungen und »Gedankenlesen«

Hierbei geht es darum, dass der Partner ständig bestimmte Aussagen oder Handlungen des anderen äußerst eigenwillig deutet. Als Felix einmal am Wochenende bei Jule übernachtete, packte er seine Reisetasche eine Stunde früher als gewöhnlich. Die beiden hatten morgens im Radio gehört, dass der Schneefall gegen Abend so schlimm werden könne, dass stellenweise mit Schneeverwehungen gerechnet werden müsse. »Da fahr ich besser ein Stündchen früher«, hatte Felix gesagt. Das geschah am späten Vormittag. Jule hatte gar nicht direkt darauf reagiert und Felix hatte sich gewundert, warum sie nur kurz genickt hatte. Doch einige Stunden später, als er die Tasche packte, kritisierte sie ihn scharf: »Du willst mich ja nur loswerden, willst nur schnell wieder in deine Wohnung zurück und dich erholen von mir!«

Solche überfallartigen Deutungen im unpassendsten Moment sind typisch für Energievampire. Felix dachte an die Schneestürme und das baldige Abfahren und wurde in zeitraubende Diskussionen darüber verwickelt, wie wenig er Jule liebe. Sie stritt komplett ab, dass er morgens gesagt hatte, dass er früher fahren wollte, und genickt dazu habe sie schon gar nicht! Er habe das alles einfach erfunden ...

Felix war sich ganz sicher, dass er morgens tatsächlich gesagt hatte, dass er früher fahren will. Außerdem hatte er mit eigenen Augen gesehen, dass sie dazu genickt hatte. Indem die Partnerin beide Punkte abstritt, betrieb sie »Realitätsklau«: Durch plumpes Abstreiten und Lügen erreichte sie, dass Felix seinen eigenen Realitätswahrnehmungen nicht mehr vertraute. Das Thema »Lügen und Gehirnwäsche« wird uns weiter unten noch beschäftigen, da es häufig vorkommt.

Leider hat Felix nicht gemerkt, dass Jule ihm einfach etwas *unterstellte*. Selbstherrlich deutete sie sein frühes Abfahren als mangelnde Liebe. Jule betätigte sich als Gedankenleserin. Woher wusste sie denn tatsächlich, dass er sie nur loswerden will? Woher wusste sie, dass er sich von ihr erholen will? Felix hätte kontern müssen: »Als ich dich kennenlernte, wusste ich gar nicht, dass du eine Hellseherin und Gedankenleserin bist. Aber leider muss ich dir sagen, dass du meine Gedanken völlig falsch gelesen hast. Erstens will ich dich nicht loswerden. Und zweitens nehme ich *tatsächlich* die Radiomeldung ernst, dass Schneeverwehungen angekündigt wurden. Wäre doch toll, wenn ich ohne schweren Unfall nach Hause fahren könnte, damit wir uns bald gesund wiedersehen, oder?«

So kann man jedoch nur reagieren, wenn einem der Energieklau des Partners bewusst wird. Erst dann kann man ihn aufdecken. Da es in der Partnerschaft nicht um Taktieren, sondern um authentisches Handeln geht, ist man in den meisten Fällen sogar verpflichtet, ehrliches Feedback zu geben. Nur so kann der Partner sein Verhalten überprüfen und eventuell verändern.

Praktiziert Ihr Partner das Gedankenlesen mit Ihnen, dann spielt er, egal ob bewusst oder unbewusst, ein Machtspiel. Machen Sie sich das klar! Wer die Gedanken des anderen scheinbar lesen kann, der ist der Überlegene – vor allem, wenn Sie solche Aussagen ohne Erwiderung einfach stehen lassen. Es ist also gut für Sie, diesen Trick sofort zu entlarven und so zu reagieren, wie ich es vorgeschlagen habe, um die Machtbalance wiederherzustellen. Angesichts der meist tief verwurzelten Kindheitsprobleme, die diese Art von Dominanzverhalten hervorrufen, bedarf es in der Regel therapeutischer Hilfe. Wäre Felix etwas früher – zusammen mit Jule – in die Therapie gekommen, hätten beide ihr Problem möglicherweise in Frieden lösen können.

Bei einer Klientin war es so, dass ihr extrem eifersüchtiger Ehemann ihr ständig unterstellte, sie sei fremdgegangen, zum Beispiel, wenn sie verspätet nach Hause kam. Noch so viele Argumente und rationale Erklärungen halfen da nicht weiter! Sie konnte ihm sogar die Telefonnummer von ihrer letzten verspäteten Kundin am Arbeitsplatz anbieten, damit er ihre Angaben überprüfen könne. Der Mann blieb stets bei seiner

Meinung. Tatsächlich jedoch ist sie nie fremdgegangen. Irgendwann eskalierten die Dinge derart, dass sie sich von ihm trennte. Der ständige Energieklau durch Unterstellungen wurde einfach zu viel. Auch die beste Ehe hält das nicht auf Jahrzehnte aus. Hinter dem Vorwurf des Fremdgehens steckt meiner Erfahrung nach oft ein Mensch, der sich in der Tiefe auf seinen Partner nicht richtig einlassen will. Durch das Energiespielchen des Lügens und der Unterstellungen wird aber geschickt die Schuld auf den Partner verlagert. Das ist Energieklau der übelsten Sorte – wenn auch unbewusst, wie die meisten Aktionen dieser Art.

## Lügen und Gehirnwäsche

Miriam berichtete von Bernhard, der ihr ständig ein X für ein U vormachte. »Es kann sein«, sagte sie erregt, »dass ich erzähle, ich habe gerade seinen Chef in der Fußgängerzone gesehen. Eine Stunde später meinte er dann: ›Du hast doch unsere Putzfrau in der Fußgängerzone gesehen ...‹« Rechthaberisch bestehe er dann auf seiner Meinung, obwohl sie genau wusste, dass sie von seinem Chef gesprochen hatte. Er warf ihr vor, sie würde lügen. Doch so verwirrt war sie nicht, dass sie den Chef mit der Putzfrau verwechselte ...

Am Anfang der Beziehung hatte sie tatsächlich bei solchen Gelegenheiten jedes Mal geglaubt, sie habe sich vertan oder versprochen, wenn er sie auf ihre kommunikativen Fehler hinwies. »Ich habe mich am Anfang unserer Beziehung sogar entschuldigt für meine fehlerhaften Darstellungen, ich Dummkopf!«, seufzte Miriam.

Selbstverständlich drehen sich die meisten Vorkommnisse dieser Art nicht um so etwas Banales wie im Beispiel mit dem Chef und der Putzfrau. In der Regel geht es um Themen der Beziehung, so wie in der Geschichte von Felix und Jule. Dennoch können auch Streitereien um Banales sehr stark negativ auf die Beziehung wirken.

Miriam erzählte beispielsweise von einem geplanten Abendessen in einem Fünf-Sterne-Restaurant. Schon vor einer Woche hatte sie Bernhard, der den Tisch vor vierzehn Tagen reserviert hatte, darum gebeten, ihn wieder abzubestellen: Sie hatte noch einen unaufschiebbaren beruflichen Termin von ihrem Chef erhalten. Bernhard hatte vor einer Woche dazu gesagt: »Das ist aber schade, dann muss ich wohl gleich mal im Restaurant anrufen!« Heute, einen Tag vor dem geplanten Abendessen, stritt er alles ab: »Nie« hätte sie ihm von ihrem beruflichen Termin erzählt. Und zugesagt, dass er den Termin im Restaurant wieder absage, hätte er schon gar nicht. Sie solle einmal zum Neurologen gehen …

Wenn so etwas ganz selten mal in einer Beziehung passiert, sollte man über das Ganze nicht viel nachdenken. Wir sind alle nur Menschen, jeder irrt sich mal. Wenn es aber ständig passiert, dann ist Ihr Partner entweder ein Energievampir oder *er* hat eine neurologische oder psychische Störung, die dringend abgeklärt werden muss. Sie müssen handeln!

Im Gespräch mit langjährigen Freunden und in den Sitzungen mit mir wurde Miriam klar, dass Bernhard das Monopol der alleinigen Deutung der Wirklichkeit an sich gerissen hatte. Ob es um Kleinigkeiten oder um wichtige inhaltliche Dinge in der Beziehung ging: Immer hatte sie angeblich etwas gesagt, von dem sie hundertprozentig wusste, dass sie es nicht gesagt hatte – oder aber sie hatte etwas gesagt und er stritt es völlig ab. Eine weitere Variante gab es auch: Er hatte etwas klar und deutlich berichtet, doch hinterher stritt er es komplett ab, obwohl sie sich völlig darauf verlassen hatte.

Am Ende der gescheiterten Beziehung schrieb sich Miriam sogar Dinge auf, damit sie sich selbst im Nachhinein von der Realität überzeugen konnte. Um die Gehirnwäsche zu stoppen, ist das sehr wichtig, weil man sonst oben und unten irgendwann nicht mehr unterscheiden kann.

Miriam: »Ich hätte praktisch ständig heimlich unsere Gespräche aufnehmen müssen, um sie ihm vorzuspielen. Nur so hätte ich ihm seine Lügereien verdeutlichen können.«

Ich erklärte Miriam, dass es hier letztlich um Realitätsklau mithilfe einer milden Form von Gehirnwäsche geht. Das Opfer braucht unglaublich viel Energie, um sich den falschen Deutungen mental zu entziehen und die Wirklichkeit im Kopf wieder zurechtzurücken. Geheimdienstmitarbeiter kennen dieses Prinzip: Wenn man dem Gefangenen hundert Mal am Tag sagt, er sei ein Lügner und die Dinge hätten sich in einer bestimmten Weise ereignet, dann glaubt das Opfer die falsche Darstellung möglicherweise irgendwann selbst. Im Bemühen, endlich wieder Ruhe zu erlangen, ist man zum Verrat an seiner eigenen Wahrnehmung bereit! Die Gehirnwäsche war erfolgreich.

Eine wissenschaftliche Studie der kanadischen British-Columbia-Universität zeigte, dass man mit Gehirnwäsche 75 Prozent der Probanden zu dem Glauben führen kann, dass sie konkrete Straftaten in ihrer Kindheit ausgeübt hatten. Die Gehirnwäsche funktionierte so gut, dass die Teilnehmer am Ende die scheinbaren Straftaten mit farbigen »selbst erinnerten« zusätzlichen Einzelheiten ausschmückten – Straftaten, die tatsächlich nie stattgefunden hatten![1] Ähnlich wirken zuweilen »scharfe« Polizeiverhöre: Manche Menschen geben anschließend Straftaten zu, die sie nie verübt haben, und werden deswegen verurteilt.

Miriam kam in meine Praxis, weil ihr neuer Freund exakt dasselbe Spiel mit ihr spielte wie ihr Exmann Bernhard. Unglaublich? Nein! Im Rahmen unserer Therapie zeigte sich, dass ihr Vater durch die ganze Kindheit hindurch dieses unschöne Spielchen mit der Mutter und auch mit ihr gespielt hatte. Es brauchte etliche Stunden Therapie, bis sie den Schmerz darüber, als Kind so behandelt worden zu sein, zulassen konnte. Nur durch die Therapie hat sie jetzt die Chance, dem neuen Freund gegenüber eine klare Kommunikation zu praktizieren. Entweder er wird dank Miriams Hilfe dazulernen und auf Gehirnwäsche verzichten oder die Beziehung wird scheitern. Miriam war jetzt aber gut gerüstet für die Zukunft. Sensibilisiert für das Thema, wie sie es jetzt war, würde sie ein drittes Mal einem solchen Mann nicht begegnen.

## In der Zange zwischen zwei Vampiren

Dagmar kam völlig aufgelöst in meine Praxis. Eine Freundin schickte sie zu mir, weil sie der Ansicht war, dass Dagmar professionelle Hilfe benötigt. Mit einem siebenjährigen Sohn und einer fünfjährigen Tochter lebte Dagmar mit ihrem Mann

---

1 Nachzulesen bei Sebastian Herrmann: »Eingebildete Gangster. Wie leicht sich Erinnerungen an nicht begangene Straftaten wecken lassen«.

Jonas zusammen. Ein großes Problem war die eifersüchtige Schwiegermutter. Sie wohnte in der Nähe und tauchte immer wieder unangemeldet im Haus auf. Dabei machte sie jedes Mal die Schwiegertochter fertig, weil diese eine »Schlampe« sei, nicht kochen könne, alles verdrecken lasse und so weiter. Das Schlimmste jedoch war der Umstand, dass sie immer wieder die Enkeltochter abwertete – in Gegenwart des Kindes! Die Oma mochte dieses Enkelkind nicht und gab dies bei jedem Besuch lautstark zum Besten.

»Beide Kinder sind vom selben Mann?«, fragte ich.

»Ja, ja«, antwortete Dagmar, »beide sind ihre richtigen Enkelkinder. Ich verstehe diese verrückte Abwertung meiner Tochter auch nicht.«

Ich war entsetzt: »Wieso lassen Sie das zu, dass Ihre Schwiegermutter Ihr Kind schädigt? Wieso erteilen Sie der Dame kein Hausverbot? Billigt Ihr Mann das denn alles?«

Leider billigte Jonas alles, was seine Mutter sagte und dachte. Er ergriff ausnahmslos für sie Partei. Beide sagten Dagmar immer wieder: »Du spinnst!«, wenn sie Kritik äußerte. Immer wenn sich Dagmar durch das Feedback ihrer Freundinnen gestärkt hatte, kam es zum Eklat und nicht selten im weiteren Verlauf sogar zu einem Umzug. Eine Zeit lang hatte sie dann am neuen Wohnort kaum Freundinnen, die sie darin bestärken konnten, dass sie nicht spinnt. In diesem Wahrnehmungsterror musste sie jedoch dringend zur Stärkung Hilfe suchen!

Dagmar: »Ich fühle mich gelähmt in dem Moment, wenn sie zur Tür hereinkommt. Vom Kopf her ist mir auch klar, dass ich etwas tun muss, um mein Kind zu schützen. Aber alle Kräfte verlassen mich sofort, wenn ich sie nur sehe … Letztens bekam ich morgens Besuch von meiner Freundin Karin. Mein Mann war auf der Arbeit. Als Karin Zeugin wurde, wie unglaublich sich die Schwiegermutter aufführte, stellte sie diese zur Rede. Erst da wurde auch ich innerlich stärker und sagte ihr, dass sie nie mehr in Gegenwart meiner Kinder schlecht über sie sprechen darf. Erst durch die Reaktion von Karin wurde mir klar, was ich alles Tag für Tag hier freiwillig schlucke! Karins Ansprache hat die Schwiegermutter natürlich nicht im Mindesten beeindruckt. Und als dann mein Mann abends nach Hause kam, kriegte ich die nächsten Nackenschläge.«

Ich seufzte: »Sie sind in der Zange von zwei Energiedieben. Sie brauchen dringend eine ständige Unterstützung, die Ihnen vermittelt, dass Ihre Wahrnehmungen korrekt sind und Sie in keiner Weise verrückt sind. Die ständige Gehirnwäsche der beiden muss gestoppt werden.«

Dagmar ahnte das schon. Gegenwärtig sei es psychisch gar nicht mehr auszuhalten, weil sie in die Nähe der Schwiegermutter gezogen seien. Der Psychostress (Energieklau) durch Mann und Schwiegermutter sei so schlimm geworden, dass sie psychosomatische Symptome bekomme.

Ich bestätigte ihr, dass ihr Körper ihr Verbündeter ist, der ihr eine klare Rückmeldung gibt, was tolerierbar ist und was nicht. Dagmar unterbrach mich: »Mein Körper macht zur Zeit ganz komische Sachen mit mir. Immer wenn ich zu schwach bin, meinem Mann und der Schwiegermutter ein Nein entgegenzusetzen, habe ich das Gefühl, als ob ich mich von meinem Körper entferne.«

»Ja, es ist eine traumatisierende Situation für Sie«, bestätigte ich, »bei Ihnen beginnt eine energetische Abspaltung von sich selbst, weil Sie es psychisch nicht mehr aushalten. Noch flüchten Sie nur mental, aber möglicherweise kann diese Ehe nicht mehr fortgesetzt werden. Ist Ihr Mann bereit für Paartherapie oder Psychotherapie?«

Dagmar wehrte ab: »Therapeuten sind nur Idioten, das zumindest ist die Meinung von Jonas. Er würde nie hierherkommen.« Unter Tränen berichtete Dagmar weiter, dass einmal, als sie ihm ein Nein entgegengesetzt hatte, er sie mit der Faust mitten ins Gesicht geschlagen hatte und dass sie da zum ersten Mal über Trennung nachgedacht habe. Als sie ihm zu einem späteren Zeitpunkt seine Gewalt vorhielt, reagierte er so, wie fast alle Energievampire der schlimmeren Sorte reagieren: »Du bist doch selber schuld! Du hast mich einfach provoziert. Ich bin völlig unschuldig! Du allein bist schuld an dem Schlag!« Tatsachen auf den Kopf zu stellen, gehört zur Machtstrategie von Vampiren. Das Opfer empfindet das, je öfter es geschieht, als eine Art von Gehirnwäsche – es verliert mental jede klare Orientierung.

Im Laufe unserer Doppelstunde fragte ich Dagmar nach ihrer Herkunftsfamilie und danach, wie es denn zu Beginn ihrer Beziehung mit Jonas gewesen war. Stockend berichtete sie mir, wie sehr sie unter dem schlechten Familienklima zu Hause gelitten habe. In Jonas sah sie sofort ihren Retter, den sie gleich mit achtzehn Jahren heiratete, um dem Elternhaus zu entfliehen.

»Ich fühle mich schuldig«, sagte Dagmar traurig, »letztlich habe ich ihn missbraucht. Es fällt schwer, mir einzugestehen, dass ich ihn von Anfang an in keiner Weise geliebt habe. Ich wollte einfach nur raus in die Freiheit …«

Ich bestätigte ihr, dass es heilsam ist, wenn man ehrlich zu sich ist. Ich lud sie ein, die Augen zu schließen und sich innerlich den Satz zu sagen: »Ich bin im Moment nicht nur ein Opfer, ich trage meinen eigenen Anteil von Schuld am Zustandekommen dieser schweren Lebenssituation. Jetzt werde ich ehrlich für mich und meine Kinder kämpfen.« Außerdem machte ich ihr klar, dass all das Gesagte keine Entschuldigung für einen Mann sein darf, Gewalt auszuüben.

Nach all dem Berichteten wurde klarer, warum Dagmar so bereitwillig immer die Schuld auf sich lud. Sie fühlte sich tatsächlich schuldig, sich damals überhaupt auf Jonas eingelassen zu haben. Jonas spürte das unbewusst und nutzte dies auf brutale Weise aus, um ihr selbst noch die Schuld an seiner Gewalt einzureden.

Am Ende unserer Sitzung machte ich Dagmar unmissverständlich deutlich, dass sie *regelmäßige* therapeutische Unterstützung benötigte, damit sie aufhört, ihren eigenen Wahrnehmungen zu misstrauen. Außerdem musste sie klären, ob sie in der Ehe bleiben kann. Da Jonas zu keiner Form von Aufarbeitung bereit war, sah die Situation wenig Erfolg versprechend aus. Weil Dagmar leider vierhundert Kilometer entfernt von meiner Praxis wohnte, riet ich ihr, sich an ihrem Wohnort einen Psychotherapeuten zu suchen, der sie dauerhaft durch diese Lebenskrise begleitete.

Man mag es kaum glauben, aber Dagmar lächelte am Ende der Sitzung: »Es tut so gut, wenn einem ein Fremder bestätigt, dass man nicht verrückt ist. Vielleicht gilt ja für mich auch der dumme Spruch ›Lieber ein Ende mit Schrecken als ein Schrecken ohne Ende.‹«

In der Tat konnte Dagmar diese Lebenssituation nicht einfach weiter so wie bislang aufrechterhalten. Eine Entscheidung musste gefällt werden, damit diese quälende Opfersituation

beendet würde. Einen Hinweis auf die Existenz von Polizeista-
tionen und Frauenhäusern gab ich Dagmar ebenfalls noch mit
auf den Weg. Denn es ließ sich nicht ausschließen, dass die
Situation eskalierte.

## Demütigungsvampir
## mit »hypnotischen« Kräften

Davids Freundin Cassandra machte ihm das Leben schwer.
Drei Jahre war er mit ihr zusammen, doch in dieser vergleichsweise kurzen Zeit hatte sie ihn schon zweimal mit einem anderen betrogen. Außerdem hatte Cassandra ein schwerwie-
gendes Alkoholproblem. Wenn sie betrunken war, ließ sie ihre
schlechte Laune stets an David aus. Er hatte den Eindruck, als
mache ihr dies alles Freude, als teste sie seine Nachsichtigkeit.
Und in der Tat fühlte er sich von ihr wie hypnotisiert, wehr-
los ...

David und Cassandra wohnten noch jeder in seiner eigenen
Wohnung. Die Frage nach einem Zusammenleben hatte sich
bisher nicht gestellt. Wenn sich die beiden in ihrer Freizeit
treffen wollten, kam Cassandra meist zu spät oder sie ver-
setzte ihn. Sich dafür zu entschuldigen, hielt sie nicht für nötig. Doch zu spät zu kommen und andere warten zu lassen
bedeutet, ihnen die Zeit und damit die Kraft zu stehlen.

Oft schon hatte sich David die Frage gestellt, ob er Cassandra verlassen sollte. Einmal hatten sie sich sogar für drei Wochen getrennt.

»Von wem kam die Entscheidung damals?«, fragte ich.

David räusperte sich: »Eigentlich von uns beiden ...«

Er ging in sich, bevor er weitersprach: »Sie meinte, wir wären zu unterschiedlich und würden nicht so gut zusammenpassen. Ich stimmte ihr zu und so trennten wir uns. Aber wir sind uns dann auf einer Party bei Freunden wieder über den Weg gelaufen und danach waren wir wieder zusammen.«

Im weiteren Gespräch sagte David, dass es vermutlich besser gewesen wäre, die Beziehung nicht wieder neu aufleben zu lassen. Er fühle sich von ihr immer wieder »verarscht« und habe es nicht verdient, wie sie ständig mit ihm umgehe. Außerdem befürchtete er, sogleich fallen gelassen zu werden, wenn sie einen »Besseren« findet.

David hielt kurz inne. Dann sagte er: »Es ist so unglaublich schwer, sie aufzugeben.« Er zückte seinen Geldbeutel und zeigte mir spontan ihr Foto: Einer solchen Frau können in der Tat nur wenige Männer widerstehen. Davids Augen glänzten, während er auf das Foto schaute. Ohne Zweifel war er verzaubert und hypnotisiert von ihr! Er befand sich in einer Abhängigkeitsbeziehung zu Cassandra. Im schlimmsten Fall einer Abhängigkeitsbeziehung ist jemand kritiklos bereit, alles für den Partner zu tun und sich bedingungslos unterzuordnen.

So schlimm war es bei David zum Glück jedoch nicht. Immer wenn er dahinterkam, dass Cassandra fremdgegangen war, verringerte sich seine Verzauberung. So berichtete er es auch in der nächsten Stunde. Schon zum dritten Mal hat sie ihm jetzt Hörner aufgesetzt. Immer mehr kam er beim Sprechen in Wut. Irgendwann kippte es und vor mir saß ein weinender David; er weinte wie ein kleines Kind, nicht wie ein Erwachsener.

Ich fragte David, woran ihn die Wut erinnerte. Zunächst fiel ihm nichts dazu ein. Doch schließlich landeten wir bei seiner Geburtssituation: Er hatte eine Nabelschnurumschlingung und zusätzlich gab es Komplikationen bei der Mutter. Nach der Entbindung musste sie noch lange im Krankenhaus bleiben. Die Schwester der Mutter nahm das Kind zunächst zu sich.

Als die Mutter sich erholte, ging sie sehr bald arbeiten; beide Eltern waren berufstätig. David war die Woche über bei seiner Tante. Nur am Wochenende war er zu Hause. Während David redete, konnte ich beobachten, wie sich mehrmals seine Fäuste langsam ballten. In ihm schlummerte aufgestaute Wut! Er war wütend, dass die Mutter nicht für ihn als Baby so da war, wie er es gebraucht hätte.

Ich schlug David vor, dass wir mit der Methode der Traumatherapie an diesem frühkindlichen Trauma arbeiten, um seine Wut zu erlösen. Es folgten nun mehrere Traumatherapiesitzungen, in denen David viel Wut und Schmerz, die im Körper gespeichert waren, loslassen konnte. Innerlich konnte er jetzt auch würdigen, was die Geburtsumstände für seine Mutter an Belastung bedeutet haben. Als er sie in der Traumaarbeit innerlich vor sich sah, sagte er ihr: »Mama, ich sehe deinen Schmerz, ich fühle mit dir!« Dazu war er allerdings erst in der Lage, nachdem er die Wut über die »fehlende Mama« zugelassen hatte.

Auch nach dieser Sitzung blieb David mit Cassandra zusammen. Der magische Bann dieser Frau schien ungebrochen. Doch dann führte eine vergleichsweise harmlose Bemerkung seiner Freundin zur Trennung. Bei einem Brunch mit Freunden sagte sie, wie schlecht die Farben seines Hemdes, seiner Hose und der Schuhe zusammenpassten. Kritik am Partner in der Öffentlichkeit ist ebenfalls eine Spezialität von Energievampiren: Der Vampir erniedrigt auf diese Weise den anderen und demonstriert seine Überlegenheit und Macht. Es kommt einer öffentlichen Demütigung gleich!

Cassandras bissiger Kommentar verfolgte David noch einen ganzen Tag. Schließlich fiel es ihm wie Schuppen von den Augen, wie oft in der Vergangenheit sie sich in der Öffentlichkeit schon über ihn lustig gemacht hatte – ohne dass er nennenswert reagiert hätte.

»Soll ich mich von Cassandra trennen?«, fragte mich David unvermittelt in der nächsten Sitzung. In solch einer Situation arbeite ich gern mit dem Spiegel. Ich bat David, vor den Spiegel in meiner Praxis zu treten und nacheinander zwei Sätze zu sagen: »Ich bleibe mit Cassandra zusammen« und »Ich trenne mich von Cassandra«. Wichtig ist es, nach dem ersten Satz eine Pause zu machen und sich zu versichern, dass man sich vor dem Aussprechen des zweiten Satzes wieder energetisch neutral fühlt.

Mit normaler Stimme sagte David den ersten Satz. Weder stotterte er noch waren Schwankungen in der Lautstärke oder andere Besonderheiten festzustellen. Doch körpersprachlich fiel auf, dass David spontan – wie zum Schutz – die rechte Hand vor seinen Bauch hielt. Außerdem kniff er die Augen zusammen und presste die Lippen aufeinander. Beim zweiten Satz war die Körpersprache nicht weniger deutlich: Der Körper blieb völlig entspannt und es folgte ein tiefer Seufzer und ein langes Ausatmen.

Ich fragte David, was ihm an Mimik, Gestik, Stimme, Atem und an seinen inneren Körperwahrnehmungen bei den beiden Sätzen aufgefallen war. David grinste: »Es ist so was von eindeutig! Unglaublich, wie tief ich das in meinem Körper spüre, dass es jetzt vorbei ist. Und das Verrückte ist: Im Moment macht es mir noch nicht mal was aus!«

Später erfuhr ich, dass David sich nach der Sitzung getrennt hatte und danach nicht mehr mit Cassandra zusammengekommen war.

## Der Paschavampir

Was haben Fremdgehen und Dreiecksbeziehungen mit Energieklau zu tun? Jeder, der schon mal in der Warteposition eines »Dreiecks« war, der weiß es: Derjenige, der fremdgeht und sich über einen langen Zeitraum beide Optionen warmhält, klaut den anderen beiden Beteiligten Energie, denn diese wissen ja nicht, wie der Fremdgeher sich am Ende entscheidet. Wenn ein Mann beispielsweise seiner neuen Freundin verspricht: »Ja, ich werde mich bald von meiner Frau trennen und mir dir zusammenziehen«, und gleichzeitig sagt er seiner Frau unter Nutzung der Tränendrüsen: »Ich brauche noch etwas Zeit, Liebling. Glaub mir, es ist nicht einfach, zwischen zwei Frauen zu stehen. Ich will dich und die Kinder doch nicht verlieren, bei all dem, was wir durch so viele Jahre aufgebaut haben. Vertrau mir doch!« Auf diese Weise kann er eine ganze Weile als Pascha gleich zwei Frauen die Kraft aus den Adern saugen, denn die beiden starren wie hypnotisiert auf ihn und die zu erwartende Entscheidung. Der Energieklau hört nur auf, wenn eine der Frauen sich selbst nicht als die passive Person sieht, die auf eine Entscheidung wartet, sondern selbst aktiv wird und das Spiel mitgestaltet.

71

Wenn Sie selbst endlos darauf warten, dass Ihr Partner oder Ihre Partnerin sich irgendwann für Sie entscheidet, dann stehen Sie energetisch auf verlorenem Posten. Holen Sie sich Ihre Energie wieder zurück, indem Sie sich selbst eine deutliche zeitliche Grenze setzen, die sie ihm oder ihr aber nicht nennen. Irgendwann (nicht zu lange warten!) wird Ihnen Ihr Körpergefühl deutlich zeigen, dass der Rubikon überschritten ist. Dann trennen Sie sich vom Partner, statt auf sein Zurückkommen zu warten.

Mir ist bewusst, dass das leichter gesagt als getan ist. Möglicherweise benötigen Sie in einer solchen Situation auch die Unterstützung eines Therapeuten. Doch Sie sollten es sich selbst wert sein, sich nicht derart aussaugen zu lassen, so wie beispielsweise Hannah in der folgenden Geschichte: Hier währte der Energieklau zwanzig (!) Jahre.

Hannah lebte seit zwanzig Jahren in einer Dreiecksbeziehung, doch zusammengezogen sind die beiden nie. Rolf war verheiratet und hatte vier Kinder. Nach einigen Jahren erfuhr Rolfs Frau von der Existenz Hannahs, doch sie tolerierte die Rivalin. Das klingt alles sehr modern, doch es verstieß für alle Beteiligten gegen ungeschriebene seelische Grundregeln der Paarbeziehung. Die Ehefrau hätte sich die Frage stellen müssen, ob sie unter diesen Bedingungen noch mit ihrem Mann zusammenleben wollte, doch das machte sie leider nicht: Das Bestehende war scheinbar am bequemsten. Auch für den Mann war das permanente Paschadasein nur auf den ersten Blick verlockend. Meine beruflichen Erfahrungen haben mir gezeigt, dass die Seele dies in der Regel nur unter tiefem, manchmal auch unbewusstem Schmerz erträgt. Nicht selten reagiert sie über den Körper, zum Beispiel mit Krankheiten;

Probleme im Urogenitalbereich deuten hier manchmal darauf hin, dass man zu sehr auf Kosten von anderen lebt.

Hannah litt seit zwanzig Jahren darunter, dass sich ihr Geliebter »immer noch nicht« für sie entschieden hatte. Man muss keine Statistik betreiben, um vorherzusagen, dass die Chancen auf Hannahs Wunscherfüllung im einundzwanzigsten Beziehungsjahr eher schlecht stehen. Ganz im Gegenteil: Die Weichen für die Fortsetzung des Energieklaus sind auch für das dritte Jahrzehnt gestellt!

Es ist nie Zufall, was für einen Partner wir haben. Stets hält er uns einen Spiegel vor. Ihre eigene Seele, dies hatte Hannah in der letzten Zeit immer deutlicher gespürt, war schon viel zu lange nicht mehr einverstanden damit, vom Geliebten mit Sprüchen hingehalten zu werden. Fairerweise muss man aber sagen, dass es in solchen Fällen immer auch jemanden benötigt, der sich in blauäugiger Weise Jahr für Jahr vertrösten lässt und das Energieklau-Spielchen mitmacht. Nie hatte sich Hannah Gedanken darüber gemacht, dass sie für ihren Freund auf Ehe und eigene Kinder verzichtete. Mit einem anderen Mann hätte sie dies alles vielleicht erleben können. In der Tat wurde hier nicht nur Energie gestohlen, sondern ein Stück Zukunft.

Hatte sich umgekehrt Rolf jemals Gedanken gemacht, welches Opfer er dieser Frau zumutet und wie schuldig er sich ihr gegenüber macht? Casanovas jedenfalls haben fast immer ein kaltes Herz: Sie können sich in die Psyche des Gegenübers nicht hineinfühlen.

Gleichgültig wie schlimm es auch mit dem Partner sein mag und wie sehr wir unter ihm leiden, er kann uns helfen, das hinter dem Paarkonflikt liegende schmerzhafte Problem

73

zu entdecken und zu erlösen. Hannah war bereit, genau das zu tun. Die tiefer gehende Arbeit mit ihr zeigte, wo ihr eigener Anteil an der Geschichte lag und warum sie in der Tiefe eine solche unbewusste Angst vor Ehe und Kindern hatte und sich nur auf einen Casanova einlassen konnte.

Hannahs Mutter hatte im vierten Schwangerschaftsmonat illegal ein Kind abgetrieben. In dem damaligen Schmerz konnte sie sich Hannahs Vater nie mehr als Frau zuwenden, auch sexuell nicht. Energetisch war nun Hannah in diese Lücke gesprungen. Zwar hatte der Vater sie nicht sexuell missbraucht, doch sie war stets »Papas Liebling«. Energetisch war sie die Rivalin der Mutter: Hannah war die kleine Prinzessin auf Papas Schoß. Die Mutter musste das hinnehmen, denn ihr Herz war dem Vater gegenüber verschlossen. Aus *dieser Dreieckskonstellation* war Hannah nie herausgekommen! Stets hatte sie diese Konstellation als junge Frau auf die Männerwelt übertragen. Unsichtbar saß sie immer noch auf Papas Schoß, weswegen ernsthaft interessierte Männer keine Chance bei ihr hatten.

Für Kinder ist es immer schwer, wenn sie einem Elternteil den Partner ersetzen müssen. In einer therapeutischen Gruppe schaffte es Hannah, sich aus dieser familiären Zwangsjacke endgültig zu befreien. Einem männlichen Gruppenteilnehmer, der die Rolle des Vaters übernahm, sagte sie mit zitternder Stimme: »Ich habe ein Menschenrecht auf einen Partner – auch gegen deinen Willen, Vater!« Diese deutlichen Worte waren notwendig, denn der Vater hatte ihre Freunde stets fertiggemacht. Er missgönnte ihr ein Glück mit »fremden« Männern. Und natürlich musste Hannah der Mutter in Achtung ihren Schmerz um das tote Kind genauso lassen wie ihre Eheprobleme mit dem Vater.

Nur kurz nach dieser Gruppenarbeit trennte sich Hannah von Rolf, dem Energievampir – nach fast einundzwanzig Jahren! Monate später verliebte sie sich in einen Mann, von dem sie hofft, dass einiges von dem noch möglich sein wird, was sie mit dem früheren Freund verpasst hatte, zum Beispiel Kinder. In einer E-Mail schrieb sie mir: »Seit der Gruppe hat sich vieles für mich verändert und ich bin ein glücklicher Mensch geworden und habe die Liebe meines Lebens getroffen (...). Seit jenem Seminar hat sich vieles bewegt. Der Fluss der Liebe hat sich wie eine Lawine über meine Familie ergossen. Man konnte zuschauen, wie sich eines nach dem anderen zusammenfügte. Es ist unglaublich, wie glücklich ich sein kann, so glücklich.«

Regina, eine andere Klientin, erlebte ihren »Pascha« aus der Perspektive der Ehefrau. Im Gegensatz zum eben geschilderten Beispiel hatte sie erst kürzlich herausgefunden, dass ihr Mann sie seit Jahrzehnten mit Sekretärinnen betrog. Selbst wenn sie ihm Fakten präsentierte, Hotelquittungen für ein Doppelzimmer auf einem beruflichen Kongress, stritt er alles ab. Erst als sie ihn durch Zufall auf frischer Tat Arm in Arm mit einer anderen in der Nachbarstadt erblickte, konnte er es nicht mehr abstreiten. Er schlug vor, alles so zu belassen, wie es war. Schließlich liebe er sie ja noch ...

Regina stellte fest, dass ihr Mann ihr im Gespräch nicht in die Augen blicken konnte. Das Lügen fällt leichter, wenn man an jemandem vorbeischaut. Immer wieder schwor er, er habe sich ja von der aktuellen Freundin getrennt. Einige Tage später sah sie die beiden dann in seinem Auto im Verkehrsstau. Als die Freundin die beobachtende Ehefrau auf der

Straße entdeckte, duckte sie sich auf den Boden, um nicht gesehen zu werden …

Selbst nachdem Regina ausgezogen war und in ihrer neuen Wohnung lebte, bedrängte sie der Pascha. Er machte ihr ständig Komplimente und hoffte, sie zurückzugewinnen. Und immer noch erzählte er Lügengeschichten.

»Wie ticken solche Menschen?«, fragte mich Regina einmal. Ich riet ihr zur Lektüre des Romans »Der Pascha« von Hans Werner Kettenbach. Regina las ihn, schaffte es jedoch nicht bis zum Ende: »Ich konnte es nicht zu Ende lesen, denn es ist alles exakt so wie bei meinem Mann, jede Seite des Buches war schmerzhaft für mich. Diesen Typus von Mensch gibt es also tatsächlich! Solche Typen denken wirklich, sie haben es verdient, mit zwei Partnerinnen gleichzeitig glücklich zu sein – Lügen und Betrugsmanöver inklusive!«

Regina kam aber in der Therapie an den Punkt, sich auch eigene Schuld einzugestehen: »Ich wollte ihn als Partner immer mehr haben als er mich. Ich brauchte ihn, um aus meinem Elternhaus zu entfliehen, er brauchte mich hingegen nicht …« Dieses energetische Ungleichgewicht hatte sich der Paschavampir zunutze gemacht.

Nach dem Ende der Ehe lernte Regina einen netten Mann kennen: »Endlich erlebe ich an einem Mann all die Qualitäten, die ich mir schon immer gewünscht habe. Auf einen Pascha werde ich wohl nicht mehr reinfallen«, sagte sie am Ende der Therapie.

# Die fatale Ehe
## mit dem Finanzvampir

Christian war seit einem Jahr verheiratet. Er war Anfang vierzig, seine Frau Isabel Ende dreißig. Gemeinsame Kinder hatten die beiden nicht, doch Isabel hat eine neunjährige Tochter
und einen zwölfjährigen Sohn mit in die Ehe gebracht.

Als Christian Isabel kennenlernte, war er tief beeindruckt,
wie sie alles managte. Sie arbeitete auf einer Zweidrittelstelle
bei einer Bank und trotzdem war sie als Mutter stets für ihre
Kinder da – nicht zuletzt auch wegen ihres guten sozialen
Netzwerks.

Als Christian vor mir saß, ballte er die Fäuste: »Hätte ich
geahnt, dass mit dem Tag der Eheschließung alles wie eine
Seifenblase zerplatzt! Es ist alles wie in einem bösen amerikanischen Spielfilm! Bitte erklären Sie mir, wie ein Mensch sich
nur durch eine Eheschließung so verändern kann!«

Statt zu antworten, bat ich Christian, mir noch etwas mehr
zu erzählen. Nach nur einem Jahr Beziehung hatten sich die
beiden entschlossen, zu heiraten und zusammenzuziehen.
Christian hatte von seinen kürzlich verstorbenen Eltern ein
schönes Reihenhaus geerbt, das Platz genug für alle bot und
in dem sie jetzt lebten. Christian berichtete, dass Isabel am
Tag nach der Hochzeit ihr »verliebtes Gesicht« abgesetzt und
ein »forderndes Gesicht« aufgesetzt habe. Vorher war alles
wunderbar, sowohl für ihn als auch für sie. Seit dem Tag der
Eheschließung nörgele sie jedoch an allem rum und mache
sich nur noch lustig über ihn.

Christian war von Beruf Bademeister in einem Hallenbad.
Üppig entlohnt wurde er für seine Arbeit nicht, doch da er ja

77

umsonst im geerbten Haus seiner Eltern lebte und sogar noch 50 000 Euro bar erhalten hatte, gab es keine finanziellen Probleme, jedenfalls bislang nicht! Doch die Zeichen standen auf Sturm. Nach der Eheschließung hatte sich Isabel entschlossen, ihren gut bezahlten Job zu kündigen. Sie wolle jetzt mehr für die Kinder präsent sein – die Kinder brauchten sie angeblich wieder mehr. Verzweifelt habe er versucht, ihr das auszureden, doch sie war nicht mehr für ihn »erreichbar«. Tage nach ihrem Streitgespräch ging Isabel zu ihrem Hausarzt und ließ sich wegen Erschöpfung krankschreiben.

Was Christian besonders wütend machte, war der Umstand, dass sich Isabel wie eine »Schmarotzerin« (Zitat Christian) verhielt: Während sie bisher Geld verdiente, um sich und ihre Kinder zu ernähren und Miete zu bezahlen, begab sie sich jetzt auf die »Dauer-Urlaubsschiene«, wie Christian es ausdrückte. Sie lebte buchstäblich mit ihren Kindern aus erster Ehe auf seine Kosten. Sie hatte auch schon angekündigt, dauerhaft nicht mehr arbeiten zu wollen. Ihr sei es auf der Bank ohnehin schon immer zu stressig und hektisch gewesen. Daher bereite sie momentan die Kündigung vor.

Für Christian war es sehr wichtig, von mir zu erfahren, ob ich seine Empörung nachvollziehen könne oder ob ich ihn für »verrückt« halte, so wie Isabel es tat. Sie predigte ihm nämlich dauernd, er sei ein Spinner und habe eine solch tolle Frau wie sie gar nicht verdient.

Ich beruhigte Christian: »Nein, Sie sind kein Spinner! Sie sind zu Recht wütend, dass Sie seit Ihrer Heirat ausgenommen werden wie eine Weihnachtsgans.«

Christian atmete tief durch: »Da bin ich aber froh. Ausnahmslos alle meine Freunde sehen das auch so … Hätte ich auf meine Freunde gehört, hätte ich sie gar nicht erst geheiratet. Alle haben mich vor ihr gewarnt ...«

»Drum prüfe (gründlich), wer sich ewig bindet«, warf ich dazwischen und beantwortete jetzt Christians Frage vom Anfang der Sitzung: »Sie haben einen Energievampir geheiratet! Isabel scheint gern auf Kosten anderer zu leben – buchstäblich! Möglicherweise ist es das Beste, sich baldmöglichst von ihr zu trennen. Denn ich vermute, sie wird so lange bei Ihnen bleiben, wie Ihre 50 000 Euro noch halten ...«

»Das dachte ich mir schon, so eine Scheiße! Meine Freunde sagen dasselbe!«

Am Ende der Sitzung schlug ich Christian vor, er solle seine Frau zur nächsten Sitzung mitbringen. Da jedoch kam er allein: »Du brauchst wirklich einen Seelenklempner, ich habe so etwas nicht nötig, deswegen gehe ich selbstverständlich nicht mit!«, war ihre kurze Antwort auf seine Einladung gewesen.

Offensichtlich hat der Energievampir schon von Weitem gerochen, dass ich berufsbedingt aufseiten der Opfer stehe und »Saugverhältnisse« sowohl für die Ehe als auch generell im menschlichen Leben als schädlich ansehe.

Die nächsten Monate zeigten, dass nicht der Schimmer einer Besserung in dieser Ehe in Sicht kam. Isabels Kommentar zu unserer Arbeit: »Da hast du ja den richtigen Psycho-Blödmann gefunden! Der spinnt genauso wie du! Ihr habt euch gesucht und gefunden!«

Mehrere Monate habe ich Christian begleitet. Nachdem Isabel eines Tages sprachlich mal wieder richtig auf ihn eingedroschen hatte, sagte er in der Sitzung mit mir: »Lieber ein Ende mit Schrecken als ein Schrecken ohne Ende! Meine

Nerven sind am Ende. Ich kann nicht mehr! Mein Schlaf ist gestört, ich bin gereizt bei der Arbeit und mein Magen wird immer empfindlicher.«

Dem hatte ich nichts entgegenzusetzen. Doch als es endlich ernst werden soll mit der Trennung, erlitt Christian wieder einen Rückfall. Er hatte Angst, nach der Trennung wieder allein zu leben. »Eigentlich« sei sie doch so eine tolle Frau … Ob das wohl auch für ihre Vampirzähne gelte, warf ich vorsichtig ein und bat ihn, nicht nur auf das Äußere, sondern auch auf das Innere zu schauen.

Christian nickte und berichtete, sie sage ihm ständig: »So jemand Tolles wie mich findest du nie mehr!« Sie wolle bei ihm offensichtlich Panik vor der Zukunft auslösen. In der Tat ist das eine häufig benutzte Strategie vieler Energievampire in der Partnerschaft.

Mehrere Sitzungen brauchte es, bis Christian wieder auf Befreiungskurs kam. Dazu war es notwendig, sich sehr tief mit seiner vorherigen Beziehung auseinanderzusetzen. Es zeigte sich, dass Christian geheiratet hatte, obwohl seine Seele noch gar nicht frei war für die jetzige neue Frau. So war diese »katastrophale Ehe« (Zitat Christian) immerhin nicht ganz umsonst, denn sie half ihm, seine eigenen nicht aufgearbeiteten Themen aufzulösen. Nachdem dies geschehen war, konnte sich Christian jedenfalls von Isabel trennen.

In der allerletzten Sitzung erfuhr ich von Christian noch etwas, das unser Bild von Beziehungsvampiren abrunden kann: Er kam durch Zufall dahinter, dass Isabel schon lange auf die Pille verzichtet hatte, obwohl sie es völlig anders besprochen hatten. »Wollte sie von mir schwanger werden, damit es mir unmöglich sein sollte, mich von ihr zu trennen?

Wollte sie mich so lebenslang fesseln?«, fragte er sich. Jedenfalls hatte Christian Glück im Unglück: Isabel erwartete kein Kind von ihm.

In einem anderen, noch schlimmer gelagerten Fall habe ich erlebt, dass ein weiblicher Energievampir *bewusst* eine Schwangerschaft vorspielte, um nicht vom Mann verlassen zu werden. Die Wirkung einer solchen Vampirstrategie ist allerdings zeitlich ziemlich begrenzt. Sie hilft dem Opfer, endlich aus den Träumen aufzuwachen und zu erkennen, wen er denn da wirklich vor sich hat.

Zum Abschied riet ich Christian, sich einen guten Rechtsanwalt zu besorgen. Energievampire ziehen Energie auf jede Weise, die ihnen möglich ist. Und Geld *ist* Energie! In ähnlichen Fällen war es stets so, dass eine Mediation unmöglich war, denn bei Mediation wird von einer harmonischen, einverständlichen finanziellen Regelung durch die Ehepartner ausgegangen. Mit Energievampiren ist jedoch ein Einverständnis gar nicht möglich, denn sie wollen den anderen besiegen und seine Energie nehmen. Statt dem Suchen nach Kompromissen wird immer erbittert um jeden Cent gekämpft – mithilfe von Anwälten. Und noch etwas ist wichtig: Auf mündliche Vereinbarungen sollte man sich in Rechtsstreitigkeiten mit Energievampiren nie verlassen. Alles muss schriftlich festgehalten werden. Den Begriff »gegenseitige Rücksichtnahme« kennen diese Menschen nämlich nicht.

# »Wenn du dich trennst, bringe ich mich um!«

Viele Partnerschaften kommen an einen Punkt, an dem es »irgendwie« nicht mehr weitergeht. An dieser Wegkreuzung nehmen viele Paare therapeutische Hilfe in Anspruch. Nicht wenige Menschen, meist Männer, lehnen jedoch Therapie ab, weil sie nur für »Idioten« sei. In Wirklichkeit haben solche Menschen Angst vor dem, was in der Therapie aufgedeckt werden könnte.

In solchen Situationen, in denen ein Partner deutlich von Trennung spricht, kommt es vor, dass der andere mit Selbstmord droht. Natürlich ist das mehr als nur das Saugen eines Energievampirs! Hier handelt es sich um eine psychopathische Störung. Wer mit Mord oder Selbstmord droht, hat endgültig die Basis einer Beziehung auf Augenhöhe gesprengt. Die Beziehung von Mann und Frau ist jedoch auf Augenhöhe angewiesen. Für viele, die diese Situation als Opfer erleben, scheint sich der Partner plötzlich in einen Terroristen zu verwandeln: Das Machtgefüge der Beziehung ist völlig außer Balance.

In zwanzig Jahren Arbeit mit Paaren und Menschen, die in einer Paarkrise waren, hat sich für mich bislang fast ausnahmslos Folgendes immer wieder bestätigt: Wer mit Mord und Selbstmord droht, den *muss* man verlassen. Nur durch eine Trennung kann man selbst und kann auch der Partner einen neuen Anfang im Leben machen.

Viele meiner Klienten, meist Frauen, sind in einer Nacht-und-Nebel-Aktion ausgezogen, damit ihr Vorhaben nicht vereitelt werden konnte. Damit ist der brutale Energieklau jedoch nicht zu Ende, denn man weiß ja nicht genau, wie ernst es der Drohende meint. Meiner Erfahrung nach sind die Drohungen in der Regel nicht ernst zu nehmen; sie dienen nur dazu, den Partner zu knebeln und ihn weiter in Abhängigkeit zu halten. Da man jedoch nie zu 100 Prozent von der Harmlosigkeit der Ankündigung ausgehen kann, *muss* man Vorsorge betreiben – sowohl für sich als auch für den Partner. Deshalb ist es ratsam, den Hausarzt des Drohenden über dessen »Vorhaben« zu informieren. Außerdem sollten die Eltern oder andere Verwandte des Partners informiert werden, damit sie dem psychisch Kranken helfen können, endlich doch fachliche Hilfe in Anspruch zu nehmen. Je nach den Umständen des Falles rate ich zuweilen auch dazu, eine Polizeistation aufzusuchen und sich dort beraten zu lassen. Insbesondere, wenn der Drohende Waffen besitzt, muss man handeln.

# Energieklau zwischen Kindern und Eltern

*Immer* wird die Energiebilanz zwischen Eltern und Kindern extrem unausgeglichen sein. Das ist völlig normal! Stets wird es so aussehen, dass Eltern Kindern im Laufe ihrer Kindheit und Jugend viel, sehr viel Energie geben: Viel Geld, viel Nervenkraft und sehr viel Zeit ist von Müttern und Vätern notwendig, bis sie die Kinder als junge Erwachsene aus dem Haus lassen können. Eltern sind vorwiegend die Gebenden, Kinder die Nehmenden. Das ist völlig normal. Von all diesen Dingen soll hier nicht die Rede sein.

Hier ist dagegen die Rede von völlig *unnötigen* zusätzlichen Energieverlusten der Eltern, von Verlusten, die die Stellung der Eltern den Kindern gegenüber aushöhlen. Kinder entdecken unbewusst sofort die Schwachstellen der Erwachsenen und decken diese durch provokatives Verhalten auf. Damit die Liebe zu den Kindern ungestört fließen kann, müssen sie den Erwachsenen Achtung entgegenbringen. Dafür müssen aber die Erwachsenen aktiv etwas tun: Sie müssen in ihre Kraft als Eltern gehen! Meiner Erfahrung nach provozieren die Kinder die Erwachsenen oft vor allem deshalb, weil sie quasi darum betteln, endlich eine liebende und gleichzeitig wegweisende starke Hand zu erleben. Kinder »schreien« durch aggressives Verhalten oft danach, gesunde Grenzen gesetzt zu bekommen. Diese einfache Weisheit hat die moderne Pädagogik, die die Kinder schon im Kindergarten (!) oft als »gleichberechtigte Partner« versteht und damit völlig überfordert, leider oft vergessen!

Meiner Erfahrung nach kann man den Energieklau durch Kinder und Jugendliche durch nichts besser stoppen als durch die Anwendung des Konsequenzprinzips. Gerade an den »Klassikern« lässt sich dieses Prinzip gut veranschaulichen: schmutzige Wäsche, die im Zimmer herumliegt, Schulbus, der durch morgendliches Trödeln verpasst wird, Aufträge der Eltern, die verschleppt werden (zum Beispiel Spülmaschine ausräumen), ständiges Meckern über das Mittagessen, eisernes Schweigen der Kinder und so weiter. Wir werden uns solche Fälle anschauen.

Anschließend werden wir dann auch unzulässige Energiediebstähle der Eltern an ihren Kindern betrachten. Im Hintergrund findet man immer unerledigte psychische Geschäfte der Eltern, in deren Folge Kinder unbewusst in eine Funktion kommen, die allen Beteiligten schadet.

## Kinder bestehlen ihre Eltern

### Finn, der Wäschevampir

Luisa hatten Sie anfangs bereits kennengelernt. Sie war wegen eines psychosomatischen Problems in meiner Praxis und eines Tages war der Energieverlust zur Sprache gekommen, den sie erlitt, weil ihr Sohn Finn sich ständig erfolglos anbetteln ließ, seine schmutzige Wäsche in den dafür vorgesehenen Korb im Badezimmer zu bringen.

Wie immer in diesen Situationen schlug ich die Anwendung des Konsequenzprinzips vor. Nicht Vater oder Mutter sollen die logischen Folgen des kindlichen Verhaltens tragen, sondern das Kind. Ich sagte zu Luisa: »Ab jetzt sind Sie tapfer und halten den Geruch in seinem Zimmer aus! Zusätzlich halten Ihre Augen auch das Chaos im Kinderzimmer aus – und zwar auf lange Sicht. Jetzt wird nur noch die Wäsche gewaschen, die im Korb liegt. Selbstverständlich müssen Sie Finn das ankündigen. Da es noch zwei Schwestern und einen Ehemann gibt, müsste eigentlich auch ohne ihn genug Wäsche zusammenkommen.«

Luisa rollte entsetzt die Augen: »Ja, aber dann hat er ja am Tag X keine Kleidung mehr!«

»Wunderbar!«, bestätigte ich, »das ist sogar die Absicht! Denn genau das ist die logische Konsequenz seines Verhaltens! Und dann warten Sie einfach mal ab, was geschieht.«

Es kam, wie es kommen musste. Eines schönen Tages rief Finn seine Mutter und klagte, dass er keine sauberen Hosen und keinen Pulli zum Anziehen für die Schule habe. Wieso hat denn auch Mama vergessen, Wäsche zu machen? So eine dumme Schlampe! Soll er jetzt mit dreckigen Sachen in die Schule gehen?

Luisa reagierte genauso, wie ich es mit ihr vorher besprochen hatte. Sie konfrontierte ihn in völlig sachlichen Worten mit dem Konsequenzprinzip: »Ich hatte dir klar angekündigt, unter welchen Bedingungen ich Wäsche mache. Du wusstest es genau!« Finn war außer sich und wurde wütend. Luisa reagierte ungerührt: »Die Wut kannst du berechtigt nur auf dich selbst richten. Ich habe mit deinen Problemen nichts zu tun. Dein Vater und deine Schwestern sind ja auch fähig, ihre dreckigen Klamotten in den Korb zu werfen.«

Finn fragte die Mutter noch einmal wütend, was er denn jetzt um alles in der Welt anziehen solle. Luisa antwortete mit demonstrativer Ruhe: »Keine Ahnung. Vielleicht leihen dir deine Schwestern was aus.« Natürlich wusste sie, dass Finn niemals Mädchensachen anziehen würde. Stillschweigend zog er schließlich seine gebrauchten Kleider nochmals für die Schule an.

Genauso funktioniert Lernen aus der logischen Konsequenz. Die Eltern übertragen den Kindern altersgerecht die Verantwortung für das, was sie selbst erledigen können. Falls sie es nicht tun, müssen sie sich schmerzhaft mit den Folgen im Alltag auseinandersetzen. Außerdem hat diese Methode ein großes Plus für Sie: Sie sparen unendlich viel Energie im Alltag. In Bezug auf die Wäsche braucht Mama nur noch die Kraft, die Wäsche vom Korb in die Maschine zu stopfen und sie zu starten. Nie mehr muss Luisa ihrem Sohn hinterherlaufen und seine Kleider aufräumen. Dass Luisa sich nicht mehr ärgern muss, ist bei all dem der größte (energetische) Gewinn. Finn jedenfalls hat in der Folge *vorbildlich* seine Wäsche zeitnah ins Badezimmer getragen. Er hatte keine Lust, nochmals mit stinkenden Klamotten in die Schule zu gehen!

Innerlich höre ich Sie, lieber Leser, schon murmeln: »Das ist ja ganz gut und schön mit dem Konsequenzprinzip. Aber das funktioniert nicht bei allen Problemen!« Ja, das mag sein! Aber es funktioniert bei extrem vielen Problemen. Noch ein Beispiel gefällig?

## Milan, der Trödelvampir

Auch am Beispiel des morgendlichen Bummelns kann gut gezeigt werden, wie man durch logisches Denken die richtige Strategie im Umgang mit dem Kind entwickelt. Wenn der elfjährige Milan morgens nicht aus dem Bett kommt, kann man ihm sagen: »Wenn du auch weiterhin zu spät zum Frühstück kommst, wecke ich dich ab sofort eine viertel Stunde früher, damit du mehr Zeit hast, in die Gänge zu kommen.« In vielen Fällen wird diese Ankündigung oder das tatsächlich erlebte frühere Wecken das Problem schnell lösen.

Wenn nicht, kann man dann sagen: »Ab sofort werde ich dich jetzt nicht mehr drängen, mit allem zeitig fertig zu werden. Auf dem Küchentisch und auch in deinem Kinderzimmer steht eine Uhr, sodass du immer die Uhrzeit im Blick hast. Du allein trägst die Verantwortung, pünktlich zur Schule zu kommen. Auch die Folgen trägst du, nicht ich.« Auf gar keinen Fall dürfen Mama oder Papa den Sohn zur Schule fahren, wenn er ständig den Bus oder den Zug verpasst. Die Kinder sollten die Folgen des Verschlafens und Trödelns tragen, nicht die Eltern, denn sonst kann das Kind nichts im sozialen Verhalten dazulernen.

Auch wenn es Ihnen als Elternteil schwerfällt: Kümmern Sie sich überhaupt nicht mehr um das Kind! Bleiben Sie bei allem innerlich gelassen. Gehen Sie einfach völlig normal Ihren gewohnten Tätigkeiten nach. Falls es absehbar ist, dass das Kind zu spät in die Schule kommt, rufen Sie (ohne dass das Kind es mitbekommt) im Lehrerzimmer an und informieren Sie den Lehrer, dass Ihr Kind später kommen wird, weil es Zeit vertrödelt.

Und natürlich besprechen Sie mit dem Lehrer, was das Kind nun zu erwarten hat. Verbünden Sie sich mit dem Lehrer – nicht mit dem Kind. Am besten wäre es, der Lehrer würde das Kind ruhig und gelassen beim verspäteten Betreten des Klassenzimmers fragen, warum es denn so spät komme. Bei vielen Kindern reicht ein einziges Erlebnis dieser Art, um künftig pünktlich zu sein. Denn es macht wenig Freude, vor der gesamten Klasse über sein morgendliches Bummeln Auskunft zu geben. Falls Milan den Lehrer anlügen und irgendwelche plausiblen Ausreden erfinden sollte, kann dieser ganz gelassen reagieren: »Komisch, deine Mutter hat mir am Telefon eben ganz andere Dinge erzählt ...« Der Lehrer wird die Lacher auf seiner Seite haben und das Kind wird sich bestimmt in Zukunft nicht mehr so blamieren wollen. Erfahrungsgemäß reichen die hier skizzierten Vorschläge völlig aus, um das Problem dauerhaft zu lösen.

Je intensiver die Eltern sich mit dem Lehrer verbünden, desto schneller wird sich der Erfolg einstellen. Wichtig ist, dass zwischen Lehrer und Eltern kein Blatt passen darf. In dem Moment, in dem sich Schüler und Eltern gegen die Lehrer verbünden, wird es immer negative Folgen haben. Wie können Lehrer unsere Kinder unterstützen, wenn wir sie als inkompetent hinstellen, schlecht über sie reden und sie gemeinsam mit den Kindern auslachen? Meiner Beobachtung nach kommt so etwas leider oft vor.

Falls der unglaubliche Fall eintreten sollte, dass auch die geschilderte Konsequenz unserem Milan nicht helfen sollte, pünktlich zu sein – was dann? Vater und Mutter können Milan ernst und sachlich (!) fragen, warum er es denn immer noch nicht schaffe, pünktlich in der Schule zu erscheinen.

Wenn er antwortet, dass die Schule so »anstrengend« sei und er öfter »Auszeiten« brauche, können die Eltern ihm antworten: »Da es dich solche Anstrengung kostet, morgens pünktlich in der Schule zu sein, und da du dich mit allem völlig überfordert fühlst, musst du jetzt deine Kräfte stark schonen! Wir verstehen sehr gut, dass du Rücksicht auf dich nehmen möchtest. Da die Schule selbstverständlich Vorrang vor dem Spielen hat, haben Mama und Papa eine Entscheidung für dich getroffen: Vorläufig kannst du nicht mehr mit anderen Kindern nachmittags spielen (oder Computerspiele machen oder am Smartphone sitzen). Denn deine ganze Kraft muss zunächst einmal der Schule zugutekommen. Erst wenn es in der Schule wieder normal läuft, können wir dir zumuten, wieder in den alten Freizeitrhythmus zurückzukommen.«

Hierbei handelt es sich nicht um Strafen, sondern nur um eine logische Konsequenz. Oder sind Sie nicht der Ansicht, dass die Schule Vorrang hat? Solange die Schule »zu anstrengend« ist, müssen eben andere Dinge dem Unterricht und den Hausaufgaben untergeordnet werden!

### »Ja, ja, ich mache es gleich!«

Kennen Sie das auch: Ihre Tochter hat heute Spülmaschinendienst, doch auch nach einer Stunde ist die Maschine noch nicht ausgeräumt. Die schmutzigen Teller stapeln sich in der Küche. Insbesondere die Teller mit der Salatsoße beginnen zu stinken ... Wenn Sie Ihre Tochter nochmals zur Arbeit auffordern, antwortet sie: »Ja, ja, ich mache es gleich.«

Dieses die Küche blockierende Verhalten stiehlt dem Erwachsenen viel Kraft. Dem Kind hinterherzulaufen, kostet nicht nur sehr viel Energie, es ist zudem unwürdig für die Eltern. Es gibt mehrere Möglichkeiten, dieses Vampirverhalten der Kinder zu beenden. Beispielsweise ist es sinnvoll, klare Grenzen zu setzen und eine Konsequenz ins Spiel zu bringen: »Du hast exakt fünfzehn Minuten Zeit. Wenn es dann nicht getan ist, mache ich es für dich, doch du erhältst dann dreißig Minuten Gartenarbeit (oder musst jetzt den Rasen für mich mähen oder später die Wäsche für mich aufhängen).« In der Regel funktioniert das gut. Finden Sie eine Arbeit für die Familie, die das Kind sinnvoll leisten kann. Alternativ kann man ihm auch sagen: »Wenn du dir noch mal so lange Zeit nimmst, hast du nächste Woche ebenfalls Spülmaschinendienst, denn offensichtlich brauchst du Gelegenheiten zum Üben!« Auch dies ist nur logisch konsequent.

Auch folgendes Verhalten findet man in zahlreichen Familien: Der elfjährige Sohn kommt einfach immer viel zu spät zum gemeinsamen Essen, wenn Sie ihn rufen. Alle warten auf ihn ... Setzen Sie ihm dann eine Grenze mit genauer Minutenangabe. Wenn er in einer bestimmten Zeit nicht am Esstisch erscheint, muss er warten, bis alle fertig gegessen haben, und nimmt sein Mahl *anschließend* allein ein. Wenn Sie dies auch nur einmal konsequent durchziehen, wird das Kind in der Regel nicht mehr zu spät kommen. Dass die ganze Familie ständig auf ein Mitglied warten muss, ist eine völlig unnötige Energiespritze für den Bummelanten.

Wenn Ihr Kind Sie sehr häufig oder sehr lange auf irgendetwas warten lässt, sollte es am eigenen Leib erfahren, wie viel Energie beim Warten verschwendet wird. Nur dann wird es von innen heraus *nachvollziehen* können, worum es eigentlich geht. Oder wollen Sie nicht, dass Ihr Kind im sozialen Lernen vorankommt?

Erklärungen allein helfen in der Regel nicht weiter – es braucht eine innere Erfahrung! Wenn es also Zeit fürs Taschengeld ist oder das Kind etwas Bestimmtes von Ihnen sofort haben möchte, dann sagen Sie: »Ja, ja, ich mache es gleich!« Dieses Spielchen treiben Sie in der nächsten Stunde auf die Spitze. Wenn der Sohn / die Tochter dann sagen: »Das ist nur deine Rache! Hör mit dem Blödsinn auf!«, fragen Sie das Kind sehr freundlich: »Erzähle mir bitte, wie sich das in dir anfühlt, wenn man auf jemanden warten muss und derjenige einfach nicht in die Gänge kommt? Was macht das *innerlich* mit dir?«

Wenn Sie eine Antwort des Kindes erhalten haben, sagen Sie: »Siehst du, genauso erging es mir in den letzten Tagen mit dir. Ich schlage vor, wir drücken den Resetknopf und jeder von uns beiden gibt sich in Zukunft Mühe, fair und mit gutem Timing auf den anderen zu reagieren. Einverstanden?« Und dann gibt es ein Shakehands – sozusagen einen Minivertrag zwischen Ihnen beiden.


## Ben, der »Schmeckt mir nicht«-Vampir

Viele (kochende) Eltern kennen dieses garstige kleine Monster bestens! Lassen Sie uns dem Treiben dieses Wesens einmal zuschauen: Mutter Rosi kocht für ihren kleinen Ben die tollsten Speisen. Doch seine Reaktion ist meist dieselbe. Er probiert einige Milligramm, kräht dann lauthals: »Schmeckt mir nicht!«, und knallt die Gabel auf den Teller. »Kann ich jetzt an mein Smartphone?« Zum Glück erlaubt ihm Rosi das *nicht*, da sie weiß, sie würde Ben in eine völlig falsche Richtung führen. Ben soll Essen als gemeinschaftlich verbrachte Familienzeit erleben, auch wenn er schon fertig ist oder nichts isst.

Im Freundeskreis hat Rosi gehört, dass man für Kinder das Gemüse eben geschickt »tarnen« muss: Sie schneidet den Kohlrabi also in Scheiben und paniert ihn sogar. Ihrem Mann und den Freunden schmeckt es bestens, doch Bens Urteil steht sofort fest: »Schmeckt mir nicht! Aber das braune Zeugs außen rum, Mama, das ist ganz gut. Mach das mal weiter so in Zukunft!« Rosi wälzt Kochbücher, sucht im Internet die tollsten Rezepte, wie man den Spinat geschickt in der Lasagne »versteckt« und vieles mehr, doch das Resultat ist immer noch wie gehabt … Immerhin hat Ben die Käsekruste bei der Lasagne gewürdigt: »Das Knusprige da oben hast du wieder gut gemacht, Mama!«

Da das Kind ja Vitamine benötigt, meldet sich Rosi an der Volkshochschule zu einem Spezialkochkurs an. Er trägt den Titel: »So schmeckt es jedem Kind!« Nach vier Abenden probiert sie ihre neuen Künste aus. Rosis Mann ist entzückt über all die neuen Ideen! Doch Rosi verzweifelt. Denn bei Ben hat sich nichts verändert. Sie hält sich für eine schlechte Mutter, als alle anderen Mütter des Kurses erzählen, wie bereitwillig ihre Kleinen (angeblich!) jetzt Gemüse essen. Bestimmt wird Ben bald eine Vitaminmangelkrankheit bekommen, denkt sich Rosi.

Was also tun, wenn auch Sie einen »Ben« zu Hause haben? Sind Sie wirklich eine schlechte Köchin? Wenn Sie kochen und es Ihren Freunden und Ihrem Partner schmeckt, sollte das genug Bestätigung für Ihr Selbstwertgefühl und Ihre Kochkünste sein. Machen Sie sich unabhängig vom Lob Ihres Kindes! Hören Sie auf damit, von Ihrem süßen Monster die Verleihung von fünf Kochsternen zu erwarten!

Pädagogisch genügt es völlig, das Konsequenzprinzip anzuwenden. Selbstverständlich zwingen Sie Ihr Kind nicht dazu, etwas Bestimmtes zu essen. Wir leben nicht mehr im Mittelalter! Sie kochen weiter wie bisher, achten aber darauf, dass sich der kleine Vampir nicht zehn Minuten nach dem Essen an den Süßigkeiten bedient. Kleinere Kinder sollten übrigens keinen freien Zugang zu Süßigkeiten haben! Und selbstverständlich erlauben Sie Ihrem »Schmeckt mir nicht«-Monster auch nicht, sich nach dem Essen Brote zu schmieren.

Wenn Ihr Kind zwei Stunden später kommt und über Hungergefühle klagt, werden Sie in Zukunft bitte kein schlechtes Gewissen mehr haben – darauf hat es der Vampir nämlich nur abgesehen. Es ist Ihnen auch gleichgültig, dass Ihr Kind zur Schwiegermutter sagen wird: »Mama lässt mich verhungern, die gibt mir einfach nichts zu essen ...« Stattdessen streicheln Sie ihm über den Kopf und sagen mit ruhiger Stimme: »Das verstehe ich gut. An deiner Stelle hätte ich jetzt auch Hunger. Im Kühlschrank steht noch dein Essen vom Mittag, ich kann es gern für dich aufwärmen, aber gern kannst du es auch kalt essen.« Einen Ersatz für das ausgefallene Essen bieten Sie dem Kind *nicht* an!

Wenn Rosi derart mit Ben umgeht, wird dieser schnell merken: »Mama hat gar keine Angst mehr wegen meiner Ernährung. Sie wird auch nicht laut mir gegenüber und ist stattdessen ruhig und ausgeglichen. Und die erhofften Süßigkeiten bleiben auch aus ...« Gerade dadurch, dass Rosi *keinen* Druck auf Ben ausübt, ihm aber immer wieder geduldig das Essen anbietet, wird sich der »Schmeckt mir nicht«-Vampir in ein normales Kind verwandeln.

Bei Teenagern sieht die Sache etwas anders aus. Falls Ihre Kinder öfter sagen: »Was gibt es denn heute wieder für einen Fraß?«, oder Ihnen Bemerkungen in derselben Preisklasse unter die Gürtellinie jagen, müssen Sie sofort konsequent handeln. Wenn Kinder so reagieren, fehlt ihnen die Achtung vor den Eltern. Auch meine beiden Teenager haben einmal so reagiert. Als Resultat mussten sie eine ganze Weile selbst kochen, denn es fand sich kein Erwachsener bereit, sie zu bekochen. Sie wälzten Kochbücher, schauten im Internet und kochten selbst. Diese Erfahrung zeigte ihnen übrigens: Unabhängig vom Kochresultat benötigt man für das Kochen *Zeit*! Kinder würdigen oft überhaupt nicht, welcher Zeit- und Energieeinsatz für Einkaufen und Kochen von den Eltern geleistet wird. Doch wenn sie selbst ranmüssen, erfahren sie es hautnah. Und sie erfahren zuweilen: Auch mit dem besten Internetrezept wird am Ende nicht alles zu 100 Prozent so, wie man es sich als Koch vorgestellt hat. Das eine oder andere geht mal in die Hose ... In Zukunft werden sich die Jugendlichen dann gründlich überlegen, ob sie Mama oder Papa nochmals an der Haustür mit der obigen unverschämten und energieraubenden Frage begrüßen. Dieses Lernen durch Erfahrung hat eine ganz andere Qualität, als wenn Eltern ihren Kindern tausend Mal erzählen, wie viel Zeit und Mühe sie in den Haushalt einbringen. Elterliches Jammern wird zwar millionenfach praktiziert, hat aber pädagogisch keinerlei Wirkung.

Kinder brauchen handelnde Eltern, keine, die sich vor ihnen kleinmachen und ihnen etwas vorjammern.

Eine Bemerkung zum Schluss: Für die richtige Eichung der Ernährung sind gerade die ersten Lebensjahre entscheidend. Was hier falsch gemacht wird, lässt sich oft nur noch schwer später reparieren. Wenn Kinder schon früh nur Junkfood und Süßes essen, ist es fast hoffnungslos, sie später an gesundes Essen heranzuführen. Vor allem macht der Körper nicht mit: Der ständige Zuckerkonsum hat den Organismus übersäuern lassen. Die Menge von ungesunden Pilzen in Magen und Darm (Mykose!) nimmt erschreckend zu. Zum Wachsen und zur Vermehrung rufen die vermehrten Pilze nach zusätzlichem Zucker. Die Spirale dreht sich weiter … Wenn dann auch noch Bewegungsmangel dazukommt, werden Kinder schnell übergewichtig und anfällig für Infektionskrankheiten. Somit ist Ihre gelebte Konsequenz als Vater oder Mutter ein Liebesdienst an Ihren Kindern. Falls sich Ihr kleines Monster bei dieser Gelegenheit in einen Tränendrüsen-Vampir verwandelt, der seinen Hungertod ankündigt, sollten Sie völlig gelassen bleiben und ihm einfach ein Taschentuch reichen.

## Die Schweigemonster

Oft begegnet uns das Schweigen im Alltag mit unseren Kindern. Wir sagen dann, sie seien bockig, weil sie einfach unsere unbequemen Fragen nicht beantworten wollen. Wir Eltern stehen dann da wie begossene Pudel und wissen nicht mehr, was wir machen sollen. Je länger das Schweigen andauert, desto mehr Kraft verlieren wir.

Je nach Alter des Kindes und Art des Vorfalls kann man zum Beispiel sagen: »Dein Verhalten scheint dir die Sprache verschlagen zu haben. Wenn du jetzt weiter über die dicken Matschspuren im Wohnzimmer schweigst, deute ich das als Schuldeingeständnis von dir. Das hat dann die Folge, dass du als Konsequenz jetzt zum Putzlumpen greifen wirst und zusätzlich auch die Terrasse schrubben wirst ... Vielleicht möchtest du jetzt doch etwas dazu sagen?«

In der Pubertät ist das Schweigen nicht unbedingt ein schlechtes Zeichen. Zum Entwickeln einer eigenen Persönlichkeit gehört das Abgrenzen von den Erwachsenen dazu. Gehen Sie verständnisvoll damit um, wenn es sich nicht um ein Dauerschweigen handelt.

## Luca und der Schulnoten-Bluff

Luca hatte soeben in Mathe eine »Drei plus« für die Klassenarbeit bekommen. Der Zwölfjährige wusste ganz gut, wie er seiner Mutter Kraft stehlen konnte, indem er sich ihre Furcht vor schlechten Schulnoten zunutze machte: »Mama, es ist total scheiße mit Mathe gelaufen! Ich habe eine Fünf minus bekommen!«

Kirsten entfuhr ein kleiner Schrei: »Aber das kann doch gar nicht sein! Ich hatte den Eindruck, dass du den Stoff gut gelernt hast. Außerdem habe ich doch mit dir geübt wie eine Verrückte!«

Kirsten war jetzt körperlich sehr angespannt. Die Vampirzähne Lucas ermöglichten ihm einen guten Krafttransfer ... Schon überlegte sie, ob der Junge wohl Nachhilfe benötigt.

Nach dem Mittagessen ließ sie sich das Matheheft geben, weil sie unterschreiben musste. Da stieß sie schon wieder einen kleinen Schrei aus. Luca hatte eine Drei plus geschrieben, keine Fünf minus! Darüber war sie so erleichtert, dass sie vergaß, ihren Sohn zur Rede zu stellen.

Luca hatte seiner Mutter etwas voraus. In Sachen Energiespielchen kannte er sich viel besser aus als sie. Dabei hätte die Mutter den Kraftklau gut vermeiden können. Sie hat aber zwei wichtige Dinge übersehen: Das Schulnoten-Bluff-Spielchen hatte Luca schon mehrfach mit ihr gespielt. Und jedes Mal fiel sie darauf herein! Außerdem hatte Kirsten ihren Sohn nicht aufmerksam angeschaut. Er lächelte nämlich schelmisch, als er seine Horrorgeschichte erzählte und sein Spielchen mit ihr spielte.

Haben Sie einen solchen Sohn? Mein Tipp: ab und an den Sohn genauso behandeln, wie er Sie behandelt. Unbedingt muss er nämlich selbst erfahren, wie man sich (körperlich) nach einer solchen Attacke fühlt. Ein Beispiel, das Ihre Fantasie anregen soll: Wenn Luca von der Schule kommt, kann Kirsten mit gespielter Bestürzung beichten: »Es tut mir ja so leid! Ich bin aus Versehen auf deine Playstation getreten. Jetzt ist sie kaputt!«

Luca wird fürchterlich aufbrausen und in sein Zimmer rennen … Und wenn er später fragt, warum Kirsten ihn so veräppelt, sagt sie völlig entspannt: »Erzähl mir doch bitte genau, wie du dich körperlich gefühlt hast, nachdem ich dir diese schlimme Info gegeben habe. Wie geht es einem da?«

Nachdem Luca Auskunft gegeben hat, antwortet Kirsten: »Jetzt weißt du genau, wie ich mich fühle, wenn du immer erfundene Horrorstorys erzählst. Ich schlage vor, du hörst jetzt mit deinen Spielchen auf und ich höre mit meinen auf.«

Aber auch ohne eine solche Maßnahme hat Kirsten eine Möglichkeit: Sie muss nur auf die Körpersprache ihres Kindes achten. Dann wird sie in Zukunft sofort merken, wann ihr Sohn die Wahrheit sagt und wann nicht. Wenn Luca dann mit der nächsten nur erlogenen schlechten Note nach Hause kommt, streichelt sie ihm gelassen über den Kopf und sagt: »Du Armer du! Und was möchtest du heute zum Nachtisch? Ananas oder Orange?« Auf diese Weise vermittelt die Mutter ganz nebenbei, dass von ihr keine Kraft zu klauen ist.

Luca hatte übrigens noch andere Spielchen auf Lager: »Mama, ich habe heute wegen Lehrerbeleidigung einen Klassenbucheintrag bekommen!« Da Luca im letzten Schuljahr tatsächlich Klassenbucheinträge erhalten hatte, funktionierte dieser Energieklau bei Kirsten anfangs recht gut. Doch das Spielchen hörte schnell auf, als sie zu Luca sagte: »Ist in Ordnung! Ich rufe einfach mal deinen Klassenlehrer an, das wollte ich sowieso schon längst mal machen.«

Aus Lucas Expertenkiste stammt auch folgender Energie-Angelhaken: »Mama, ich habe mich gerade extrem schwer draußen auf der Straße verletzt.« Begleitet wurde das Ganze von einer entsprechend dramatischen schauspielerischen Einlage. Nachdem Kirsten die Schramme mit der Lupe suchen musste, sagte sie ihrem Sohn gelassen: »Ich bringe dich gleich in die Notaufnahme ins Krankenhaus. Ich mache mir gerade nur noch schnell einen Kaffee!« *Bevor* sie ihm schließlich ein Pflaster verabreichte, machte sie sich tatsächlich erst einen Espresso. Durch dieses Verhalten der Mutter lernt Luca sehr schnell, dass Kirsten gegen Vampirzähne resistent geworden war. Wenn er demnächst schnell ein Pflaster haben möchte, wird er auf die Schauspieleinlagen verzichten.


## Robin, der lügende Sabotagevampir

Michael, ein Klient, erzählte am Ende einer Stunde von seinem einzigen Kind, Robin. Der Junge raubte ihm momentan sehr viel Energie. Zur Gartenseite des Hauses, berichtete er, befindet sich eine Regentonne. Bei starkem Regen öffnet man eine Klappe, die mit der Regenablaufrinne des Daches verbunden ist, und im Nu ist die Tonne voll. Dann schließt man die Klappe, weil sonst Wasser in einen danebenliegenden Schacht fließen kann. Da das darunterliegende Fenster des Heizungsraumes nicht dicht ist, fließt das Wasser in jenen betonierten und abgegrenzten Raum, in dem zwei große Plastiktanks mit Heizöl stehen.

Letztens nun ist passiert, was nicht passieren darf: Michael hatte bei einem Gewitter die Regentonne voll Wasser laufen lassen und sie anschließend geschlossen – er erinnerte sich noch genau daran. Es war nachmittags um 17 Uhr. Am nächsten Tag dann entdeckte er, dass irgendjemand die mechanische Wasserklappe wieder geöffnet hatte: Im Lagerraum für die Ölfässer stand das Wasser und es stank … Die Aufwischarbeiten wünsche er niemanden, seufzte Michael, es sei Sklavenarbeit.

Da es zu jener Zeit sehr heiß war und das selbst angebaute Gartengemüse viel Wasser benötigte, war die Regentonne durch tägliches Gießen schnell leer. Wieder kam ein Gewitter, wieder öffnete Michael die Klappe zum Wasserfüllen und erneut schloss er sie danach gewissenhaft. Und wieder stand am nächsten Tag im Keller das Wasser ... Auf Nachfrage hatte Robin zum wiederholten Mal gesagt, er tue so etwas nicht, vermutlich sei das irgendein Fremder.

»Ich könnte ihn erwürgen!«, brummte Michael, »dabei weiß ich genau, dass es Robin war! Er klaut mir meine Kraft, er rächt sich an meiner Frau und mir.«

Auf meine Nachfrage, wofür er sich räche, erzählte Michael, dass seine Frau und er vor einiger Zeit beschlossen hatten, dass ein Elfjähriger noch kein Smartphone besitzen muss, was Robin in fürchterliche Wut gestürzt hatte. Robin hatte immer wieder behauptet, er sei der Einzige in der Klasse, der kein Smartphone besitze. Bei einem Elternabend hatte es Robins Mutter überprüft: Es stimmte! Trotzdem konnten es die beiden Eltern nicht verantworten, einem Elfjährigen ein Smartphone zu kaufen, ein normales Handy müsse es auch tun. Robins Suchtverhalten an Spielkonsolen sei ohnehin schon schlimm genug. Und was Robins männliche Klassenkameraden mit den Smartphones in der Freizeit machten, das wussten sie von Robins Erzählungen aus der Schule: Sie schauten ständig Hardcore-Pornos und vor allem Gewaltvideos auf illegalen Internetseiten. Die Gewaltfilme zeigen echte (!) Morde, Ritualmorde – es handelt sich nicht um Spielszenen wie bei einem Spielfilm. Da die wenigen gängigen Jugendschutzprogramme für Smartphones praktisch für die Katz seien, wie man auch im Internet nachlesen könne, könnten sie als Eltern den Kauf eines solchen Gerätes pädagogisch zurzeit nicht verantworten.

»Donnerwetter«, entfuhr es mir, »Eltern wie Sie beide sollte es mehr geben in Deutschland! Das braucht viel Kraft, so eine

Linie gegen den Willen des Kindes und gegen die ganze Gesellschaft durchzuziehen. Machen Sie weiter so!«

»Doch diese Kraft holt sich Robin brutal von mir zurück!«, antwortete Michael.

Ich gab ihm den Tipp, Robin gegenüber in diesem Fall die Spiegeltechnik anzuwenden, um den Energieklau zu stoppen. Spiegeltechnik bedeutet, man verhält sich so wie der andere, damit er geistig nachvollziehen kann, was sein Verhalten bewirkt. Michael hat nach dieser Sitzung seinem Sohn heimlich jeden Tag oder jeden zweiten Tag etwas aus dessen Süßigkeitsbox geklaut. Außerdem hat er aus seinem Zimmer auch CDs, CD-Roms und USB-Sticks für den Laptop entwendet und sie im Haus verstreut, wo sie erst nach mehreren Tagen durch Zufall gefunden wurden.

Als Robin die Eltern zur Rede stellte und sagte, sie sollten endlich mit diesem »Scheiß« aufhören, sagte Michael ungefähr die gleichen Worte wie Robin, als er damals zur Rede gestellt wurde: »Ich habe damit nichts zu tun. So was mache ich doch nicht!« Dann fügte er nach einer kleinen Pause hinzu: »Ich verstehe nicht, was du mit deinem Vorwurf sagen willst. Du erinnerst dich doch bestimmt an die Vorfälle mit der Regentonne? Ich vermute, derjenige, der hier widerrechtlich ständig auf unser Grundstück kommt und die Regenklappe öffnet, ist derselbe Mensch, der auch hier im Haus für Unordnung sorgt. Eine andere Erklärung kann ich mir nicht denken.«

»Ihr seid so gemein …«, wütete Robin, doch es blieb ihm nichts anderes übrig, als Michaels Behauptung so stehen zu lassen. Tatsache ist auch: Robins Energieklau hörte damit auf. Die Regenklappe blieb in Zukunft dauerhaft zu.

## Das Timing beim Energieklau

Wenn Vater oder Mutter sich beruflich verausgabt haben und nach Hause kommen, passiert es nicht selten, dass die Kinder sich extrem nervig verhalten und die Eltern provozieren. Warum ist das so? Warum nerven die Kinder ausgerechnet jetzt? Die Antwort liegt auf der Hand: Die Kinder spüren unbewusst, dass die Selbstschutzmechanismen des Erwachsenen aufgeweicht sind und dass jetzt im Moment ohne viel Aufwand Energie anzuzapfen ist. Im gestressten Zustand funktioniert der energetische Selbstschutz nicht so zuverlässig wie sonst.

Diese Thematik betrifft insbesondere Alleinerziehende, die tagsüber arbeiten. Eigentlich bräuchten sie nach der Arbeit Ruhe, um sich zu regenerieren. Stattdessen »stürzen« sich die Kinder auf sie. Kinder bringen gerade in solchen Momenten die unangenehmsten Fragen auf, weil sie spüren: Jetzt ist der bestmögliche Zeitpunkt, um bei Papa oder Mama ein günstiges Ergebnis herausschlagen zu können.

Um sich vor dieser Art Energieklau zu schützen, benötigt es zwei Dinge. Erstens: innere Aufmerksamkeit, um die Situation *bewusst* wahrzunehmen. Damit ist die Hälfte der Miete schon eingefahren. Zweitens: Es bedarf der Konsequenz. Man erklärt den Kindern nun, dass man vom Arbeiten erst mal ausspannen muss und dass sie einen zunächst in Ruhe lassen müssen, man aber zu einer bestimmten Uhrzeit (die man den Kindern genau mitteilt) für sie voll zur Verfügung steht. Um diese Lektion gerade für kleinere Kinder erträglicher zu gestalten, hat es sich bewährt, eine kleine »Anzahlung« zu leisten: Bevor Sie sich als Erwachsener zurückziehen, tollen Sie mit den Kindern zehn Minuten herum. Schließlich haben sich die Kleinen den ganzen Tag auf Sie gefreut.

# Eltern bestehlen ihre Kinder

## Wenn Kinder keine Kinder sein dürfen

Wenn Eltern ihre Kinder zwingen, ihre eigenen gescheiterten Träume zu verwirklichen, dann stehlen sie damit deren Kraft. Kinder sind nicht der nachträglich verlängerte Arm von uns, mit dem wir spät im Leben doch noch all das erreichen, wovon wir immer schon geschwärmt haben: erfolgreiche Balletttänzerin, umjubelter Geigenvirtuose, Chemieprofessor und Ähnliches zu werden. Kinder haben einen Anspruch darauf, dass wir uns bemühen, ihre *eigenen* Talente zu entdecken und sie entsprechend zu fördern – *im Einklang* mit allen anderen Bedürfnissen, die sie haben. Der Stress der Leistungsgesellschaft kommt für unsere Kinder ohnehin früh genug. Sie benötigen beispielsweise genug Freiraum, um sich in ihrer Freizeit austoben zu können, auch körperlich. Wir tun unseren Sprösslingen keinen Gefallen, wenn wir jede Minute ihrer Freizeit mit speziellen Kursen und Unterricht verplanen!

Jede Erzieherin im Kindergarten und jeder Lehrer weiß ein Lied davon zu singen, in welch brutalem Wettbewerb sich Eltern zuweilen untereinander befinden, wenn sie in den Wettlauf um das »erfolgreichste« Kind eintreten. Wer lernt am schnellsten das Schreiben – noch vor der Einschulung? Wer spricht schon fließend Englisch, bevor er in die Schule kommt? Und so weiter. Solche übersteigerten Ansprüche machen unsere Kinder krank und stehlen ihnen Kraft! Kinder müssen Kind sein dürfen.

Besonders viel Kraft verlieren Kinder, wenn wir sie in die Rolle von Freunden oder Partnern stecken. Kinder sind völlig überfordert, wenn wir sie als Ratgeber und Seelentröster vampiristisch missbrauchen.

Es treibt manchmal seltsame Blüten, wenn Erwachsene ihre Kinder für ihre Zwecke einspannen. Einmal erzählte mir eine Klientin im Erstgespräch eine Geschichte, die für sie völlig selbstverständlich war: Samantha lebte seit einem Jahr allein mit ihren beiden Söhnen, die acht und elf Jahre alt waren. Nacheinander stellte sie den beiden Kindern im Laufe von vierzehn Tagen vier Männer vor, die jeweils zum Abendessen eingeladen waren. Nachdem der letzte Mann da gewesen war, fragte sie die Kinder am Tag darauf: »Welchen von den vier Männern wollt ihr in Zukunft als Stiefvater haben? Sucht euch einen aus!« Mir krümmte sich der Bauch vor Schmerz, als ich das hörte. Wie kann man so etwas einem Kind zumuten? In der Regel gibt es natürlich im Hintergrund eine Geschichte aus der Herkunftsfamilie, die uns auf einen solchen energetischen Missbrauch an Kindern kommen lässt. Und genau hier muss auch die Heilung einsetzen, damit Kinder wieder Kinder sein dürfen und nicht die seelischen Wunden aus unserer Familie reparieren müssen.

Nicht selten habe ich erlebt, dass erwachsene Klienten heute noch seelisch darunter leiden, dass ihre – meist getrennt lebenden – Eltern sie zu »intimen Vertrauten« gemacht haben. Da erzählte zum Beispiel ein getrennt lebender Vater beim Besuchswochenende seiner dreizehnjährigen Tochter ständig von seinen sexuellen Problemen mit seiner neuen Freundin.

105

Jugendliche haben noch nicht so viel seelische Kraft, um einem Vater ein Nein entgegenzusetzen. Selbstverständlich hätte das Kind sagen müssen: »Papa, ich bin deine Tochter, nicht dein Psychotherapeut, nicht deine Vertraute und auch nicht dein Kumpel! All das ist Gift für meine Ohren. Wenn du nicht sofort mit diesem Mist aufhörst, kriegst du die rote Karte!«

Kinder lieben ihre Eltern. Und gerade deswegen lassen sie diesen energetischen Missbrauch zu, auch wenn sie ihn seelisch noch viele Jahre später als Wunde in sich spüren. Nicht anders erging es einem zwölfjährigen Jungen, der sich ständig von seiner alleinerziehenden Mutter die intimsten Details über ihre wechselnden Partner anhören musste. Die Mutter sprach nur in Schimpfwörtern über Männer und dauernd fragte sie ihren Sohn um Rat, wie sie sich ihnen gegenüber verhalten sollte. Auch in anderen Situationen kam die Mutter stets zum Sohn mit den Worten: »Schatzilein, sag mir bitte, was ich tun soll!« Dieser über Jahre stattfindende Energiediebstahl am Kind führt später mit Sicherheit zu psychischen Problemen bei dem Erwachsenen, insbesondere im Bereich der Partnerschaft. Schauen wir uns das Thema »Kinder als Partnerersatz« noch etwas näher an.

## Kinder als Partnerersatz

Melissa war alleinerziehende Mutter. Sie kam in meine Praxis, weil ihr zwölfjähriger Sohn Linus in der Schule seit Längerem verhaltensauffällig war. Es stellte sich heraus, dass er nur sehr selten Kontakt zu seinem Vater hatte, weil Melissa der Ansicht war, Linus benötige nur sie.

In den letzten zehn Jahren hatte Melissa keine Partnerschaft. Sie war der Meinung, sie müsse sich ganz auf Linus konzentrieren. Meiner Erfahrung nach sind solche »Opfer« für alle Beteiligten äußerst ungesund – zudem werden sie von der Seele der Kinder abgelehnt.

Regelmäßig schlief Linus im Ehebett neben Melissa. Als ich entsetzt die Hände vor die Augen hielt, meinte Melissa: »Linus braucht das. Wenn ich ihn zwinge, in seinem Kinderzimmer zu schlafen, macht er so lange Terror, bis er wieder zu mir darf.«

»Kein Wunder«, antwortete ich, »Ihr Sohn liebt Sie. Er weiß, dass Mama Nähe braucht. Wie könnte er Sie enttäuschen? Wenn Sie es mit der Schlafraum-Trennung im Herzen ernst meinen würden, wären gesunde Verhältnisse unproblematisch und schnell herzustellen. Das habe ich in ähnlichen Fällen Hunderte Male erlebt.«

Melissa war bestürzt darüber, was ich für »dummes Zeug« erzähle! Im weiteren Gespräch bestätigte sich jedoch, was ich in unzähligen ähnlichen Fällen von energieraubenden Vätern oder Müttern erlebt habe: Kinder werden zum Ersatzpartner eines alleinerziehenden Elternteils, zu ihrem besonderen Vertrauten und Freund, was ihre psychische Entwicklung schädigt. Kinder sollen Halt beim Elternteil suchen dürfen – nicht umgekehrt! Aus dieser verdrehten Situation erwächst ein energetischer Missbrauch.

Selbstverständlich können Kinder in diese unselige Rolle auch für Mutter oder Vater in einer »normalen« Ehe kommen. Bei näherem Hinschauen allerdings ist eine solche Ehe dann doch nicht so »normal«. In einer solchen Geschichte ging es beispielsweise einmal um eine sechzehnjährige (!)

Tochter, die nur neben der Mutter im Bett schlafen konnte. Dem Ehemann blieb nichts anderes übrig, als dies zu akzeptieren, denn alle Versuche, an der Situation etwas zu ändern, endeten in Terror. Das Kind diente in diesem Fall buchstäblich als Puffer zwischen den Eltern: Es »schützte« die Mutter unmissverständlich vor allen Ansprüchen des Vaters. Leider wehrte sich der Mann nicht. Gerade um den fortgesetzten energetischen Diebstahl und die missbräuchliche Instrumentalisierung des Kind zu unterbinden, hätte er sich für eine Lösung einsetzen müssen.

Wenn es energetisch zwischen Kind und Elternteil schiefläuft, kann man das zuweilen schon beim Telefonkontakt hören: Als alleinerziehende Mutter hatte Leslie ihren Sohn Ronny in die Rolle des Ersatzpartners schlüpfen lassen. Als sie mich anrief, sagte sie zu ihrem Sohn gerade: »Liebling, machst du bitte das Fernsehen etwas leiser, ich telefoniere gerade.« Das »Liebling« war voller Schmelz und in die Länge gezogen, so wie man es aus schmalzigen Liebesfilmen kennt!

Ronny, der Junge in diesem Beispiel, hatte durch seine Erwachsenenrolle extrem viel Macht. Leslie fürchtete sich zuweilen sogar vor ihm. Sie musste einen hohen Preis dafür bezahlen, dass sie ihn zu ihrem »kleinen Mann« machte: Alle wichtigen Entscheidungen wurden von ihm getroffen! Deutlich wurde das beispielsweise bei einem Autokauf: Obwohl die finanzielle Situation der kleinen Familie keineswegs rosig war, bestimmte Ronny, welches Auto zu kaufen war. Es war ein recht teures Auto – und die Mutter gehorchte.

Finanzielle Probleme ließen Leslie bereuen, dass sie ihren Sohn diese Entscheidung hatte treffen lassen. Sie schmiedete den Plan, seinen Urlaub mit einer Jugendgruppe zu nutzen, um das Auto heimlich wieder zu verkaufen und ein preiswerteres zu beschaffen. Doch sie hatte fürchterliche Angst: »Was wird mein Sohn mit mir anstellen? Er wird nur schreien und toben, und dann wird alles nur noch schlimmer. Wie soll ich ihm das alles nur erklären?«

»Gar nicht!«, gab ich ihr zur Antwort. »Sie machen, was Sie für richtig halten, und stellen ihn vor vollendete Tatsachen. Wenn er Erklärungen von Ihnen will, erwidern Sie mit ruhiger, freundlicher Stimme: ›Ich tue, was ich für richtig halte.‹ Danach können Sie gleich das Thema wechseln.« Es wäre gut für Leslie, die Angelegenheit wie eine Nebensache zu behandeln.

»Aber das ist ja Revolution! Wie soll er das verstehen, wenn ich plötzlich die Zügel in die Hand nehme? Die ganzen Jahre war doch *er* der Boss und nicht ich. Ich kann mir nicht vorstellen, dass das funktioniert!«, rief sie aus.

»Einfach machen!«, riet ich ihr. »Wir werden dann darüber reden, wie es war.«

Sie machte es tatsächlich und war ziemlich erstaunt, was geschah: Ronny protestierte zwar ein wenig, doch er lachte und bestand nicht mehr auf dem teuren Auto. Von Wut konnte gar keine Rede sein! Leslie wollte in seiner Mimik sogar deutlich erkannt haben, dass er über ihre plötzliche Stärke erleichtert war. Diese Erfahrung konnte ihr helfen, in Zukunft zwar liebevoll, aber doch als Elternteil und nicht in der Kindrolle gegenüber ihrem Sohn aufzutreten. In der Seele des Jungen kam jedenfalls etwas zur Ruhe, weil alle gegenseitigen Energiespielchen beendet wurden. Endlich hatte er wieder eine stärkere Mama. Kinder sehnen sich nach Eltern, die stark sind und ihnen auch eine belastbare Grenze anbieten.

## Andere Beispiele für Energieklau an Kindern

Auch auf andere Weise wird Kindern Energie gestohlen. Dies ist beispielsweise der Fall, wenn Eltern ihrem Kind sagen: »Nur wegen dir bin ich viel zu lange in dieser schlechten Ehe mit deinem Vater (deiner Mutter) geblieben. Du bist schuld daran!«

Ein Zehnjähriger hat leider nicht die Geistesgegenwart und das Wissen, um schlagfertig zu reagieren: »Selber schuld! Ich habe dich um dieses Opfer nicht gebeten! Vermutlich wäre es auch für mich das Beste gewesen, wenn du mehr auf dich geschaut hättest.« Die Realität sieht anders aus: Kinder nehmen solche ungerechtfertigten Vorwürfe leider ernst. Sie erkennen in der Aussage die Lüge nicht und lassen sich die Kraft stehlen – oft jahrzehntelang! Spätere Psychotherapie im Erwachsenenleben kann ihnen aber die Augen öffnen und den Energieklau stoppen.

Ähnliches gilt für Aussagen wie: »Du bist zu dick!«, »Du bist faul«, »Du bist ein Versager, aus dir wird nie etwas werden«, »Du bist hässlich«, »Du bist schuld an meiner Krankheit«, »Nur weil du auf die Welt kamst, konnte ich keine Karriere als Pianistin machen, sondern bin Klavierlehrerin geblieben«. Und so weiter. Solche Aussagen verletzen Kinder schwer und führen zu einem lang anhaltenden Energieklau, der eine dauerhafte Verletzung darstellt. Durch Psychotherapie können diese verhängnisvollen Programmierungen später im Leben aufgelöst werden.

# Energieraub zwischen erwachsenen Kindern und Eltern

## Eltern bestehlen ihre erwachsenen Kinder

### Vaters Nein zum Berufswunsch

Eltern haben kein Recht, sich in die Berufswahl der Kinder einzumischen und ihnen dadurch Kraft zu stehlen. Niemand anders muss die Folgen einer Berufsentscheidung ausbaden als das erwachsene Kind selbst. Deswegen darf man auch niemandem erlauben, sich energetisch einzumischen. Manchmal jedoch hat das vampiristische Verhalten der Eltern eine besondere Botschaft, so wie in der folgenden Geschichte.

Tabea wollte sich in einer therapeutischen Gruppe ihre drei Berufsmöglichkeiten anschauen. Entweder würde sie Bürokauffrau werden, Logopädin oder Fremdsprachensekretärin. In einer Übung übernahmen Teilnehmer der Gruppe die Rolle von Tabea und fühlten sich in die genannten Berufsmöglichkeiten ein. Es ergab sich folgendes Bild: Die

Logopädin lächelte Tabea hoffnungsfroh an. Doch Tabea hielt diesen »Flirt« nicht aus. Sie traute sich buchstäblich nicht, auf die Logopädin zuzugehen.

Ich fragte: »Wovor hast du denn Angst, was macht es dir so schwer?«

Tabea: »Eigentlich würde mich die Logopädie tatsächlich am meisten interessieren, aber mein Papa ist dagegen!«

Ich: »Na und! Wer soll denn in diesem Beruf glücklich werden, dein Daddy oder du?«

Tabea: »Aber er ist dagegen …«

Im weiteren Gespräch mit mir zeigte sich an Tabeas Wortwahl, dass sie ihren Vater verachtete. Angeblich war er ein »Versager, der selber nichts auf die Reihe gebracht hat«. War das Querschießen des Vaters nun vielleicht nur eine Art von Rache für die mangelnde Achtung durch die Tochter? Wollte er vielleicht endlich nur ernst genommen werden von Tabea? Was würde geschehen, wenn Tabea anfangen würde, weniger abwertend über ihren Vater zu denken? Wie sollte der Vater ihr auch den Rücken stärken, wenn sie ihn abqualifizierte?

Wir machten einige weitere Übungen, wobei auch eine Gruppenteilnehmerin als Stellvertreterin für die Mutter von Tabea teilnahm. Es wurde schnell deutlich, wie sehr die Mutter stets den Vater verachtet hatte. Tabea ist »Mamas Tochter«: Sie war mit der Mutter solidarisch und machte es wie ihr Vorbild.

Als all diese Verwicklungen klar wurden, kamen Tabea die Tränen. Sie berichtete, dass sie in der Tat nie so richtig emotional auf ihren Vater zugehen konnte – Mutters unausgesprochenes Verbot wirkte zu stark. In einer weiteren Übung traute sie sich nun, die Solidarität mit der Mutter zu durchbrechen und ihre Sehnsucht zum Vater zuzulassen. Tabea lächelte und wischte sich verstohlen einige Tränen ab. Dann jedoch gab es kein Halten mehr. Sie warf sich dem Stellvertreter des Vaters in die Arme und weinte hemmungslos, während der Vater beziehungsweise sein männlicher Stellvertreter sie hielt.

Nach einer Weile lösten sich Vater und Tochter wieder. Ruhig blickte Tabea ihm in die Augen. Spontan sagte sie: »Es tut mir so leid!« Und noch einmal hielten sich die beiden und Tabea weinte.

Ich sagte: »Eigentlich hatte ich gedacht, wir wollten Berufsmöglichkeiten aufstellen. Schauen wir doch mal zu den drei Personen, die sie darstellen.«

Unbeachtet hatten sich die Bürokauffrau und die Fremdsprachensekretärin völlig zurückgezogen. Nur die Logopädin stand wartend da und blickte zu Tabea. Tabea ging zu ihr und stellte sich neben sie. Die beiden lachten sich an.

Ich fragte: »Sieht das nicht gut aus?«

Und Tabea meinte: »Toll! Eigentlich wusste ich ja schon immer, dass dort mein Talent liegt, aber ich habe mich nicht richtig getraut ...«

»Jetzt kannst du dich trauen – und zwar mit gutem Gewissen.«


## Der Vater als Dauer-Bremsklotz

Die Lebenssituation von Andrea, knapp vierzig Jahre alt, stellte sich als extrem psychisch anstrengend dar: Freiwillig spendete sie ihrem Vater stets die Kraft. Andrea hatte früh in der

Kindheit die Mutter verloren und war beim Vater aufgewachsen, der sich nie wieder einer anderen Frau genähert hatte. Schon als Kind wurde sie zu Vaters wichtigster Vertrauten und schlüpfte in Mutters Rolle. *Beiden* war natürlich nicht bewusst, dass der Energiefluss zwischen Vater und Kind dadurch umgekehrt wurde. Normalerweise geben Eltern ihren Kindern Kraft – durch die Lebensumstände jedoch musste Andrea dem Vater Kraft geben, und sie tat es immer noch! Dieser unbewusste Energieabfluss musste sofort gestoppt werden.

Mit ihrem Mann Bert hatte Andrea eine zehnjährige Tochter. Der Vater bewahrte dem Schwiegersohn gegenüber zwar eine Art von Neutralität, doch unausgesprochen war klar: Das junge Paar musste in Andreas Elternhaus einziehen. Obwohl das ausgebaute Dachgeschoss für ein Ehepaar mit Kind schon längst viel zu klein war, wohnten sie dort noch immer. Bert war ein echter Gentleman: Er übte keinen Druck auf seine Frau aus, doch er wollte gern mit ihr ausziehen und etwas Größeres für die kleine Familie suchen.

»Ich leide Höllenqualen«, seufzte Andrea in der Therapiestunde, »das kann ich meinem Vater doch nicht antun, das hält er seelisch nicht aus, wenn ich ausziehe!« Diese Worte zeigten deutlich, wie tief sie in der kranken Energiespirale hängt. Vom Kopf her wusste sie schon lange, dass sie es sich selbst, ihrer Tochter und ihrem Mann schuldete, endlich auszuziehen. In dem Moment, in dem Bert und sie begonnen hatten, sich neue Häuser zum Mieten und Kaufen anzusehen, bekam sie jedoch wechselnde psychosomatische Beschwerden. Vor allem fühlte sie sich schwermütig.

Obwohl Andreas Vater von der schon länger stattfindenden Häusersuche wusste, hatten er und Andrea noch nicht ein einziges Mal darüber gesprochen. Er hatte alles vom Enkel erfahren! Diese indirekten Kommunikationsmuster finden sich häufig in Familien mit starkem Energieklau.

Bewegung in die festgefahrene Situation brachte schließlich eine Therapiestunde, in der ich Andrea bat, innerlich ihren Vater anzusehen und daneben die tote Mutter zu visualisieren. Andrea sagte ihrem Vater: »Lieber Papa, ich kann dir Mama nicht ersetzen! Auch mir fehlt sie! Was du von einer Frau suchst, kann ich dir nicht geben, das musst du dir woanders suchen.«

In einer weiteren Stunde, als Andrea wieder klagte, sie bringe es einfach nicht übers Herz, sich für ein neues Haus zu entscheiden, bat ich sie, vor den großen Spiegel in meiner Praxis zu treten und hineinzuschauen.

Wenn die einmal erkannte Lösung nicht funktioniert, dann hat es sich therapeutisch bewährt, einfach mit dem Gegenteil zu gehen, um etwas in Bewegung zu bringen: Ich forderte Andrea daher auf, sich ihren Vater vorzustellen und ihm zu sagen: »Ich ersetze dir Mama auch weiterhin auf Dauer. Auf mich kannst du immer zählen. Selbstverständlich müssen sich Bert und meine Tochter all dem unterordnen und mit der beengten Wohnsituation dauerhaft Frieden schließen.«

Andrea fing an zu stottern und krümmte sich buchstäblich vor dem Spiegel. »Nein, nein«, entfuhr es ihr, »das ist ja ganz schlimm, das geht ja gar nicht!« Ihr Körper hatte ihr gezeigt, dass es dringend notwendig war, dem Vater gegenüber wieder Kind zu werden und die Rolle als Ersatz-Ehefrau aufzugeben: Genau damit wurde der krankhaft wuchernde Energieknoten gelöst. Nur so hörte sie auf, ihre Kraft auf den Vater zu übertragen, statt sich innerlich der eigenen Familie zuzuwenden.

Andrea schaffte es dann tatsächlich in der Folge, das in der Therapie Erarbeitete zu verinnerlichen und zu bewahren. Das Hausprojekt konnte erfolgreich in Angriff genommen werden. Auch der Kontakt mit dem Vater hat sich normalisiert.

In der wunderbaren Novelle »Lea« von Pascal Mercier kann man übrigens nachlesen, welche fatalen Folgen es haben kann, wenn alleinerziehende Eltern ihren Kindern gegenüber nicht in die Elternrolle gehen, sondern sie als Partner sehen. In dieser Geschichte geht es um einen alleinerziehenden Vater und seine Tochter, wie im Beispiel von Andrea.

## An Mutters Kette

In dieser Geschichte ist es mit den Geschlechtern genau andersherum als in Andreas Bericht. Hier geht es um einen Mann, der zeitlebens seine Lebenskraft der Mutter gespendet und dafür eine hohe Rechnung bezahlt hat. Vincent war Anfang vierzig, als ich ihn kennenlernte, und noch nie in seinem Leben einer Frau nähergekommen. Das wollte er nun ändern! Er ließ sich sowohl auf Gruppen- als auch Einzeltherapie ein. In der Praxis erarbeiteten wir zunächst, wie intensiv Vincent darunter gelitten hatte, als Kind keine Zärtlichkeit zu erfahren. Der Vater war fast ständig außer Haus und für den Sohn nie da. Da es auch keine Geschwister gab, musste sich Vincent an seine Mutter halten. Die jedoch sah in ihrem Kind einen Partnerersatz. Selbst im Erwachsenenleben fühlte sich Vincent an »Mutters Kette«, wie er es einmal ausdrückte. Nach dem Tod des Vaters, Vincent war gerade erwachsen, wurde es für ihn innerlich unmöglich, sich von der Mutter energetisch freizuschwimmen. In endlosen Telefonaten berichtete sie ihm, wie schwermütig sie sich fühlte, und dann weinte sie … Auch heute war die Situation im Wesentlichen noch genauso. »Sie stiehlt mir die Kraft«, seufzte Vincent, »was soll ich machen?« Schon längst hatte er bewusst erkannt, dass es zu den Techniken seiner Mutter gehörte, durch ihr Weinen ein Schuldgefühl in ihm auszulösen. Geändert hatte diese Erkenntnis bislang nichts.

Gelassen antwortete ich: »Auch als erwachsenes Kind ist man nicht der Therapeut seiner Eltern. Verweisen Sie sie an den Hausarzt oder erzählen Sie ihr von der Möglichkeit psychotherapeutischer Hilfe. Wenn es zu intensiv wird, darf man sich von ihr auch in achtungsvoller Weise distanzieren. Wenn sie von ihren Problemen mit ihrem Freund erzählt, dann kann man sagen: ›Besprich das mit deinen Freundinnen, aber nicht mit mir! Meine Kinderohren geht das nichts an.‹ Und wenn die Mutter dann immer noch nicht aufhört, dann kann man auch auflegen!«

Vincent war über meine Antwort verblüfft. So einfach hatte er sich eine Lösung nicht vorgestellt. Aber es war klar, dass man bei ihm noch tiefer gehen musste. Ich schlug ihm vor, traumatherapeutisch zu arbeiten.[2] In einer der ersten Sitzungen, die wir machten, kam Vincent körperlich in Kontakt mit dem Schmerz des kleinen Kindes von damals. In seinem inneren Bild wollten Vater und Mutter ihn als Säugling nicht halten. Auf meinen Vorschlag stellte er sich vor, dass er sich in seinen inneren Bildern selbst als Erwachsener hält. Der große Vincent hielt also den kleinen Vincent, tröstete und strei-

2  Ich arbeite mit SE (Somatic experience) nach Dr. Peter Levine.

chelte ihn. Am Ende der Sitzung war Vincent erschüttert und betroffen über das, was er erlebt hatte. Er wischte sich Tränen aus den Augen, aber er war auch erleichtert.

Es folgen noch mehrere Einzelsitzungen und eine Gruppentherapie. Der Schwerpunkt lag für Vincent mit zunehmender Therapiedauer darauf, die männliche Kraft in sich zu fördern. In einer Gruppenarbeit gelang es ihm in einem Rollenspiel mit einem männlichen Teilnehmer in der Vaterrolle, das Herz seines Vaters zu erreichen und den inneren Frieden mit ihm herzustellen.

Nach Abschluss der Therapie meldete sich Vincent einige Monate später telefonisch. Mit der Mutter war es zwar nach wie vor nicht einfach, dennoch schaffte es Vincent, sich ohne Schuldgefühle von ihr zu distanzieren. Er hatte gelernt, sie so zu nehmen, wie sie ist, und dennoch sein eigenes Leben zu leben. Der ständige Energieabfluss zur Mutter wurde gestoppt. Diese Kraft stand jetzt für andere Projekte zur Verfügung: Zum ersten Mal in seinem Leben hatte Vincent nämlich eine sympathische Frau gefunden und war jetzt mit ihr zusammen.


## Der Stiefvater als Messlattenvampir

Michael, ein Klient, hatte seine ganze Kindheit mit einem Energievampir zu kämpfen, dem Stiefvater. Auch als Michael erwachsen war, meinte der Stiefvater immer noch, sein Vampirgebiss zum Einsatz bringen zu müssen. Als Michael als junger Mann einen Kriminalroman veröffentlichte, der sofort zum Bestseller wurde, sagte ihm sein Stiefvater: »Na ja, das war halt Zufall. So viel Umsatz wie Ken Follett machst du noch lange nicht. Wenn du nicht innerhalb der nächsten zwölf Monate den nächsten Bestseller nachlegst, kannst du es vergessen!«

Wie fühlt man sich nach einer solchen Ansprache? Man ist matt und ausgelaugt! Der Biss hat gesessen! Hätte Michael die Realitätsprüfung (siehe »Zweiter Schritt: Realitätsprüfung« im Kapitel »Vier Schritte gegen Energieklau«) gemacht, wäre ihm gleich Folgendes klar geworden: Sehr viel weniger als 1 Prozent aller Schriftsteller gelingt es, im Leben überhaupt nur *einen* Bestseller zu schreiben. Michael gehörte zu dieser extremen Minderheit! Ferner gelingt es nur wenigen Bestsellerautoren, gleich weitere Bestseller nachzulegen. Ergebnis dieser Prüfung: Michael musste lernen, stolz auf sich zu sein, *unabhängig* davon, was irgendein Verwandter dazu als Kommentar abgibt. Hätte Michael das erkannt, wäre auch noch der nächste Schritt der Realitätsprüfung gefolgt: das offene Nein. Er hätte zum Stiefvater sagen können: »Du warst ja lebenslang Straßenbahnkontrolleur. Findest du, dass das beruflich wesentlich erfolgreicher ist?«

Diese Antwort wäre möglicherweise die Folge von Michaels Erkenntnis gewesen, dass der Stiefvater ein armes Würstchen ist, das immer unter Mamas Pantoffeln gestanden hat. An irgendeiner Tankstelle musste sich der Stiefvater wieder aufladen. Da bot sich eben Michael als Opfer bestens an ... Für den nächsten Stiefvater-Biss war Michael jedenfalls bestens gerüstet.

Die hier beschriebene Vampirsorte kann man als Messlattenvampir bezeichnen. Egal wie erfolgreich der Stiefsohn ist: Für den Stiefvater wird es nie genug sein. Gewänne der Sohn den Friedenspreis des deutschen Buchhandels, würde der Stiefvater sagen: »Was, nur einen Friedenspreis? Was soll das denn? Erst wenn du den Nobelpreis gewonnen hast, taugt das etwas!«

## Mama als Besserwissi

Sigrun litt darunter, dass sich ihre Mutter auf Besuchen ständig in die Erziehung einmischte. Die Mutter sagte zum Beispiel: »Der Kleine ist zu frech, du solltest ihn jetzt mal eine Stunde in sein Zimmer einsperren. So geht das nicht weiter!« Wenn Sigrun sich nun fürchterlich aufregte und der Mutter einen Vortrag über modernere Erziehungsmethoden hielt, verlor sie sehr viel Energie. Doch es genügt völlig, der Mutter das eigene Grundkonzept ein *einziges* Mal darzulegen. Anschließend reicht es aus, mit ihr so umzugehen, wie ich es Sigrun geraten habe: liebevoll ignorieren! Einfach in *völliger innerer Ruhe* genau das mit den Kindern tun, was man auch ohne Anwesenheit anderer Personen im Moment tun würde. Wenn man will, kann man mit ausgeglichener Stimme hinzufügen: »So wie es mache, stimmt es für mich. Es genügt völlig, wenn es für mich stimmt.«

Manche Mütter wissen alles besser – das ist bekannt. Machen Sie nicht den Fehler, sich über Einmischungen aufzuregen. Sigrun berichtete mir, dass die neue Strategie bestens gewirkt hat. Man hat der Mutter anmerken können, wie verwundert sie über die gelassene Reaktion der Tochter war. Die Übergriffigkeit hat sich seitdem drastisch reduziert. Das Verhältnis zur Mutter wurde sogar besser! Und was für Mütter

gilt, trifft selbstverständlich auch auf übergriffige Schwieger-
mütter zu.

## Energieklau durch Erpressung mit Selbstmord

Oliver war siebenundzwanzig Jahre alt und von Beruf Infor-
matiker. Schon während seines Studiums war er mehrmals in
den Vereinigten Staaten gewesen und hatte dort Kontakte
geknüpft. Nun erhielt er ein berufliches Traumangebot aus
den USA.

Als seine Mutter von dem Angebot erfuhr, reagierte sie wenig begeistert: »Wenn du das machst, bringe ich mich um!«
Zum Familienhintergrund muss man wissen, dass Oliver ihr
einziger Sohn ist und der Vater vor vier Jahren gestorben war.
Die Mutter sah jetzt in Oliver ihren einzigen Lebenssinn.
Kinder, auch erwachsene Kinder, sind jedoch nicht für den
Lebenssinn ihrer Eltern verantwortlich! Stets ermutige ich
meine Klienten, sich dieser Art des Energiesaugens nachhal-
tig und dauerhaft zu entziehen.

Spontan sagte Oliver seiner Mutter, als sie mit Selbstmord
gedroht hatte: »Ich respektiere deine selbst gewählten Entscheidungen. Ich fände es furchtbar, aber wenn das dein Wille
ist. Jedenfalls gehe ich auf alle Fälle in die Vereinigten Staaten, denn so eine Chance bekomme ich so schnell nicht wieder.«

Solche Selbstmorddrohungen sind häufig Bluff. Dennoch
muss man sich absichern. Im Nachhinein riet ich Oliver daher, vor dem Abflug noch einige Bezugspersonen der Mutter
zu informieren.

Auch Veronika wurde mit Selbstmorddrohungen erpresst. In meiner Praxis klagte sie, sie komme morgens fast nicht mehr aus dem Bett und schleppe sich nur mühsam durch den Tag. Nachdem sie mir ihre Geschichte erzählt hatte, machte ich ihr klar, dass ihre Mutter ein Energievampir ist, dem sie sich klar und deutlich entziehen muss, um wieder Kraft zu schöpfen.

Die Mutter leitete seit Jahrzehnten ein Bekleidungsgeschäft, das jedoch immer mehr in die roten Zahlen gekommen war. Der Vater war schon seit achtzehn Jahren tot. Vor Kurzem hatten die Banken der Mutter die rote Karte gezeigt: Sie solle sich einen Teilhaber suchen oder das Ganze umstrukturieren. Ohne ein neues Konzept jedenfalls werde der Geldhahn zugedreht. Zu dem neuen Konzept allerdings gehörte für die Mutter, dass Veronika nun voll ins Geschäft einsteigen sollte. Dabei war Veronika gerade dabei, eine Coaching-Praxis aufzubauen. Sie konnte den Druck der Mutter kaum noch aushalten. Als Folge davon stockte auch die Entwicklung ihrer eigenen neuen Praxis …

Wir haben in einigen Sitzungen mehrere Übungen durchgeführt, die Veronika helfen sollten, ihren inneren Kompass zu spüren. Das Ergebnis war eindeutig: Ihr Innerstes wollte endlich die Praxis aufbauen und sie nicht hinwerfen, kaum dass sie eröffnet war. In ruhigen Worten hatte sie dann der Mutter ihre Entscheidung mitgeteilt. Das Selbstmordgerede hörte auf! Und auch der lang anhaltende Energieklau milderte sich; er wechselte allerdings das Gewand: Veronika wurde weiter ein schlechtes Gewissen eingeredet, indem ihr ständig die neuesten schlechten finanziellen Nachrichten um die Ohren gehauen wurden. Veronika lernte jedoch immer mehr, sich für all diese Dinge nicht (mit)verantwortlich zu fühlen, sondern es ganz bei der Mutter zu lassen.

## Der Enterbungsvampir

Nicht nur mit Selbstmord versuchen Eltern zuweilen ihre erwachsenen Kinder zu erpressen, sondern auch mit Enterbung. Beides sind »bewährte« Techniken, Energie zu stehlen. Vladimir erzählte stockend, dass die Mutter sich vom Vater scheiden lassen wollte. Der Vater erpresste ihn als Sohn dabei: »Entweder du vermittelst bei der Mutter und biegst das wieder gerade, sodass sie zu mir zurückkommt, oder ich enterbe dich!« Als wäre das nicht genug, schob der Vater ein paar Tage später nach: »Und du musst mindestens 35 000 Euro in die Renovierung deines Elternhauses investieren, sonst wirst du nichts erben.«

Erpressung ist mehr als nur Energieklau. Hier werden seelische Familiengesetze missachtet. Ich fragte Vladimir, wie er sich fühlen würde, wenn er der Erpressung nachgäbe. Könnte er morgens noch in den Spiegel schauen? Vladimir schüttelte heftig den Kopf: »Nein, ich spüre deutlich in mir, dass ich das alles nicht machen darf. Außerdem könnte ich Mutter ohnehin nicht umstimmen. Sie hat sich schon längst entschieden. Papa hat es nur noch nicht begriffen. Und das Geld benötige ich für andere Dinge.«

Was das Intervenieren in die Ehe der Eltern angeht: Weder Kinder noch erwachsene Kinder dürfen in irgendeiner Form in die Streitigkeiten der Eltern, welche auch immer, hineingezogen werden. Es geht sie nichts an. Sich aktiv einzumischen oder sich auf Druck eines Elternteils einzumischen, beides bezahlt man mit einem starken Energieverlust, denn es verstößt gegen die ungeschriebenen Spielregeln des Familienlebens. Paare, die Hilfe benötigen, müssen diese *außen* holen. Wenn nötig, muss man das seinen Eltern in freundlichen, aber klaren Worten vermitteln.

## Wenn Eltern ihre Kinder finanziell schädigen

Wie schon öfter betont, ist auch Geld Energie. Je höher der Betrag, der eingesackt wird, desto schlimmer der Energieklau. Manchmal verhalten sich Eltern in finanzieller Weise ihren Kindern gegenüber extrem unverantwortlich, so wie im folgenden Beispiel.

Tanja war Inhaberin einer großen Fabrik im deutschsprachigen Ausland, die sie vom Vater übernahm. Nach dem Tod des Vaters zeigte sich, dass er riskante Geschäfte mit Aktien gemacht hatte und das Unternehmen dadurch stark verschuldet ist. Von ihrem Studium und ihrer Ausbildung her war Tanja qualifiziert, eine solche Firma zu leiten. Eigentlich machte ihr so etwas viel Freude. Im beruflichen Alltag jedoch fühlte sie sich oft wie gelähmt, wenn sie an diese Schulden dachte.

Auf Wunsch der Mutter, der eigentlichen Fabrikerbin, übernahm Tanja nach dem Tod des Vaters nicht nur die angeschlagene Firma, sondern auch die damit verbundenen Schulden. Selbst Tanjas Ehemann fühlte sich in die Pflicht genommen und haftete ebenfalls bis ans Ende seiner Tage dafür. Möglicherweise müssen beide ein ganzes Leben lang schuften, um des Vaters beziehungsweise Schwiegervaters Schulden abzutragen. Wie man sich denken kann, drückte dieses Problem auch die Stimmung in der Ehe. Vermutlich werden die beiden in diesem Leben finanziell nie mehr auf einen grünen Zweig kommen.

Im Gespräch sagte Tanja immer wieder, dass es »zu viel« ist und sie der Mutter den Wunsch hätte abschlagen müssen: In der Tat hätte sie die Schulden nicht übernehmen dürfen und all das ihrer jetzigen Familie, ihrem Mann und ihren Kindern, nicht aufbürden dürfen. Doch ihre falsch verstandene Solidarität der Herkunftsfamilie gegenüber, ließ es damals nicht anders zu. Nun war nichts mehr rückgängig zu machen.

Doch wie sah die Lösung aus, nachdem das Kind in den Brunnen gefallen war? Auf einer imaginativen Reise begegnete Tanja ihrem Vater und ihrer Mutter und sagte ihnen: »Ich hätte es nicht tun müssen. Es war ein Fehler. Aber jetzt bringe ich es mit Würde und Kraft zu Ende!« Nach der Sitzung fühlte Tanja sich besser. Wenn man zu seinen Fehlern steht, kann man dadurch auch wieder neue Kraft schöpfen.

Immer wieder habe ich erlebt, dass es ein Fehler ist – nicht nur in energetischer Hinsicht –, wenn Kinder für die wirtschaftlichen Probleme der Eltern haften. Ein Geschwisterpaar beispielsweise gab zähneknirschend die Zustimmung, dass auf ihren Namen ein Kredit von jeweils 100 000 Euro aufgenommen wurde, weil der Familienbetrieb gerettet werden sollte. Der Vater hätte es seinen Kindern nie verziehen, wenn sie nicht unterschrieben hätten. Im Klartext ist dieses Nichtverzeihen eine Erpressung! Hier ist ein Vater als Energievampir am Werk gewesen.

Es liegt stets in der Hand der erwachsenen Kinder, ob sie auf die Erpressung eines Vampirs eingehen. Niemand kann sie zur Unterschrift zwingen. Und wenn Eltern dann mit Enterbung und Ausschluss aus der Familie drohen, muss man als erwachsener Sohn oder erwachsene Tochter auch das zuweilen in Kauf nehmen, um seine eigene Zukunft zu schützen. Genau das erwartet unsere Seele von uns.

## »Ich bin ja so krank«-Vampire

Diesem Vampir sind wir bereits bei den Partnerschaften begegnet. Doch es gibt sie auch unter den Eltern. Leider werden Krankheiten auch von ihnen manchmal »missbraucht«, um egoistisch Ziele durchzusetzen.

Ich kenne eine Reihe von Familiengeschichten aus meiner Praxis, in denen kranke Väter, Mütter, Großväter oder Großmütter zum Familientyrannen und Energievampir wurden, weil sie nichts medizinisch gegen ihre Krankheit unternehmen wollten. Beispielsweise erinnere ich mich an eine Frau mit leichtem Schlaganfall, die – laut Aussage ihres Arztes – mit entsprechender Krankengymnastik schon längst hätte wieder gehen können. Aber sie *wollte nicht*. Immer wieder weigerte sie sich stur, Krankengymnastik zu machen und Reha-Maßnahmen in Anspruch zu nehmen. Auf diese Weise konnte sie natürlich auch nicht gesund werden.

Es war nämlich so unglaublich »schön«, die ganze Familie tyrannisieren zu können: »Geh mal in mein Schlafzimmer, hol mal meine Teekanne, geh mal einkaufen!« Alle in der Familie wussten, dass die fünfzigjährige Mutter schon längst wieder fit sein könnte, wenn sie nur wollte. Doch sie war in die Krankheit geflüchtet, weil es so wunderbar bequem war. Außerdem war wohl das Gefühl, herrschende Königin über alle sein zu können, für sie äußerst verführerisch. Ich hatte meinem Klienten, dem dreißigjährigen Sohn dieser Frau, damals geraten, verstärkt wieder auf eigene Bedürfnisse zu schauen und auch einmal Nein zu sagen.

## Verfluchung als dauerhafter Energieraub

Der Fall von Nicolette zeigt, wie ein Fluch dauerhaft Energie rauben und sogar eine Generation weiter noch wirken kann. Nicolette kam in meine Praxis, denn sie verstand nicht, warum sie sich nicht auf ihren Ehemann einlassen kann. Immer wenn es zwischen den zweien schön zu werden »drohte«, musste sie sich gegen ihren eigenen Willen von ihm zurückziehen. Darunter litten beide Partner sehr.

Als ich sie über ihre Familiengeschichte befragte, erinnerte sie sich an ein übles Vorkommnis aus ihrer Kindheit. Als der Vater sich von der Mutter trennte, sprach die Mutter nämlich einen bösen Fluch ihm gegenüber aus: »Nie mehr wieder sollst du mit einer Frau Kinder bekommen, nie wieder! Ich wünsche dir alles nur mögliche Unglück! Wenn du Kinder hast, sollen sie sterben!«

Die Intensität dieser Worte wirkte bis heute auf Nicolette. Während sie es erzählte, rannen ihr die Tränen über die Wangen. Sie ergänzte noch, dass der Vater später noch einmal geheiratet hatte und die Frau schwanger wurde. Das Kind starb tatsächlich bald nach der Geburt. Nicolette fragte sich, ob das die Wirkung des Fluchs gewesen sein könne. Meine Erfahrung hat mich gelehrt, dass Flüche eine extreme Wirkung haben können, weswegen ich antwortete: »Man kann es nicht ausschließen, dass der Fluch einen negativen Beitrag zu dem Ganzen geleistet hat. Eine psychische Wirkung auf Ihren Vater und seine Frau hatte er auf alle Fälle!«

Nicolette erwähnte auch, dass die Mutter stets schlecht über den nach der Trennung abwesenden Vater gesprochen habe. Bis zum heutigen Tag sei dies so. Stets habe die Mutter dafür gesorgt, dass Nicolette keinen Kontakt zu ihm hatte. Und stets habe sie dem Kind den Vater vorenthalten. Erst im späteren Erwachsenenleben war es Nicolette gelungen, einen heilsamen Kontakt mit ihrem Vater herzustellen. Ängstlich hat sie dies ihrer Mutter verschwiegen, weil sie Furcht vor deren Reaktion hatte.

Nicolette war nun für eine meiner Gruppen zur Aufstellungsarbeit angemeldet. Dort wählte sie Stellvertreter für den Vater, die Mutter, den Fluch und sich selbst aus. In einem Ritual gelang es ihr, den Fluch, der sich als extrem mächtig zeigte, zurück zur Mutter zu bringen. Er hatte ihr Leben und auch das des Vaters schon lange genug schlimm beeinflusst: Es handelte sich um einen extrem lang anhaltenden vampiristischen Energiediebstahl, der sogar eine Generation weiter gewirkt hatte. Obwohl nur der Vater Adressat des Fluches war, hatte auch die Tochter lange Jahre darunter zu leiden gehabt. Angst und Panik bei Menschen zu bewirken, um ihnen Energie abzusaugen, ist die Essenz der Arbeit von Energievampiren. Ab einer bestimmten Intensität scheint sich der Energiediebstahl unkontrolliert auf andere Personen ausdehnen zu können. Oder man sieht es familiensystemisch, was ebenfalls Sinn ergibt: Aus Solidarität zum Vater trug die Tochter an den Wirkungen des Fluches mit. Egal, wie man es erklärt: Die schlimmen Folgen dieser Tat der Mutter bleiben dieselben.

In der Gruppenarbeit zeigte sich, dass Nicolette neben ihrem Vater einen guten Platz fand. Von dort aus konnte sie sich in Liebe ihrem Mann zuwenden. Als Seminarleiter sagte ich Nicolette später noch den Satz: »Ihre Mutter ist eine böse Frau!« Am nächsten Seminartag brach es wütend aus Nicolette heraus: »Immer führen Sie die Klienten dahin, dass sie in Harmonie mit Mutter und Vater kommen, nur mir sagen Sie einen so schrecklichen Satz!«

Ich antwortete, dass ich in der Tat zuletzt vor Jahren eine solche Aussage in einer Gruppe gemacht hätte, und fügte hinzu: »Ich spüre bei Ihnen deutlich, dass Sie Ihre Mutter achten und das sollten Sie auch weiterhin tun! Dennoch ist es wichtig, dass Sie einigen Tatsachen gegenüber die Augen nicht verschließen. Sie schätzen die Taten der Mutter in ihrer Tragweite noch nicht richtig ein, und es besteht wirklich kein Grund, die Mutter in Schutz zu nehmen.« Die Schuld muss endgültig der Mutter zugewiesen werden, niemandem sonst!

Während des Seminars war deutlich zu merken, dass Nicolette schwer mit sich kämpfte, diese neue Sichtweise über ihre Mutter zuzulassen. Etliche Wochen nach der Gruppe schickte sie mir eine E-Mail, in der sie sich mehrfach für die Gruppenarbeit und insbesondere für die Einschätzung ihrer Mutter bedankte. Die Beziehung zu ihrem Mann habe sich seitdem sehr gut entwickelt. Außerdem merke sie, wie dringend sie meiner Worte zu ihrer Mutter bedurft habe: »Ohne diese Einschätzung meiner Mutter hätte ich die

Gruppenarbeit als Ganzes nicht in meine Seele nehmen können«, schrieb sie. Außerdem habe sie momentan ein gutes
Verhältnis zur Mutter!

Hinzugefügt werden muss noch: Niemals sollte sie mit ihrer Mutter über die ganze Angelegenheit reden! Die Mutter
würde ihr das bislang Erarbeitete als Quatsch wieder ausreden und die ganze Therapie wäre umsonst gewesen.


## Wenn Eltern das Leben von Kindern ruinieren

Eigentlich kennt man das nur aus Spielfilmen: Ein Mann und
eine sehr junge Frau, die noch bei ihren Eltern lebt, lieben
sich leidenschaftlich. Durch dramatische Umstände wird das
Paar dann getrennt. Er lebt auf einem anderen Kontinent,
zum Beispiel Australien, und sie in Deutschland. Bei der
Trennung schwört der Mann, dass er sich brieflich wieder
meldet.

Wie versprochen schickt der Mann regelmäßig seiner
Liebsten Briefe. Doch die Eltern, die aus den verschiedens-
ten Gründen diese Liebe ihrer Tochter verhindern wollen, stehlen die Briefe regelmäßig und verstecken sie. Irgendwann glaubt die Tochter, der Mann habe sie vergessen. Später
findet sie dann jemand anderen, von dem sie schnell schwanger wird. Und es kommt, wie es immer kommt: Durch Zufall werden die Briefe irgendwann entdeckt. Die Tochter
nimmt Kontakt mit ihrem in Australien weilenden ehemali-
gen Liebsten auf. Sie treffen sich und die Liebe ist so stark,
wie sie immer war … Was aber passiert nun mit dem kürzlich
geborenen Kind, mit der Beziehung zum Vater des Kindes

und was mit der alten Liebe? Es ist eine seelische Katastrophe für alle!

Im Zeitalter von Smartphones und Skype sind solche Dinge nicht mehr vorstellbar. Doch unter meinen älteren Klienten gibt es tatsächlich zwei Personen, die in ihrer Jugend nach dem Zweiten Weltkrieg genau so ein seelisches Verbrechen durch ihre Eltern erlitten haben. Hierbei handelt es sich um mehr als nur die Tat von elterlichen Energievampiren: Diese Eltern haben eine sehr schwere Schuld dem Kind gegenüber auf sich geladen. Wenn Eltern sich so verhalten, dürfen sie sich nicht wundern, wenn die erwachsenen Kinder dauerhaft den Kontakt zu ihnen abbrechen.

# Erwachsene Kinder bestehlen ihre Eltern

## Erpressung des pflegebedürftigen Vaters

Wer seine Eltern ablehnt, der schneidet sich von der eigenen Lebenskraft ab. Wie das genau zu verstehen ist, zeigt Rüdigers Geschichte. Er pflegte seinen alten Vater, der an einer unheilbaren Krankheit litt. Rüdiger war das jüngste von drei Geschwistern. Er verachtete und hasste seinen Vater. Eines Tages sagte er ihm schließlich, dass er ihn nur dann weiter pflegen würde, wenn er ihm den größten Teil des Erbes zuspreche und nicht, wie vorgesehen, ein Drittel. Dem kranken Vater auf diese Weise Angst einzujagen und ihn mit seiner Pflegebedürftigkeit zu erpressen, ist ein schwerwiegender vampiristischer Akt! Und wie wir hier sehen werden, kann eine solche Tat nach hinten losgehen: Die Vampirzähne zerfleischen nicht nur den anderen, sondern auch den Blutsauger selbst. Der Vater nämlich ging auf die Erpressung nicht ein. Rüdiger hörte noch am selben Tag auf, ihn zu pflegen. Schon am nächsten Tag brach der Sohn körperlich und nervlich zusammen. Seitdem befindet er sich in einer tiefen Depression und fühlt sich auch physisch am Ende.

Wenn Kinder ihre Eltern finanziell erpressen, ist dies ein schwerer Verstoß gegen zwar unsichtbare, aber doch vorhandene familiäre Gesetze. Die Eltern haben den Kindern das Leben gegeben und jede Anmaßung der Nachkommen bewirkt in deren Seele eine starke Gegenreaktion: Sie gleichen aus, indem sie es sich selbst schlecht gehen lassen.

## Drohung mit Enkelentzug

Energievampire kommen manchmal auf die ausgefallensten Ideen. Katharina war sechsundsiebzig Jahre alt und erzählte mir von ihrem erwachsenen Sohn. Er hatte sie gebeten, mit 80 000 Euro für sein geplantes neues Haus zu haften. Doch Katharina war das Risiko zu groß. Momentan saß sie zufrieden in ihrer schuldenfreien Eigentumswohnung und kam mit der Rente gerade so durchs Leben. Wenn die Pläne des Sohnes scheiterten, dann säße sie auf der Straße, denn die Bank würde ihre Wohnung verkaufen.

Katharina fragte mich, ob sie eine schlechte Mutter sei, wenn sie auch an ihre eigene Sicherheit denke. Ich bestätigte ihr, dass sie kein schlechtes Gewissen zu haben brauche.

Schlimmer wurde das Ganze jedoch dadurch, dass der Sohn durch die Blume damit gedroht hat, ihr den regelmäßigen Kontakt zu den Enkelkindern zu verwehren.

Ich sagte zu Katharina: »Dieser Erpressung dürfen Sie nicht nachgeben! Auf solch eine Art und Weise darf man mit Eltern in keinem Fall umgehen. Auch wenn Sie den Kontakt mit den Enkeln verlieren, müssen Sie Ihrer bisherigen Haltung treu bleiben! Eltern dürfen sich von ihren Kindern nicht erpressen lassen, womit auch immer.«

Katharina weinte. Nach einer Weile sagte sie: »Alles, was Sie mir gesagt haben, dachte ich mir schon. Aber ich musste es mir hier bestätigen lassen, damit ich das innerlich schaffe. Ich liebe doch meine Enkel ...« Und wieder kamen ihr die Tränen.

Da zu befürchten war, dass tatsächlich die Kontakte abgebrochen werden, musste ich Katharina etwas mit auf den Weg geben: »Wenn Ihr Sohn es durchzieht, sagen Sie ihm *innerlich*: Du hast dein Recht als mein Sohn verspielt.« Dieser Schritt ist wichtig, weil nur so der fortgesetzte Energieklau beendet wird.

Da ich nach dieser Sitzung keinen Kontakt mehr mit Katharina hatte, weiß ich nicht, wie die Geschichte weitergegangen ist.

## Energieklau durch Abschiebung des Kindes

In dieser Geschichte ist vieles umgekehrt zu der obigen. Hier geht es nicht um einen angedrohten Kontaktabbruch zwischen Großeltern und Enkel, sondern um die Abschiebung des Enkelkindes an die Großeltern, also die eigenen Eltern.

Dietlinde und Josef waren um die siebzig Jahre alt. Ihre Tochter war mit ihrem ebenfalls deutschen Ehemann vor zwei Jahren nach Kanada gegangen. Gegen seinen Willen wurde ihr Sohn jetzt nach Deutschland zu seinen Großeltern gebracht. Dietlinde und Josefs Tochter Jolanda war der Meinung, dass er sonst die deutsche Sprache verlernen könne. Er solle deshalb mindestens ein Jahr in Deutschland bei seinen Großeltern bleiben.

Ich unterbrach das Ehepaar: »Manuel hat doch deutsche Eltern! Wie soll er denn die deutsche Sprache verlernen? Sowohl Ihre Tochter als auch Ihr Schwiegersohn sprechen doch zu Hause deutsch, oder?«

Josef und Dietlinde nickten.

»Kann es sein, dass Ihre Tochter und der Schwiegersohn ihr Leben genießen wollen und das Kind dabei nur stört?«, fragte ich.

Die beiden schauten sich fragend an. Josef kratzte sich am Ohr und meinte schließlich: »Wundern würde mich das nicht … Das passt zu Jolanda. Sie hat uns schon öfter ausgenutzt.« Dietlinde nickte.

»Wie geht es dem Kind zurzeit?«, fragte ich.

»Der Junge hat Heimweh nach seinen Eltern«, antwortete Dietlinde.

Alle weiteren Einzelheiten, die mir die beiden noch in dieser Sitzung erzählten, runden das Bild immer mehr ab: Jolanda wollte ihr Leben genießen und hat ihr Kind einfach zu den Großeltern abgeschoben. Ich ermutigte die beiden, Manuel schnellstmöglich zu seinen Eltern nach Kanada zurückzubringen. Außerdem erklärte ich ihnen, dass das mit dem Ausnutzen im Klartext ein Energieklau ist und außerdem eine problematische Verschiebung der Erziehungsverantwortung. Jolanda war ein Energievampir! Dringend empfahl ich Josef und Dietlinde, innerlich ab und zu folgenden Satz zu sagen: »Jolanda, wir hören jetzt auf, uns von dir missbrauchen zu lassen!«

# Energieklau durch Geschwister und Großeltern

Dieses Kapitel ist schmal geraten. Das liegt daran, dass Energieklau in der Partnerschaft, zwischen Kindern und Eltern und auch im Beruf weitaus häufiger vorkommt. Und auch in meiner Beratungssituation taucht das Thema dieses Abschnitts naturgemäß selten auf. Wie die folgenden Beispiele zeigen, kann jedoch auch der Energieklau unter Geschwistern und zwischen Großeltern und Enkeln schlimme Dimensionen annehmen.

## Die Schwester als Energievampir

In der Kindheit klauen sich Geschwister im Alltag ständig gegenseitig die Energie. Schließlich muss man sich ja trainieren für die später raue Erwachsenenwelt. Das ist ganz in Ordnung. Schlimm ist jedoch der folgende Fall, in dem es um einen besonders intensiven Energieraub im Erwachsenenleben geht. Wie wir ja wissen, stellt Geld Energie dar. Oft verknüpft sich der Diebstahl von Geld mit anderen Formen von Energieklau.

Adriana wuchs mit einer Mutter auf, die ihr die ältere Schwester oft vorzog. Der Vater starb, als Adriana noch nicht erwachsen war. In ihrer Kindheit war ständig davon die Rede, dass Adriana als Nonne in ein Kloster gehen solle. Das wollte sie jedoch nicht und konnte es am Ende auch verhindern.

Den beiden Schwestern gelang es bald, sich vom konservativen Elternhaus zu lösen. Sie gründeten nach ihrem Auszug eine Modefirma. Beide arbeiteten viel und entwickelten geschickte Marketingstrategien, sodass die Firma mit der Zeit hohe Umsätze erwirtschaftete. Nach einigen Jahren kam Adriana jedoch dahinter, dass ihre Schwester Siglinde heimlich »Privatentnahmen« auf Kosten der Firma tätigte – und damit auch auf Adrianas persönliche Kosten. Obwohl eigentlich beide gleichberechtigt als Leitung der Firma zusammenwirkten, wurden immer öfter Entscheidungen ohne Absprache mit Adriana getroffen. Nach fast zwanzig Jahren hatte Adriana genug davon, ständig übers Ohr gehauen zu werden. Sie stieg aus und versuchte zu erwirken, mit einem fairen Anteil abgefunden zu werden.

Diese Entwicklung war für sie seelisch sehr schwer zu ertragen. Der zähe Kampf entzog ihr ständig Kraft und machte sie müde, sodass sie für andere wichtige Dinge im Leben keine Zeit mehr hatte. Jede mündliche Zusage von Siglinde stellte sich nach einigen Monaten als Windei heraus. Adriana merkte: Siglinde hatte anscheinend einen Plan entwickelt, um sie möglichst komplett über den Tisch zu ziehen. Sollten zwanzig Jahre Arbeit am Ende vielleicht wirtschaftlich völlig umsonst gewesen sein?

Genau zu diesem Zeitpunkt kam Adriana in meine Praxis. Die Erschütterung darüber, dass ihre eigene Schwester sie ständig austrickste und aussaugte, stand ihr ins Gesicht geschrieben. Jedes Mal jedoch, wenn Siglinde krank wurde, fühlte sich Adriana schuldig: »Vielleicht sollte ich nicht so auf meinem finanziellen Anteil beharren. Vielleicht sollte ich einfach loslassen. Eigentlich will ich meiner Schwester ja helfen. Sie muss ja psychisch gestört sein, sonst würde sie sich nicht so verhalten. Muss ich ihr nicht helfen? Ich liebe sie doch!« Taktisch eingesetzte kleine Erkrankungen sind für nicht wenige Energievampire typisch – im Kapitel über Mann und Frau sind wir schon darauf eingegangen.

Immer wenn Adriana zu ihrer Mutter ins Haus kam, lag diese ihr zudem in den Ohren: »Ach, Adriana, Menschenskinder, einigt euch doch endlich, ich will keinen Streit unter meinen Kindern!« Adriana hatte ihr schon tausend Mal erklärt, dass Siglinde objektiv kriminell handelte, doch die Mutter schien dafür nur taube Ohren zu haben.

In den Sitzungen mit mir wollte Adriana wissen, ob es Zeit sei, Anwälte, Wirtschaftsprüfer und eventuell sogar die Staatsanwaltschaft einzuschalten. Und immer wieder zweifelte sie: »Mein Schwager ist jetzt auch krank, mein Onkel bekniet mich …, Weihnachten steht vor der Tür … Wenn ich im Elternhaus wieder Mutter und Schwester sehe: Oh Gott, es ist kaum auszuhalten! Am besten schmeiße ich alles hin. Schon seit Jahren hält dieser Krieg an und macht mich kaputt. Ich gebe jetzt auf!« Der Energievampir hatte sich erfolgreich mit anderen Familienmitgliedern verbündet. Das Opfer in jeder Hinsicht zu isolieren, gehört zu den Grundstrategien von Vampiren.

Ich führte mit Adriana zunächst eine kleine Imaginationsübung durch: Nach einer Atementspannung sollte sie sich in

Bildern vorstellen, dass sie jetzt auf ihren fairen Anteil verzichtet. Dann sollte sie anschließend darauf achten, was sie in ihrem Körper wahrnahm.

Es dauerte nicht lange, da legte Adriana die Hand auf ihren Bauch: »Mir wird übel. Es ist nicht recht, was man mit mir macht. Es ist nicht fair, dass ich der Sündenbock sein soll! Ich spüre es deutlich in meinem Körper. Und wenn die ganze Verwandtschaft gegen mich ist, ich darf mich nicht betrügen lassen! Ich kann mir sonst nicht mehr im Spiegel in die Augen schauen.«

»Genau«, bestätigte ich als Therapeut, »Ihre Seele zeigt Ihnen über die Sprache der Körperempfindungen, dass Sie gegen die ganze Familie auf Ihrem Recht beharren müssen. Zur Not sogar mit allen juristischen Mitteln. Wenn man anderen gestattet, einen so auszubeuten und auszusaugen, begeht man Verrat an sich selbst!«

»Verrat«, seufzte Adriana. »Ja, *ich* fühle mich ständig als Verräter der Familie gegenüber. Dabei ist es ja eigentlich umgekehrt!«

Adriana verließ die Praxis mit dem guten Gewissen, dass die Schuld nicht bei ihr lag und dass ihre Seele hinter ihr stand, wenn sie jetzt ihr Recht durchsetzen würde. Ein halbes Jahr später erhielt ich die Nachricht, dass Adriana die juristische Auseinandersetzung gewonnen hatte. Der Großteil der hohen Abfindungszahlung ist schon auf ihrem Konto. Ohne die Stütze eines unabhängigen Dritten, so Adriana bei einem späteren Gespräch, hätte sie das Ganze nicht bis zum Ende durchfechten können. Genau deswegen muss man manchmal im Leben zu einem Therapeuten gehen.

# Eine diebische Großmutter

Meist verhalten sich Großeltern ihren Enkeln gegenüber großzügig; sie sind die Gebenden. Im folgenden Fall war es jedoch anders. Immer wenn es darum ging, ihrer erwachsenen Tochter etwas Unbequemes zu sagen, wählte eine Oma den indirekten Weg. Sie rief ihre achtzehnjährige Enkelin an und sagt ihr: »Richte bitte deiner Mutter aus, sie muss jetzt für mich das erledigen, worum ich sie schon letzte Woche bat, und zwar rasch …« Wenn die Enkelin die Mutter dann informierte, tobte diese: »Was denkt die sich eigentlich, die soll sich um ihre eigenen Scheiß kümmern!« Die Enkelin stand dabei und war völlig verstört: »Ich habe doch nur weitergegeben, was die Oma …«

Für die Großmutter war das Ergebnis des telefonischen Überfalls erfreulich: Sowohl der Tochter als auch der Enkelin hatte sie erfolgreich Energie geklaut.

Diese Form von indirekter Kommunikation war für Mutter und Enkelin schädlich. Um nicht weiter Energie zu verlieren, mussten sie handeln. Ich riet dazu, dass die Mutter ihrer Mutter trocken mitteilte, dass sie in Zukunft solche Dinge nur an sie selbst gerichtet sagen und nie mehr der Enkelin Aufträge geben sollte. Sie dulde es nicht, dass die Enkelin weiter für Dinge in Anspruch genommen werde, die sie nichts angehen.

Für den Fall, dass die Oma sich als hartnäckiger Krafträuber nicht an die Aufforderung halten sollte, benötigte die Enkelin von ihrer Mutter den Hinweis: »Sobald dir die Oma wieder solche Dinge erzählt, sagst du ›Stopp, Oma, das geht mich nichts an.‹ Wenn die Oma dennoch weiterredet, dann leg bitte einfach ohne ein weiteres Wort *sofort* auf!«

Natürlich wurde auch die Enkelin darüber aufgeklärt, was indirekte Kommunikation ist und welchen Schaden sie in menschlichen Beziehungen anrichtet.

# Kraftraub im Beruf

## Grundregel: Keine persönliche Angriffsfläche bieten

Heute Morgen im Hallenschwimmbad steuerte ich auf die Kasse zu und sah, wie sich zwei weibliche Angestellte innig umarmten und dann herzlich miteinander lachten. Innerlich dachte ich an das Schreiben dieses Kapitels, das noch vor mir lag, und sagte mir: »Warum kann es im Berufsleben nicht überall so harmonisch zugehen? Ach, wäre das schön ...«

Tatsache ist jedoch, dass wir gerade am Arbeitsplatz besonders häufig einem Energieklau ausgesetzt sind. So ist es auch kein Zufall, dass nach dem Kapitel zum Kraftraub in der Partnerschaft das Kapitel zum Beruf besonders umfangreich geworden ist. Dies hängt mit der zentralen Bedeutung des Berufs für unsere Existenz zusammen. Aber es gibt auch viele andere zusätzliche Gründe: Manche, die sich zu Hause unterordnen, wollen am Arbeitsplatz zum Ausgleich »die Sau rauslassen«. Sie graben ihre Zähne in den Hals ihrer Kollegen und lassen sie dafür büßen, dass sie in ihrer Familie nur Pantoffelhelden sind.

Ein Beispiel dafür gab mir eine Klientin, die Sekretärin in einer Klinik war. Dort gab es einen Arzt, Dr. Fritz, von dem das ganze Krankenhaus wusste, dass er ziemlich unter dem Pantoffel seiner Frau stand. Die Geschichten seiner sklavischen und oft komischen Unterordnung unter seine Frau waren Legende, jeder kannte sie. Zum Ausgleich jedoch musste »Fritzchen«, so nannte man ihn, seine leeren Batterien irgendwo wieder aufladen. Viele Pantoffelhelden machen das am Arbeitsplatz. Ideale Opfer für ihn waren Krankenschwestern, Sekretärinnen, Labordamen, der Pförtner und so weiter – seinen Ärztekollegen gegenüber hielt er sich zurück, denn sie waren ja gleichrangig und würden sich energisch wehren.

Um Energieklau am Arbeitsplatz vorzubeugen, gibt es eine sehr wichtige *Grundregel*, die unbedingt berücksichtigt werden sollte: Familienprobleme, psychosomatische Probleme oder seelische Stresssituationen sollten Sie Ihren Kollegen und Mitarbeitern nie in beruflichen Zusammenhängen mitteilen. Ausnahme: Sie können sich zu 100 Prozent darauf verlassen, dass der Eingeweihte die Infos nicht weitergibt, weil er mit Ihnen befreundet ist. Wenn wir nämlich ein körperliches oder seelisches Problem haben, tendieren jene Menschen in unserer Umwelt, die uns nicht mögen, dazu, zu Krafträubern zu werden. Wenn man daher beruflich in einer Gesprächssituation unter Druck gerät, sollte man nie von eigenen körperlichen oder seelischen Problemen erzählen und damit direkt oder indirekt um Rücksicht bitten. Diese Bitte geht fast immer nach hinten los. Sobald Gegner oder Neider am Arbeitsplatz mit solch sensiblen Informationen versehen sind, nutzen sie sie für sich aus. Beispielsweise erzählen sie dann überall herum, wir verstecken uns hinter unseren Problemen, betteln um Rücksicht und die anderen Kollegen müssten unsere Arbeit mit übernehmen. In allen gesellschaftlichen Bereichen kann man die Beobachtung machen, dass das Betteln um Rücksicht nur schadet und umso mehr dazu führt, dass wir Kraft verlieren.

Ein Beispiel vom Arbeitsplatz Schule: An einem Elternabend der vierten Klasse beschwerten sich einige Eltern, vor allem die beiden gewählten Elternvertreter, dass Klassenarbeiten nicht zeitnah vom Lehrer korrigiert wurden. Es sei unzumutbar, dass die Kinder so lange warten müssten, bis sie ihre Noten mitgeteilt bekämen. Dem Lehrer war die Sache peinlich. Er erzählte zu meinem Erstaunen sehr freimütig, dass seine Mutter fünfhundert Kilometer entfernt vor Kurzem gestorben sei und er selbst immer wieder übers Wochenende diese weite Strecke zum zurückgebliebenen Vater zurücklegen müsse. Dort gäbe es Dinge um das Erbe, das Haus, den Garten und so weiter zu klären. Selbstverständlich sei in einer solchen Situation viel zu organisieren; das müsse man doch verstehen können. Außerdem werde es bald wieder »normal« werden.

In der Tat könnte man theoretisch davon ausgehen, dass die Elternschaft dies versteht und Rücksicht auf den Lehrer nimmt. Doch dies war keineswegs der Fall. Im Gegenteil! Die Eltern, insbesondere die beiden gewählten Elternvertreter, streuten giftig Salz in die Wunden: Man müsse selbstverständlich stets die volle Leistung von Lehrern erwarten. Es sei nicht zumutbar, dass die Kinder die Rechnung für die Zeitprobleme des Lehrers zahlten ...

Herr Samt, der Lehrer, zuckte zusammen und wurde rot. Er stotterte, die Probleme seien ja zeitlich überschaubar. Es werde sich alles bald normalisieren ... Doch wenn Vampire erst mal die Absaugkanülen montiert haben, gibt es kein Halten mehr. Es wurden weitere vermeintliche pädagogische Versäumnisse aus der Vergangenheit aufgezählt, die jeweils durch Klopfen und ermunternde Zurufe der Eltern unterstützt wurden: Die Kinder würden viel zu wenig in Mathematik gefördert und die meisten gingen doch in der fünften Klasse aufs Gymnasium. Es sei nicht verantwortbar, dass sie im Vergleich zu Schülern der anderen Grundschulen weniger Basiswissen mit in die neue Schule brächten. All dies sei die Schuld von Herrn Samt ... Die Körpersprache des Lehrers war verheerend. Man sah förmlich, wie er verzweifelt versuchte, die energetischen Angelhaken aus seinem Fleisch zu winden.

Außer mir waren es nur noch zwei Mütter, die ein anderes Signal setzten: Wir gaben zu Protokoll, dass wir mit der Leistung von Herrn Samt zufrieden seien und keinen Handlungsbedarf sähen. Doch unser Eingreifen verpuffte völlig ohne die erhoffte Wirkung. Stattdessen war die Wirkung gegenteilig: Die Köpfe all der anderen Eltern drehten sich mit ihren Gift sprühenden Augen zu uns dreien.

Ich selbst hörte mir nur noch wenige Minuten an, wie das »Wild« weiter bei lebendigem Leibe gehäutet wurde, dann platzte mir der Kragen. Ich stand einfach auf und sagte laut: »Ich gehe jetzt! Ich habe Besseres zu tun, als diesem Schlachtfest beizuwohnen.«

Der Lehrer war sprachlos. Für einen Moment war es totenstill im Raum. Ich ging aus dem Klassenzimmer und überließ die Meute sich selbst. Dabei schüttelte ich nur den Kopf darüber, dass dieser noch sehr junge Lehrer einige energetische Grundgesetze einfach nicht kannte. Aber solche Dinge lernt man nur durch das Leben, nicht in der beruflichen Ausbildung.

Wer aufmerksam durchs Leben geht, kennt ähnliche Geschichten aus seinem Arbeitsumfeld. Ich rate daher immer dazu, energetische Angelhaken und Absaugrohre den Gegnern nicht freiwillig zur Verfügung zu stellen, sondern sich wirklich nur dort mit seinen persönlichen Problemen einzubringen, wo Missbrauch persönlicher Informationen nicht zu befürchten ist.

Es gibt manchmal merkwürdige Zufälle im Leben. Kaum hatte ich dieses Kapitel über Energieklau im Beruf beendet, als ich in der »Süddeutschen Zeitung« die Ankündigung der Filmpremiere »Frau Müller muss weg« las. Der Film wird als eine »Elternabendkomödie« bezeichnet, die als Vorlage das gleichnamige Theaterlustspiel von Lutz Hübner hat. Man wird darin Zeuge, wie ein Elternmob einer vierten Grundschulklasse Frau Müller, die Lehrerin, »erledigt«. Nach einhelliger Meinung gefährdet Frau Müller den *»Übertritt der neurotischen Kinder aufs Gymnasium, was in der Welt ihrer noch neurotischeren Eltern dem Weltuntergang gleichkommt. Also starten sie eine Mobbing-Kampagne gegen die Lehrerin (›Sie soll angeblich in Therapie gehen‹), sammeln Unterschriften für ihre Ablösung und knallen ihr die Liste in einer außerordentlichen Elternsprechstunde aufs Pult. Weil die kluge Frau Müller aber weiß, dass es keine gemeingefährlichere Spezies Mensch gibt als überbesorgte Eltern, überlässt sie die Horde kopfschüttelnd sich selbst. Die Eltern bekommen beim Philosophieren und Intrigieren im Klassenzimmer schnell einen heftigen Lebensblues. Weil in Wahrheit natürlich weder Frau Müller noch die Kinder das Problem sind, sondern sie selbst.«*[3]

3   David Steinitz: »Die spinnen, die Eltern«.

Dass dieses Thema zu einem Bühnenstück und zu einem Kinofilm gemacht wurde, zeigt deutlich: Meine persönliche Erfahrung in der Schule ist natürlich kein Einzelfall. Es handelt sich um ein gesellschaftliches Phänomen! Wenden wir uns daher nun einer Reihe typischer Kraftraub-Beispiele am Arbeitsplatz zu und schauen wir dabei auch, was man tun kann, um sich erfolgreich zu wehren.

## Energieklau am Arbeitsplatz

### Nichtgrüßen

Für das Grüßen existieren ungeschriebene Spielregeln. Derjenige sagt zuerst »Guten Morgen«, der das Zimmer eines Kollegen betritt, nicht der Zimmerinhaber. Trifft man sich während des Arbeitstages auf dem Flur, ist jeder der beiden aufgefordert zu grüßen. Hier gilt natürlich die Einschränkung: Wer begegnet wem? Wenn einem der Chef entgegenkommt, tut man gut daran, als Erster zu grüßen.

Gerade unter Kollegen ist der verweigerte Gruß ein beliebtes Mittel, um dem anderen Energie zu stehlen. Je mehr der sich ärgert, dass er immer nur selbst grüßt, aber nie vom anderen zurückgegrüßt wird, desto erfolgreicher ist der Energieklau.

Was tun? Bewährt hat sich, den anderen munter weiter zu grüßen – und zwar freundlich. Anschließend achtet man auf sein Körpergefühl. Wenn man sich gut fühlt, hat man alles richtig gemacht. Wenn man sich schlecht fühlt und sich dabei erwischt, dass man sich doch über den Kollegen ärgert, sollte man etwas ändern. Am besten sagt man sich innerlich den

Satz: »Meine Kraft bleibt allein bei mir! Ich habe es nicht nötig, auf die Spielchenebene mit ihm/ihr zu gehen.« Unbewusst wird der Kollege irgendwann spüren, dass er keine Energie mehr bei Ihnen stehlen kann. Mag sein, dass er es trotzdem weiter versucht, es kann aber auch geschehen, dass er bald wieder grüßt.

Warum kann man durch das Nichtgrüßen eigentlich so viel Energie stehlen? Zunächst einmal kommt derjenige, der nicht grüßt, in die Position des Überlegenen. Jemanden zu grüßen bedeutet, ihm die »Ehre« als Mensch zu erweisen. Zusätzlich spielt hier die Biologie eine Rolle. Durch das Grüßen vermittle ich indirekt die Botschaft: »Ich bin kein Feind! Ich bin ein Mensch und du bist ein Mensch. Ich tue dir nichts, hab Vertrauen.« Wird diese Botschaft verweigert, entsteht schon so etwas wie ein Bedrohungsgefühl.

Auffallend deutlich werden unsere archaischen Revierbedürfnisse in besonderen Situationen: Nehmen wir an, die Tür zu meinem Büro steht weit auf. Ich befinde mich gerade am Fotokopierer, der am Fenster steht, und kann nicht sehen, wer da hinter meinem Rücken mein Zimmer betritt. Wenn derjenige ohne zu grüßen hereinkommt, höre ich Geräusche und zucke innerlich zusammen: Das ist eine notwendige biologische Reaktion. Der Neandertaler in mir wittert eine *mögliche* Bedrohung und dreht sich sofort um, damit die Verteidigung gewährleistet ist. Kommt tatsächlich jemand in mein Zimmer und bleibt ohne zu grüßen hinter meinem Rücken stehen, ist dies schon fast ein feindlicher Akt. Hier wird besonders intensiv Kraft gestohlen.

Wie geht man mit diesen Sonderfällen um? Ich rate dazu, sich in solchen Fällen die Kraft sofort zurückzuholen. Humor und Schlagfertigkeit sind gefordert. So kann man im Umdrehen zu dem Kollegen sagen: »Leg sofort den Hunderteuroschein wieder auf meinen Schreibtisch zurück! Ich habe es genau gesehen!«

Es wird einige Sekunden dauern, bis der Angesprochene realisiert, dass es sich nur um einen Scherz handelt. Doch genau in diesen Sekunden fragt er sich bestürzt: »Wieso glaubt der, ich hätte Geld gestohlen. Spinnt der jetzt?« Durch diesen künstlich hervorgerufenen Ärger kommt sämtliche geklaute Energie wieder zurück! Dadurch, dass es ein Scherz war, ist die Situation sogar sozial abgefedert. Nichtsdestoweniger spürt der so schlagfertig Angesprochene – zumindest unbewusst – ganz genau: »Mit ihm/ihr kann ich es nicht machen.« Ich wette, beim nächsten Besuch in Ihrem Zimmer wird der Kollege grüßen, denn er hat Respekt vor Ihnen bekommen.

Natürlich kann man auch auf andere Weise humorvoll reagieren. Wer jedoch im Umdrehen zur Tür dem Hereinkommenden sagt: »Mein Gott, habe ich mich jetzt über dich erschrocken!«, der hat dem anderen mit Stempel unterschrieben, dass er freiwillig gern Energie verschenkt. Besser wäre, ganz direkt zu sagen: »Bitte klopfe demnächst an den Türrahmen. Ich habe es nicht so gern, wenn ich nicht gleich merke, dass jemand hereinkommt.« Eine Spur mehr Konfrontation liegt in: »Mit einem ›Guten Morgen‹ hereinzukommen, fände ich auch nicht schlecht. Dann brauche ich dich nicht mit einem Tiger zu verwechseln!« Spüren Sie in sich, welche Strategie am besten zu Ihnen passt.

Manch einer will es dem anderen zurückzahlen. Wenn er in das Zimmer des Kollegen geht, macht er es genauso wie der andere zuvor. Dann steht es zwar 1:1, aber es wurde buchstäblich schweigend der Krieg erklärt. Jedenfalls weiß der Kollege genau, dass Sie ihm mit dem Energiespielchen auf die Schliche gekommen sind. Er wird Sie ernst nehmen! Besser und auch für den Betriebsfrieden förderlicher ist es immer, auf *humorvolle* Weise schlagfertig zu sein. Der andere kann einem nämlich nicht böse sein und dennoch muss er begreifen, dass sein Vampirverhalten durchschaut wurde.

## Der Brüllaffenvampir

Auf diesen Typus stießen wir schon im Kapitel zur Partnerschaft. Gern können Sie zurückblättern und sich in Erinnerung rufen, wie man mit diesem Räuber umgehen kann. Für die Situation am Arbeitsplatz sind jedoch noch einige zusätzliche Gesichtspunkte wichtig:

Achten Sie bewusst auf Ihren Atem, damit Sie sich möglichst schnell beruhigen. Verzichten Sie unbedingt darauf, sich ebenfalls als Brüllaffe zu betätigen. Wer innerlich ausgeglichen ist, hat es nicht nötig, herumzuschreien. Das sollten Sie klar durch Ihre besonnene, aber taktisch kluge Reaktion verdeutlichen, denn der Vampir wartet nur darauf, dass Sie sich ebenfalls lautstark aufregen.

Nehmen Sie dem brüllenden Mitmenschen durch eine überraschende Frage den Wind aus den Segeln: »Herr Schmitz, Sie sehen heute so blass aus. Geht es Ihnen nicht gut? Soll ich Ihnen eine Kopfschmerztablette geben?« *Indirekt* signalisieren Sie auf diese Weise Ihrem Kollegen, dass sein Verhalten krank ist und er Unterstützung benötigt.

Kann es sein, dass der Vampir zur Tür hereingestürmt kam, ohne zu grüßen, obwohl er Sie bislang noch nicht zu Gesicht bekam? Dann ist es ganz leicht, sein Muster zu durchbrechen: »Zunächst, Herr Schmitz, wünsche ich Ihnen einen schönen Guten Morgen!« Da ihm sicherlich nicht danach ist, Ihnen ebenfalls einen »wunderschönen Guten Morgen« zu wünschen, gerät er innerlich in einen Konflikt: Soll er Sie nun doch grüßen? Immerhin leben wir in einem zivilisierten Land. Oder soll er mit seiner Rumbrüllerei einfach weitermachen? Genießen Sie es, ihm bei diesem inneren Entscheidungskonflikt zuzusehen. Schon das allein bringt Ihnen Kraft zurück.

Eine andere Variante für hartnäckige Fälle wäre: »Ist etwas passiert bei Ihnen? Ist jemand gestorben? Sie sind ja ganz außer sich, Sie Ärmster.« Setzen Sie bitte eine besorgte Miene auf! Alles, was den Brüller überrascht, ist geeignet, sein aggressives Muster zu durchbrechen. Auch Sätze wie: »Herr Schmitz, haben Sie schon bemerkt, dass im Firmenvorgarten seit heute die Krokusse blühen? Ist das nicht toll?« Ein solcher Hinweis macht ihm unbewusst eindeutig klar, dass bei Ihnen keine Kraft zu stehlen ist. Ein gerade noch aktiv tätiger Brüllaffe rechnet bei Ihnen mit allem, aber nicht mit einem freundlichen Hinweis auf blühende Krokusse oder andere nette Dinge. Zum Weiterbrüllen braucht er nämlich Ihre ebenfalls aggressive Reaktion, zumindest Ihre betretene Miene im Gesicht. Er muss Ihre Wut sehen und »riechen« können. Das ist das Benzin, das den Kraftraub verlängert. Tun Sie ihm diesen Gefallen bitte nicht!

## Man lässt Sie warten

Gibt es in Ihrem Berufsleben jemanden, mit dem Sie sich des Öfteren treffen müssen, der aber fast immer zu spät kommt und Sie warten lässt? Wer warten muss und sich darüber ärgert, der verliert Energie. Bewusst oder unbewusst weiß Ihr Peiniger das!

Hier gibt es eine klare Gegenstrategie: Sie setzen sich eine zeitliche Grenze des Wartens, die für Sie gerade noch akzeptabel ist. Dann ergreifen Sie selbst die Initiative, um das Energiesaugen zu stoppen. Sie geben Ihrem Kollegen per Telefon, SMS oder wie auch immer kurz Bescheid, dass Ihnen jetzt leider die Zeit für ein Treffen zu knapp wird und Sie um einen neuen Termin bitten.


## »Das können Sie ohnehin nicht!« – Der Entmutigungsvampir

Die Entmutigung zählt genau wie das Schweigen zu den besonders populären Methoden des Energiesaugens. Das Zitat in der Überschrift stellt einen schweren energetischen Angriff auf Sie dar. Wenn jemand im beruflichen Umfeld öfter mit Ihnen so redet, dann handelt es sich um einen Krafträuber der übleren Sorte. Wenn Sie jemand so anspricht, ist die Realitätsprüfung (siehe »Zweiter Schritt: Realitätsprüfung« im Kapitel »Vier Schritte gegen Energieklau«) besonders wichtig: Haben Sie eine solche Aufgabe in der Vergangenheit schon mal gut bewältigt oder liegt diese Arbeit Ihnen tatsächlich nicht? Was sagen Ihre Freunde inhaltlich dazu?

Klären Sie für sich, ob Sie die betreffende Arbeit objektiv gut erledigen können oder nicht. Wenn Sie wissen, dass Sie es gut können, geben Sie niemandem die Erlaubnis, Sie zu entmutigen. Ruhig und selbstbewusst können Sie beispielsweise dem Entmutigungsvampir entgegnen: »Es spricht nichts dagegen, wenn Sie jetzt vor allem auf Ihre eigene Arbeit schauen! Ich erledige *meine* Arbeit.«

Mit einem Chef kann man natürlich nicht so sprechen. Immerhin kann man aber einen Chef fragen, ob er einen nicht für andere Bereiche einsetzen kann, falls er wirklich der Meinung ist, man könne etwas Bestimmtes nicht.

Gibt es an Ihrem Arbeitsplatz jemanden, der Ihnen heute jegliche Kompetenz abspricht, um einige Tage später überall zu verkünden, dass Sie der Tollste sind? Jemanden heute zu loben und ihn morgen zu erniedrigen, ist eine beliebte Technik von Vampiren, um Sie psychisch von ihrer Meinung abhängig zu machen. Hier gibt es nur einen Rat: Nehmen Sie diesen Wichtigtuer nicht so ernst! In der Regel wird er sich dann schnell ein anderes Opfer suchen. Energievampire haben nämlich äußerst sensible Antennen. Sie spüren genau, bei wem ihre Angelhaken gut stecken bleiben und bei wem nicht.

Die berufliche Selbstverwirklichung kann zuweilen auch durch eine Person aus Ihrer Familie massiv behindert werden. Deswegen soll auch noch die berufliche Entmutigung durch den Partner dargestellt werden. Das folgende Beispiel aus meiner Praxis hätte ich genauso gut im Kapitel zur Partnerschaft eingliedern können.

Monique war Französin. In Deutschland lernte sie ihren Mann kennen und nun lebten sie schon zwanzig Jahre im

Schwarzwald in einem touristisch viel frequentierten Ort. Monique war ein fröhlicher, kreativer Mensch: Sie töpferte, malte und sie hatte ein Faible für Edelsteine und selbst hergestellten, einfachen Schmuck. Ihr Traum war es, einen Laden in der Fußgängerzone zu eröffnen und ihre Dinge zu verkaufen. Sowohl das eigene Kapital dafür stand ihr zur Verfügung als auch der entsprechende Raum – vor Kurzem wurde ein Laden dauerhaft geschlossen; sie hätte die Räume mieten können.

Doch da gab es ein Problem: Norbert, ihr Mann, war ein Entmutigungsvampir. Er arbeitete bei einer Bank und hatte keinen Sinn für schöne Dinge. Außerdem entmutigte er seine Frau fortwährend in ihren Plänen: »Du kannst das nicht! Das wird alles scheitern! Du wirst nur einen Haufen Schulden machen, und ich muss dir dann am Ende helfen.« Manchmal ging es auch unter die Gürtellinie: »Du kannst doch eh keine Mathematik! Buchführung und all das ist ein Buch mit sieben Siegeln für dich. Es wird eine Katastrophe.«

In der Tat war Monique nie ein Rechengenie, doch ihre beste Freundin war Buchhalterin und hatte in der Vergangenheit schon mal ein eigenes Geschäft. Sie wollte ihr in der Anfangszeit zeigen, wie man einen Laden wirtschaftlich und organisatorisch leitet. Monique kam in meine Praxis, weil sie sich stark durch die Reden ihres Mannes in ihrem Tatendrang unterdrückt fühlte.

»Entmutigung ist eine Form von Energieklau. Norbert will Ihnen mit seinen Worten nur Angst machen – das ist das Tagesgeschäft von Entmutigern. Sie drängen uns in die Angst und nehmen uns so die Kraft!«, sagte ich der verdutzten Monique.

»So habe ich das noch gar nicht betrachtet!«, seufzte sie.

Je mehr mir Monique von ihrer Ehe erzählte, desto mehr erhielt ich den Eindruck, dass ihr Mann sie für sich allein besitzen will. Wenn er nachmittags von der Bank kam, dann sollte sie für ihn da sein. Dass sie ihre eigenen Interessen pflegte, war gar nicht nach seinem Geschmack. Ich drückte meine Vermutung, dass Monique vereinnahmt werden soll, in vorsichtigen Worten aus.

Monique nickte: »Manchmal habe ich den Eindruck, am liebsten sollte ich seine Sklavin sein, nur denken und tun, was er will. Ich denke, Sie liegen mit Ihrer Vermutung nicht falsch. Meine beste Freundin hat sich ähnlich geäußert wie Sie!«

Nichts, aber auch gar nichts spricht dagegen, sich endlich einen Lebenstraum zu erfüllen. Wenn das Schicksal einem Möglichkeiten bietet, sollte man sie nutzen. Wer weiß, wann die nächste Gelegenheit kommt?

In mehreren Gesprächen half ich Monique, die Strategien ihres Mannes zu durchschauen. Ich stärkte ihr den Rücken für das neue Projekt.

Drei Jahre später sah ich Monique wegen eines anderen Anliegens wieder. Der Laden war wunderbar vom Publikum angenommen worden! Norberts Prognose des wirtschaftlichen Ruins hatte sich als völlig unbegründet erwiesen.


## Der Daumen-drauf-Vampir

Der Daumen-drauf-Vampir hat die Eigenschaft, uns einen Fehler immer wieder neu vorzuwerfen, sodass man es kaum noch innerlich aushalten kann und sich am Ende wie eine ausgepresste Zitrone fühlt. Bruno war ebenfalls so ein Pantoffelheld, wie der schon weiter oben beschriebene Dr. Fritz. Sandra litt schon lange unter ihm. Ein Beispiel aus ihrem Büroleben:

Abteilungsleiter Bruno, Sandras Vorgesetzter, stürmt ohne anzuklopfen in Sandras Zimmer. Wütend schwenkt er einen weißen Zettel: »Sandra, Sie wissen genau, in welchen Ordner diese Belege gehören. Überall habe ich danach gesucht. Er war im Finanzamtsordner! Und da Sie allein zuständig sind für das Abheften dieser Belege, sind Sie allein schuld!«

Sandra: »Oh, das tut mir leid!«

Bruno: »Ihr Verhalten ist nicht entschuldbar!«

Sandra: »Tja, ich weiß auch nicht, wie das geschehen konnte.«

Bruno: »Was haben Sie sich nur dabei gedacht, Sandra?«

Betretenes Schweigen bei Sandra, denn natürlich hat sich Sandra gar nichts dabei gedacht, denn sonst wäre es ja nicht passiert. Sie weiß, dass Brunos Fragen keine wirklichen Fragen sind, sondern ausschließlich dazu dienen, sie zu erniedrigen.

Doch die Strafpredigt ist noch nicht zu Ende.

»Das geht einfach nicht! So geht es ein-fach nicht!« Bruno betont jede Silbe einzeln, um auf diese Weise Sandra noch mehr zu erniedrigen und ihr noch mehr Energie abzusaugen.

Es entsteht eine Pause.

Dann sagt Sandra: »Ich habe nicht aufgepasst.«

Bruno: »Ihr Verhalten ist eine ziemliche Zumutung. Wo gibt es denn so etwas?«

Tja, wo gibt es so etwas? Ehrlich gesagt: So etwas gibt es überall auf der Welt in allen Büros. Menschen machen Fehler.

Und es macht nicht nur Sandra Fehler, auch Bruno macht Fehler. *Jeder* macht Fehler. Wer hätte das gedacht? Aber nicht jeder reitet dermaßen auf den Fehlern seiner Mitmenschen herum, bis auch der letzte Funken Energie abgesaugt ist – so etwas macht nur der Daumen-drauf-Vampir.

Bruno ist immer noch nicht fertig. Er redet mit Sandra wie mit einem dummen, kleinen Kind. Besonders schlimm ist es, wenn Sandra in Gegenwart ihrer Kollegen von Bruno erniedrigt wird. Es ist nämlich für einen Erwachsenen eine Beleidigung, wenn man ihm wie einem Geistesgestörten unzählige Male inhaltlich dasselbe sagt und die Variation nur im Austauschen ähnlicher Worte besteht: »Sandra, solche Fehler dürfen einfach nicht passieren! Ist Ihnen das klar?«

Sandra kocht vor Wut. Am liebsten würde sie Bruno jetzt an die Wand klatschen! Bruno seinerseits genießt die Energietransfusion in vollen Zügen! Dank seines Daumen-drauf-Verhaltens hat Sandra ihr Gesicht verloren – insbesondere wenn zufällig Kollegen in den Raum kommen.

Was kann Sandra bei nächsten Ausfahren von Brunos Vampirzähnen besser machen? Eine ganze Menge! Zunächst muss sie sich innerlich klarmachen, dass es sich bei Bruno um ein »armes Würstchen« handelt, das sich soeben in einen Energievampir verwandelt hat. Wenn ihr das bewusst ist, kann sie wesentlich gelassener mit der Situation umgehen. Außerdem kann sie sich sagen: »Jeder Mensch macht Fehler, ich darf auch Fehler machen!«

Eine bewährte Gesprächsstrategie besteht darin, dass man nach jedem neuen Peitschenhieb *denselben* Satz zur Antwort gibt, zum Beispiel: »Sie haben ja völlig recht!« Sandra dagegen hatte immer verschiedene Sätze zur Antwort gegeben und zaghaft versucht, sich stets aufs Neue zu verteidigen. Mit beidem verlor sie ständig Energie an Bruno.

Es genügt völlig, *monoton immer denselben Satz* zur Antwort zu geben. Damit gibt Sandra Bruno unterschwellig eine wichtige Botschaft: »Ich bin nicht geisteskrank! Ich habe verstanden, um was es geht! Es ist völlig unnötig, mir dasselbe tausend Mal vorzuhalten! Damit du hoffentlich merkst, wie monoton deine inhaltlichen Wiederholungen wirken, wiederhole ich mich jetzt auch, und zwar buchstäblich!«

Es gibt auch eine andere Alternative: Mit geschicktem Gesprächsverhalten könnte Sandra den Spieß umdrehen und ihn zum Nachdenken zwingen, indem sie sagt: »Was schlagen Sie denn jetzt vor?«

Diese spontane Aufforderung kommt in der Regel für den Adressaten überraschend. Der Überraschungsmoment beendet vorläufig sein monotones Einprügeln, weil er mit solch einer Frage nicht gerechnet hatte. Das Wort »vorschlagen« ist hier übrigens mit Bedacht gewählt. Es schließt nämlich ein, dass Sandra bei all dem ein Wörtchen mitredet, die »Vorschläge« des Aggressors prüft und keinesfalls die Kontrolle allein ihrem Chef überlässt.

Für diese letzte Option entscheidet sich Sandra beim nächsten Angriff von Bruno zwei Monate später. Bruno hat in der Tat keine konkreten Vorschläge parat. Er schüttelt den Kopf, schweigt, und in einem etwas verwirrten Zustand verlässt er Sandras Zimmer. Wenn Sandra ihn beim nächsten Angriff genauso konsequent behandelt, wird Bruno in Zukunft von ihr ablassen. Unbewusst merkt er, dass Sandra ihn durchschaut hat.

## »Ich weiß genau, was Sie vorhaben!« – Der Hellsehvampir

Wenn jemand in der Firma vorgibt, er kenne sich in Ihren ureigensten Gedanken besser aus als Sie selbst, ist Vorsicht angebracht: Es handelt sich um einen Gedankenleser- beziehungsweise Hellsehvampir. Dieser Spezies sind wir schon im Kapitel zur Partnerschaft begegnet, wo sie besonders häufig anzutreffen ist. Sollten Sie beruflich mit einem solchen Sauger zu tun haben, blättern Sie bitte zurück zum Kapitel »Kraftraub in der Partnerschaft – Unterstellungen und ›Gedankenlesen‹«. Die dort beschriebenen Dinge sind Ihnen auch im Beruf von Nutzen.

Wichtig ist vor allem, dass Sie dem Hellseher ganz offen die Fähigkeit absprechen, dass er sich in Ihrem Kopf besser auskennt als Sie. Egal wer sich in Ihrem Umfeld als Gedankenleser betätigt: Er oder sie stellt sich durch seine/ihre Allwissenheit über Sie und begeht dadurch einen energetischen Übergriff.

## »Unsere Perle« – Der Schmeichelvampir

»Ach, Doris, unsere Perle, Sie sind einfach die Beste in unserer Abteilung. Niemand ist so perfekt im Organisieren, im Timing, wie Sie …«, kam der Abteilungsleiter Müller zur Tür herein. Doris ahnte schon, was kommen würde. Zunächst würde die Belobigungsorgie fortgesetzt und dann käme der dicke Hammer: »Da die anderen hier nicht so fit sind wie Sie – hätten Sie nicht Lust, bis zum Monatsende folgende

Präsentation für unsere interne Konferenz vorzubereiten? Ich weiß, dass das eigentlich der Job von Monika wäre, nicht Ihrer, aber ...«

Doris war schon in der Vergangenheit mehrfach auf den Schmeichelvampir hereingefallen, denn er war einfach sooo freundlich ... Seien Sie stets innerlich wachsam, wenn jemand überfreundlich Ihnen gegenüber ist!

Bei der nächsten kritischen Begegnung mit Müller hatte Doris im Hinterkopf, was ich ihr in einer Stunde geraten hatte. Sie sagte dem Abteilungsleiter: »Ich komme mit meinen eigenen Projekten kaum durch. Außerdem will ich Monika nicht arbeitslos machen. Die wird mir sonst böse, wenn ich ständig ihre Jobs übernehme.«

Selbstverständlich kam Doris mit ihren eigenen Projekten sehr gut voran. Das wusste auch der Abteilungsleiter. Gerade deswegen stürzte er sich ja stets auf Doris. Wer effizient in einer Firma arbeitet, wird oft damit bestraft, dass er die Arbeit für die anderen mit erledigen muss. Das ist aber nicht Sinn der Sache. Vor solcher Überbeanspruchung muss man sich schützen.

Für das Betriebsklima sollte man sich zudem nicht zu einseitig im Beifall der Chefs sonnen. Wer als Einzelner vor den anderen herausgehoben wird, der fällt auch meist irgendwann wieder tief. Außerdem fühlte sich Doris vom Abteilungsleiter ausgenutzt. Dieser ärgerte sich nicht gern mit Monika herum, die immer einsichtige Gründe fand, warum sie diese Woche »völlig überfordert« von Müllers Wünschen war. Doris signalisierte jetzt deutlich, dass sie nicht für die Defizite von anderen verantwortlich ist. Sie war zur Einsicht gelangt, der Abteilungsleiter soll seine Probleme mit Monika selbst lösen.

Das durfte sie ihm natürlich nicht direkt ins Gesicht sagen. Doch auch indirekte Botschaften kommen an!

Auch ich selbst habe immer wieder mit dem Schmeichelvampir zu tun. Es ist unfassbar, wie plump und unverschämt sich manche Mitmenschen unserer Kräfte und Ressourcen bedienen wollen! Zunächst muss ich jedoch etwas ausholen.

Im Laufe meines Lebens bin ich mit meiner Praxis zweimal umgezogen. Um sich am neuen Ort gut zu verankern, ist es ratsam, sich dort schnell bekannt zu machen. Zu diesem Zweck hatte ich nach einem dieser Umzüge am neuen Ort einen Vortrag geplant. Der Termin war in Zeitungen und anderen Medien angekündigt worden. Der Veranstalter rechnete mit 200 bis 300 Interessenten. Fünf Tage vor dem Vortrag rief mich ein mir unbekannter Arzt aus dieser Stadt an und schmierte mir eimerweise Honig um den Bart. Ständig dachte ich: »Was will er denn eigentlich? Wann fährt er denn endlich die Saugwerkzeuge aus?« Nachdem er mich gut »eingeseift« glaubte, ließ er die Bombe platzen! Der Herr Doktor sagte: »Jetzt wissen Sie also, wie sehr ich Ihre Bücher schätze. Und sicherlich haben Sie nichts dagegen, dass ich nach Ihrem Vortrag, wenn das Publikum Fragen stellt, kurz meine Praxis und mein Kursangebot vorstelle. Ich arbeite ja ganz ähnlich wie Sie. Wir Therapeuten müssen ja schließlich zusammenhalten.«

In der Regel ist man nach so einer Attacke erst mal sprachlos. Doch dann habe ich mich gefangen und sagte: »Tut mir leid, daran kann ich nun wirklich kein Interesse haben. Organisieren Sie doch selbst einen Vortrag!« Der Arzt stotterte kurz etwas Unverständliches und legte auf.

Haben Sie im Beruf Erfolg? Dann rechnen Sie bitte stets mit Trittbrettfahrern!

## Der Scheinfreundliche als Vampir

Eines hat der Schmeichelvampir mit dem Scheinfreundlichen gemeinsam: Die Freundlichkeit von beiden kann man nicht ernst nehmen. Der Schmeichelvampir ist freundlich zu Ihnen, weil er sie zu seinen Zwecken einsetzen will. Er ist ein Taktiker und nicht auf Anhieb zu durchschauen.

Der Scheinfreundliche hingegen zeigt uns schnell, was man von seiner Freundlichkeit halten darf: Nichts! Er hat kein Talent fürs Taktieren und klaut sich die Energie eher auf plumpe Weise. Seine Angewohnheit zum Beispiel besteht darin, montags ins Büro zu kommen und Sie zu fragen, wie es Ihnen denn gehe, wie Ihr Wochenende war und so weiter. In dem Moment, in dem Sie in mehreren Sätzen etwas antworten, wendet er sich abrupt von Ihnen ab und stellt jemand anderem im Raum dieselbe Frage oder aber wirft einfach lautstark die Kaffeemaschine an und lässt Sie komplett auflaufen. Zu Recht fühlen Sie sich veräppelt. Demonstrativer als dieser Typus von Vampir kann man sein Desinteresse am Mitmenschen kaum zeigen. Mit seinem extrem unfreundlichen, asozialen Verhalten sammelt er morgens erst mal Energie ein – auf Ihre Kosten. Noch mehr Energie erhält er von Ihnen, wenn Sie das Spielchen persönlich nehmen und darüber nachdenken, ob etwas mit Ihnen nicht stimmt. Tun Sie dem Vampir diesen (energetischen) Gefallen nicht!

Stattdessen beobachten Sie aufmerksam, wie er mit den Kollegen umgeht. In der Regel wird er mit diesen mehr oder minder ähnlich verfahren. Dies zeigt Ihnen deutlich, dass es hier um nichts Persönliches geht. Am effektivsten begegnen Sie diesem Vampirtypus durch äußerste sprachliche Sparsamkeit: Ein Ja oder ein Nein sollte im obigen Beispiel als Antwort genügen. Ihre Einsilbigkeit wird dem Kollegen durch die Blume verdeutlichen, dass bei Ihnen nichts zu holen ist.

Im Fernsehen kam einmal ein Sketch über diesen Vampirtypus. Ein Mann legte einem Kollegen beim Arbeiten die Hand auf die Schulter und sagte: »Na, wie geht's *uns* denn heute?« Der Angesprochene reagierte schlagfertig: »Wie es mir geht, weiß ich schon, aber wie es dir geht, kann ich dir beim besten Willen nicht sagen.« Das Wörtchen »uns« ist eine klare Vereinnahmung, die einer Kommunikation auf Augenhöhe widerspricht. Wer so redet, zeigt dadurch, dass er andere vereinnahmt.

Derjenige, der am Arbeitsplatz den anderen körperlich berührt, ist häufig der Überlegene oder derjenige, der es *gern sein möchte*. Wenn es sich um einen Vorgesetzten handelt, kann man sich einfach stumm, aber deutlich körperlich entziehen, damit der andere merkt, dass uns sein Übergriff nicht entgangen ist. Unser Körper gehört nur uns – niemandem sonst! Wer uns gegen unseren Willen berührt, hat oft noch weiterreichende Übergriffe vor. Handelt es sich um einen Kollegen, der notorisch Körpergrenzen nicht respektiert, kann man (lächelnd!) sagen: »Was hast du denn vor mit mir? Ich bin schon vergeben.« Diese Antwort kann man unabhängig vom Geschlecht jedem Kollegen sagen – am besten auf humorvolle Weise!

## Dauerredner und Unterbrecher

Kennen Sie diese Kollegen, die bei Besprechungen endlos reden? Alle gähnen, doch niemand traut sich, den Betreffenden
zu unterbrechen? Solche Vampire pflegen ihr Ego, indem sie
andere zwingen, ihre sprachlichen Ergüsse auszuhalten. Das
bringt viel Energie ein! Dieser Vampir hat oft ein besonders
niedriges Selbstwertgefühl und baut sich durch seine langen
Reden wieder auf.

Es gibt viele Varianten dieses Typus. Das ist zum Beispiel
der Mitarbeiter, der in Ihr Zimmer kommt und wie ein Rede-
tornado durchs Zimmer wütet. Wenn er gegangen ist, kann es
sein, dass Sie gar nicht wissen, was der Grund seines Besuches
war, so schnell ging alles. Genau betrachtet, kam er ausschließlich, um sich bei Ihnen aufzutanken. Inhaltliches
spielte gar keine Rolle oder war nur ein Vorwand für einen
kurzen »Tankstellenbesuch«.

Wenn ein solcher Mensch Sie sprachlich angreift und nie-
derredet, können Sie machen, was Sie wollen, es ist Ihnen fast
nicht möglich, sich bei ihm Gehör zu verschaffen und sich zu
verteidigen. Immer wenn Sie etwas entgegnen möchten, wird
der andere sofort lauter, damit er Ihnen nicht zuhören muss.
Das alles kostet Unmengen an Kraft!

Wie kann man sich vor solchen Mitmenschen schützen? Wenn
es sich nicht gerade um Ihren Chef handelt, sollten Sie ihm
freundlich und ruhig die Tür zeigen: »Ich habe jetzt gerade keine
Zeit« oder »Sie sind momentan sehr aufgebracht, am besten Sie
kommen einfach später noch einmal«. Der Vampir wird in der
Regel äußerst verblüfft sein. Möglicherweise ist er für einen kurzen Moment sprachlos, dass ihn jemand durchschaut hat.

Diejenigen, die ungefragt ihre Lautstärke hochdrehen, wenn Sie Ihnen etwas antworten, kann man auch effektiv neutralisieren. Entweder man dreht sich um und sagt: »Wenn Sie meine Meinung dazu nicht hören wollen, dann ist es im Moment nicht sehr fruchtbar, darüber zu reden.« Oder – das ist immer gut – Sie schalten Ihren Humor ein, obwohl Sie total genervt sind. Sie werden *lächelnd* immer lauter und lauter in Ihren Worten. Der Inhalt des Gesprochenen ist unwichtig. Kaspern Sie etwas rum! So parodieren Sie den Kollegen. Der Angesprochene wird schnell merken, dass Sie ihn auf den Arm nehmen. Wenn er sein Gesicht nicht verlieren will, reagiert er halbwegs positiv auf Ihren Humor. Wenn er todernst mit seiner Show fortfährt, dann läuft er wirklich Gefahr, überall als humorlos dargestellt zu werden. Das kann jedoch nicht sein Ziel sein.

Wussten Sie, dass Lachen und Lächeln ansteckend sind? Auch wenn es Ihnen schwerfällt: Probieren Sie es aus, diesen Krafträubern mit Humor zu begegnen. Wenn der Kraftdieb humorlos reagiert, entgegen Sie: »Mit Ihnen kann man aber auch wirklich keinen Spaß machen! Waren Sie schon immer so trocken?«

Zu Ihrer Persönlichkeit passen diese offensiven Gegenmaßnahmen überhaupt nicht? Sie hätten gern einen anderen Tipp? Dann benutzen Sie einfach die gegensätzliche Strategie des Vampirs: Reden Sie sehr leise mit ihm! Der Kollege muss sich nun sehr konzentrieren, um Ihre Worte zu verstehen: Das verbraucht (seine) Energie! Auch auf diese Weise demonstrieren Sie geschickt, dass Sie den anderen komplett durchschaut haben.

## »Das ist doch alles nicht neu!« –
## Der Provokateur

Ihr Chef hat Ihnen den Auftrag gegeben, für die nächste gemeinsame Sitzung einer Planungsgruppe einen zwanzigminütigen Vortrag über ein betriebliches Problem zu halten. Schon nach fünf Minuten meldet sich ein Kollege zu Wort und unterbricht Sie: »Das hatten wir doch alles schon! Alles kalter Kaffee! Ich selber denke ...« und nun hält er einen langen Spontanvortrag und nimmt Ihnen die Butter vom Brot. Später dann kommen Sie mit Ihrem vorbereiteten Skript kaum noch zu Wort.

Diese unverschämten Vampire, die zügellos die Aufmerksamkeit an sich reißen, muss man *sofort* unsanft stoppen, wenn man nicht als begossener Pudel dastehen will: »Kollege Meier, ich schätze Ihren Eifer! Doch zunächst fahre ich noch fünfzehn Minuten ohne Unterbrechung fort. Danach kann jeder etwas dazu sagen!« Selbstverständlich flechten Sie noch ganz nebenbei mit ein, warum Ihre Ausführungen kein »kalter Kaffee« sind, sondern im Gegenteil ein ganz neues Licht auf das Problem werfen.

Ich selbst habe unzählige Vorträge in meinem Leben gehalten. Ich kenne diese Vampire bestens! Je nach Situation und Umfeld bitte ich darum, sich mit Fragen bis zum Ende meines Vortrages zurückzuhalten, weil ich sonst den roten Faden verliere und nicht komplett dem Publikum vorstellen kann, was ich vorbereitet hatte. Das ist im Übrigen auch die Wahrheit.

Sollte sich in der Fragerunde *nach* einem Vortrag solch ein Schlaumeier zu Wort melden, drehe ich oft den Spieß um:

»Ich beglückwünsche Sie, dass Sie das alles schon wussten! Das ist ja ganz wunderbar!« In der Regel ist der Angesprochene ziemlich verdattert, sodass er nicht mehr reagieren kann und seine Pfeile zurück in den Köcher steckt.

Das Schlimmste, was man als Referent tun kann, müssen Sie unbedingt vermeiden: Lassen Sie sich nie auf eine längere Diskussion mit solch einem Querschläger ein! Darauf wartet dieser nur, um sich selbst ins Rampenlicht zu stellen und Ihre Energie und die aller Anwesenden einzusaugen. Außerdem stören solche Selbstdarstellungskünstler die ganze Gruppe. Wenn jemand in der Fragerunde Ihres Vortrages einfach nicht mehr mit seinem »Gegenvortrag« aufhört, sagen Sie – in *barschem* Ton: »Ich bin verpflichtet, auch andere Fragende aus dem Publikum zu Wort kommen zu lassen. Bitte, dort drüben der Herr im grünen Anzug: Wie ist denn Ihre Frage?« Schlimmstenfalls, wenn der Provokateur auf Ihre Bitte nicht eingeht, unterbrechen Sie seinen Redeschwall unsanft und wenden sich unvermittelt an den Herrn in der grünen Jacke oder wen auch immer ...

Wer des Öfteren vor vielen Menschen redet, muss sogar auf Schläge unter die Gürtellinie vorbereitet sein. Auch auf solche Attacken gehe ich inhaltlich nie ein. Oft sage ich: »Ganz herzlichen Dank für Ihr Statement.« Je nach den Umständen habe ich auch schon hinzugefügt: »Selbstverständlich darf sich jeder Einzelne hier im Saal seine freien Gedanken über dieses Thema machen. Die nächste Frage, bitte!«

# Der Schweigevampir

Wer kennt nicht die Situation, dass der andere zunächst einfach genüsslich schweigt, bevor er redet. In der Regel sind es Vorgesetzte oder missgünstige Kollegen, die sich auf diese Weise unsere Energie klauen. Dadurch, dass man (gespannt) wartet, was denn jetzt kommt, verliert man Kraft, insbesondere dann, wenn man sich zusätzlich noch über den anderen ärgert. Am besten ist es, wenn man sich diese Diebstahlsituation innerlich bewusst macht und sich selbst sagt: »Meine Kraft bleibt bei mir, nur bei mir, auch wenn du lange schweigst.« Anschließend achtet man auf den eigenen Atem und bemüht sich, ruhig und langsam zu atmen. Dadurch, dass man sich *bewusst* entspannt, signalisiert man dem Gegenüber, dass man ein ernst zu nehmender Gesprächspartner ist, der sich nicht aussaugen lässt.

Auch in anderen Zusammenhängen lässt sich das Schweigen beobachten. Seien Sie vorsichtig, wenn jemand am Telefon immer lange Pausen macht. Dadurch zieht er Ihnen, gerade dann, wenn Sie lange Gesprächspausen psychisch kaum aushalten können, inhaltlich Dinge aus der Nase, die Sie gar nicht sagen wollten. Sobald Sie dieses (in der Regel unbewusste) Spielchen entdecken, trainieren Sie sich darin, Schweigen so auszuhalten, dass Sie nicht nervös dabei werden. Dabei hat sich die Konzentration auf den Atem bewährt.

Als Technik des Energieklaus kommt das Schweigen auf den *ersten* Blick recht unscheinbar daher; es kann jedoch heftigen Kraftraub bewirken, wenn man möglichst rasch eine Antwort erhalten möchte. Ein Beispiel: Sie arbeiten als einzige Frau in einem Büro mit fünf männlichen Kollegen. Als Sie Ihre Schreibtischschublade aufmachen, purzeln einige Zeitschriftenbilder mit nackten Männern heraus (*keine* Pornoaufnahmen). Sie werden sofort wütend und konfrontieren Ihre Kollegen: »Wer von euch war das? Ihr seid die Einzigen, die Zugang zu meinem Schreibtisch haben! Also: wer?« Kein Kollege reagiert. Keiner sagt auch nur ein Wort! Je länger das Schweigen dauert und je öfter Sie die anderen auffordern, etwas zu dem Vorfall zu sagen, desto erfolgreicher ist der Diebstahl an Ihrer Kraft. Je emotionaler Sie reagieren, desto mehr Kraft verlieren Sie an Ihre Peiniger. Leider hat uns niemand beigebracht, wie wir in solchen Situationen sinnvoll reagieren können. Nach dem Lesen dieses Buches ist Ihre Aufmerksamkeit jedoch sowohl für offensichtliche als auch für eher unscheinbare Energiediebstähle im Alltag geschult und Sie werden für viele Lebensbereiche und Situationen Werkzeuge an der Hand haben, Ihre Kraft bei sich zu behalten.

Was hätte Seneca der Frau im obigen Beispiel empfohlen? Auf Rache und Empörung verzichten! Den Kollegen zu zeigen, dass man innerlich getroffen wurde, bedeutet, weitere Energie zu verlieren. In dieser Situation helfen nur Witz und Schlagfertigkeit weiter: Genüsslich von Bild zu Bild blättern, mit der Zunge schnalzen und sagen: »Das ist um diese Uhrzeit für mich besser als jeder Espresso. Vielen Dank, ihr Bengel!« Eine solche Reaktion rückt energetisch alles wieder gerade: Die »Männer« werden so als dumme Jungs hingestellt, was sie ja auch tatsächlich sind.

Zugegeben: So zu reagieren, ist auch eine Typfrage. Nicht zu jedem passt es, so viel Coolness zu demonstrieren. Doch man kann es lernen, bestimmte Dinge nicht wirklich an seinen

Persönlichkeitskern heranzulassen. Wenn allerdings die besagte Episode nur der Beginn eines schlimmeren beruflichen Mobbings oder gar wiederholter sexueller Belästigung sein sollte, hilft nur die Einschaltung des Betriebsrates, eines Therapeuten oder anderer Fachleute. Reagiert man jedoch gleich zu Beginn einer Feindseligkeit im Betrieb mit Witz und Schlagfertigkeit, hat man die Lacher oft auf seiner Seite und kann nicht selten schlimmere Entwicklungen verhindern.

## Kraftraub als Hilfeschrei

Wenn ein Chef oder Mitarbeiter bislang im persönlichen Umgang einigermaßen in Ordnung war, doch sich ab einem bestimmten Zeitpunkt in einen Energiesauger verwandelt, kann dies manchmal ein Hilfeschrei von ihm sein. Das Energiestehlen ist dann praktisch für ihn eine Notbremse, um psychisch irgendwie überleben zu können.

Ronny erzählte mir von seiner Chefin in einer kleinen Büroartikelfirma. Sie verhielt sich in letzter Zeit sehr verletzend, obwohl früher mit ihr ein gutes Auskommen möglich war. Es war sogar so schlimm geworden, dass ein langjähriger Mitarbeiter deswegen bereits gekündigt und sich eine andere Stelle gesucht hatte. Auch Ronny stand schon oft kurz davor, es ihm gleichzutun. Er fände das aber schade, denn ansonsten sagte ihm das ganze Arbeitsumfeld sehr zu und auch mit den Kollegen verstand er sich bestens.

Auf die Frage, was ihn denn genau im Verhalten der Chefin verletze, erzählte Ronny in einer meiner therapeutischen Gruppen: »Sie schaut einem gar nicht in die Augen, wenn sie mit einem spricht. Oft hat man das Gefühl, sie meint jemand anderen, wenn sie einen anredet. Außerdem spricht sie extrem schnell und schnoddrig, man kann sie oft nicht richtig verstehen. Dazu macht sie einen grundlos fertig, obwohl jeder in der Firma weiß, dass man seine Arbeit gut gemacht hat. Doch sie sieht das gar nicht und kann es nicht schätzen. Wenn ich an sie denke, sehe ich ihren scharfen, hypnotisierenden Blick, die stechenden, bösen Augen, die sich heraufziehenden Augenbrauen, und ich höre ihren patzigen, aggressiven Ton ... Sie kann einen mit den Augen fixieren, als wollte sie jemanden ans Kreuz nageln, und dazu dann noch ständig die nervigen Warum-Fragen ...«

Nachdem wir in der Gruppe eine Übung zum Thema gemacht hatten, fragte ich Ronny, ob seine Chefin vielleicht in letzter Zeit erkrankt war. Ronny erzählte daraufhin, dass sie seit einiger Zeit in der Tat krebskrank war: »Die rechte Brust wurde bei ihr amputiert. Ob sie medizinisch über den Berg ist, weiß niemand in der Firma! Dieses Thema wird von allen tabuisiert. Sie selber hat es noch nie angeschnitten.«

Aus Erfahrungen in ähnlichen Fällen weiß ich, dass die Frustration über eine Krankheit in aggressives Verhalten im Alltag umschlagen kann – auch in energiesaugendes Verhalten. Die Lösung für Ronny bestand darin, sich innerlich vor der Chefin zu verneigen und ihr zu sagen: »Ich achte deine schwere Krankheit. Ich sehe dir nach, dass du momentan uns Mitarbeiter mit etwas anderem verwechselst.« Mithilfe einiger Teilnehmer aus der Gruppe, die für eine Übung ausgewählt wurden, übte Ronny diese Haltung.

Ich erklärte ihm, dass er das Verhalten seiner Chefin nicht persönlich nehmen sollte. Er sollte sich immer wieder klarmachen, dass es letztlich die Krankheit ist, die die Chefin innerlich in die Verzweiflung treibt. Ronny nickte und fühlte sich erleichtert.

Einige Monate später erhielt ich eine Rückmeldung von ihm. Die Chefin war zwar immer noch sehr verletzend zu allen in der Firma, doch genau Ronny gegenüber war sie lange nicht mehr so aggressiv wie früher. Spürte sie möglicherweise unbewusst, dass Ronny seine innere Haltung ihr gegenüber verändert hatte?

## Energiesaugende Kollegen als »Wink des Schicksals«

Viola arbeitete als leitende Chemikerin in einer großen Chemiefirma. In ihrem Team waren ausschließlich Männer. Schon seit Längerem fühlte sie sich in diesem Umfeld nicht mehr wohl. In jüngster Zeit bekam sie sogar immer häufiger Schwindelanfälle im Betrieb. Nicht nur die Auseinandersetzungen mit ihrem Chef ermüdeten sie, sondern auch die Macho-Allüren ihrer Kollegen, die sie unterschwellig als Mobbing erlebte. Viola vermutete, der Schwindel sei die Folge davon.

Sie wusste, dass ich auch mit Imaginationen arbeite. Gern wollte sie Bilder aus ihrem Unbewussten als Rückmeldung auf ihr Problem erhalten. Ich brachte Viola also in einen entspannten Zustand und bat sie, innerlich in eine Landschaft zu gehen, in der sie sich ihrem Berufsproblem stellen könne.

»Schau auf deine Füße! Welche Schuhe hast du an?«, sagte ich zu ihr.

Viola: »Stabile Sportschuhe. Sie sind das Richtige für diese Berglandschaft, in der ich mich gerade befinde.«

»Spüre auch den Wind, die Temperatur, spüre die Sonne, falls es Sonne gibt …«

Viola nahm sich Zeit, so tief wie möglich in ihre inneren Bilder einzutauchen. Als sie die Natur in ihrem Umfeld plastisch schildern konnte, ermunterte ich sie, loszulaufen. Viola wollte den höchsten Berg in der Nähe erwandern.

Ich sagte zu ihr: »Sieh dich am Fuß des Berges und stell dir vor, dass es zwei Wege nach oben gibt. Vielleicht kommt eine Gabelung, wo der Weg A etwas zu tun hat mit deinem jetzigen Berufsweg in deiner Firma und der Weg B eine mögliche Alternative dazu darstellt.«

Viola sah zwei Hinweisschilder. Zunächst möchte sie den Weg ausprobieren, der mit »A« bezeichnet ist.

Viola: »Igitt, hier ist es etwas schlammig! Der Boden ist aufgeweicht.«

»Was machen deine Füße? Sind sie noch trocken?«

Viola: »Einigermaßen … Aber irgendwie ist es auch dunkel hier. Leider kann ich kaum auf die tolle Landschaft schauen. Alles ist zu mit großen Büschen und Bäumen. Und dann immer wieder dieser Schlamm … [Pause]. Jetzt kommen sogar große Gesteinsbrocken, über die ich umständlich hinübersteigen muss. Außerdem habe ich mir gerade den Arm etwas aufgekratzt, weil es hier so stachlige Büsche gibt. [Pause, schreiend] Aaaah!«

»Was ist jetzt?«, fragte ich.

»Da kommen einige Indianer und werfen mit Steinen nach mir … Jetzt seh ich deutlich den Anführer – verrückt: Er hat ein T-Shirt mit unserem Firmenlogo drauf! Wie so ein Gorilla klopft er sich mit der Pranke dauernd auf die Brust.«

Viola seufzte und drehte unwillig den Kopf zur Seite: »Jetzt erlebe ich exakt den gleichen Schwindelanfall, wie ich ihn oft in der Firma habe.«

Sie atmete immer schneller und begann zu keuchen.

Ich sagte zu Viola: »Und jetzt bitte langsam ausatmen, langsam … und langsam einatmen. Bitte jetzt alle negativen Gefühle, die momentan vorhanden sind, durch den leicht geöffneten Mund ausatmen. Beim Einatmen bitte Sonnenlicht vorstellen.«

Nach kurzer Zeit ging es Viola wieder besser.

»Sie sollen mich alle in Ruhe lassen, diese männlichen Kollegen, ich ertrage sie nicht mehr!«

Viola wollte gern zum Ausgangspunkt der Wanderung zurückgehen, doch ich ermutigte sie, noch ein bisschen abzuwarten. Vielleicht klärte sich ja noch etwas. In der Tat verschwanden die wilden Indianer bald und Viola konnte weitergehen. Doch ihre Begeisterung hielt sich in Grenzen: Der Weg wurde immer enger und dunkler und plötzlich brach er ganz ab. Buchstäblich ging es nicht weiter, denn es schien hier einen Bergsturz oder etwas Ähnliches gegeben zu haben.

»Wenn es tatsächlich keine Möglichkeit mehr gibt, auf diesem Weg weiterzugehen, dann kannst du natürlich zum Ausgangspunkt zurück«, sagte ich zu Viola.

»Ja, ich gehe zurück. *Stopp!* Da ist ja noch ein Schild.«

»Ein Schild?«

»Ja, da hinten ist noch ein Schild.«

»Vielleicht ist es wichtig für dich, zu erfahren, was dort draufsteht.«

Viola: »Ich kann das Schild jetzt deutlich lesen: Absturzge-fahr! Weitergehen verboten! – Ich habe es doch gleich geahnt, dass es auf diesem Weg nicht zum Gipfel geht.«

Viola eilte zurück zur anfänglichen Weggabelung. Nun ver-folgte sie Weg B. Diese Route war wesentlich angenehmer zu gehen. Es gab keinen Schlamm, stattdessen sah sie wilde Obstbäume und häufig öffnete sich der Blick auf die wunder-schöne Landschaft. Der Weg zum Gipfel mit seinem Panora-mablick war recht einfach zu erwandern. Zu Violas Erstau-nen befand sich dort oben eine Forschungsstation. Ein Herr mit einem freundlichen Lächeln fragte, ob sie nicht Lust hätte, hier zu arbeiten. Welche eine Frage! Viola sagte sofort begeistert zu.

Nachdem sie ihre Imaginationsreise beendet hatte, spra-chen wir kurz über die Bilder. Viola war erschüttert, wie deut-lich ihr gezeigt worden war, dass eine einschneidende berufli-che Änderung auf sie wartete. Schon seit Jahren hatte sie die Fantasie, so gesteht sie, sich an Instituten der chemischen Forschung zu bewerben.

Ich ermutigte Viola, diese Fantasie endlich ernst zu neh-men. Doch ich machte ihr auch klar, dass man nicht unmit-telbar nach einer solchen inneren Reise berufliche Entschei-dungen treffen sollte. Die Bilder benötigen zunächst einmal Raum zur inneren Entfaltung. Nach einer Weile kann man dann nochmals nachspüren.

Ein Jahr nach dieser Sitzung sah ich Viola wieder. Es ging ihr bestens. Sie hatte damals recht schnell gekündigt und auf Anhieb eine Stelle in der wissenschaftlichen Forschung er-halten, so wie sie es schon oft zuvor imaginiert hatte. Sie er-zählte: »In diesem Institut wollte ich eigentlich schon immer arbeiten. Es ist wie ein Traum, dass ich jetzt wirklich dort bin.«

Manchmal kann Mobbing am Arbeitsplatz eben auch ein Wink des Schicksals sein, sich einen lang ersehnten Berufstraum zu erfüllen.

## Schlimmes Mobbing

Wenn Sie von Ihrem Chef, Vorgesetzten oder Kollegen über einen *längeren* Zeitraum brutal schikaniert werden, liegt Mobbing vor. Mobbing ist Energieklau auf der schlimmsten Stufe. Oft hat sich ein Rudel von Energievampiren gebildet, die sich das Opfer gegenseitig zum Fraß vorwerfen.

Wichtig bei beginnendem Mobbing ist ein *regelmäßiges* Protokoll: Wann hat wer an welchem Ort was mit Ihnen gemacht? Bitte alles peinlich genau dokumentieren! Wenn die Situation später eskaliert und es zum Beispiel zu einem Arbeitsprozess vor Gericht kommt, haben Sie sehr gute Karten mit einer solchen Dokumentation. Die meisten Richter gehen nicht davon aus, dass Sie das alles erfunden haben. Und wenn das eine oder andere Faktum vom Gericht auf Richtigkeit kontrolliert wird, umso besser. Daran wird man sehen, dass Sie gewissenhaft mit der Situation umgegangen sind.

Wenn es nicht zu einem Prozess kommt und die Dinge auf eine betriebsinterne Lösung zusteuern, benötigen Sie diese Unterlagen jedoch genauso dringend. Nur so können Sie dem Betriebsrat, dem Abteilungsleiter oder dem Chef die Lage klar präsentieren. Schließlich wollen Sie ernst genommen werden. Dabei versteht es sich von selbst, dass Sie auf eine Art und Weise mitschreiben, die keiner Ihrer Kollegen bemerkt.

Haben Sie das Gefühl, alle verweigern das Gespräch mit Ihnen? Niemand nennt Ihnen einen klaren Grund für Ihren Ausschluss? Sie fühlen sich auf immer schlimmere Weise isoliert, sodass Sie sogar psychosomatische Symptome bekommen? Sie merken deutlich, dass man Sie planmäßig isoliert? Es fühlt sich wie eine Verschwörung an? Man macht Anspielungen über Sie, die Sie inhaltlich nicht verstehen? Man redet in Ihrer Gegenwart über Sie und macht sich lustig? Wenn Sie in einer solchen Situation sind, brauchen Sie schnellstmöglich Hilfe, wenn Sie nicht krank werden wollen! Reden Sie mit den Menschen Ihres persönlichen Umfelds, sprechen Sie mit einem Rechtsanwalt, der auf Arbeitsrecht spezialisiert ist. Je nach Situation wenden Sie sich an den Betriebsrat, den Personalchef oder die jeweiligen Instanzen in Ihrer Firma. Erzählen Sie vor allem alles frühzeitig Ihrem Hausarzt! Gerade seine Aussagen werden möglicherweise später einmal vor Gericht verwertbar sein und allen Beteiligten klarmachen, dass Ihr Leiden ein reales und kein eingebildetes Leiden ist.

Eine französische Kollegin hat den Fall eines Mannes dokumentiert, in dem die hier geschilderte Sorte von Mobbing noch gesteigert wurde: Ohne Vorwarnung brachte man in einem verstaatlichten Großunternehmen einen leitenden Angestellten in einem schönen, abseits gelegenen Büro unter. Dort hatte der Mann jedoch *keine* Aufgabe, *keine* Kontakte mit jemand anderem und er hatte ein funktionsloses Telefon auf dem Tisch. Mit anderen Worten: Das Opfer war auf brutale Weise isoliert worden. Der Mann hielt diese Situation irgendwann nicht mehr aus; er brachte sich um.[4] Isolation und Absonderung wirken zerstörend auf die Psyche und Energievampire wissen das.

Mobbing hat meiner über zwanzigjährigen Erfahrung nach nicht selten familiensystemische Ursachen. In der Tiefe kann schlimmes Mobbing oft erst gelöst werden, wenn man genau analysiert: Wo in meiner Ursprungsfamilie sind *dieselben* Urmuster zu finden? Diese Muster müssen therapeutisch aufgelöst werden. Geschieht dies nicht, hilft auch der Arbeitsplatzwechsel nicht. An der neuen Arbeitsstelle findet nämlich sofort wieder dieselbe Art von Mobbing statt – so als wäre das Berufsleben »verhext«. Der ganze Albtraum beginnt wieder von vorn! Schon oft habe ich von Klienten solche Geschichten gehört. Ausführlich auf nur familiensystemisch zu lösende Mobbingfälle bin ich in meinem Buch »Wie aus Beruf Berufung wird. Erfolg und Glück aus Sicht des Familienstellens« eingegangen.

---

4  Marie-France Hirigoyen: »Die Masken der Niedertracht. Seelische Gewalt im Alltag und wie man sich dagegen wehren kann«, Seite 84.

# Energiediebe im Alltag, unter Freunden und Bekannten

## Kraftklau im Alltag und in der Gesellschaft

### Die Institution Schule als Ort für Kraftdiebstähle

Viele Bücher sind in jüngster Zeit darüber geschrieben worden, dass unsere Gesellschaft durch vielfältige Faktoren autistischer und asozialer wird. Energievampire haben es deshalb zunehmend leichter, sich ungestraft Opfer zu suchen. Besonders deutlich wird diese Entwicklung im Bereich Schule.

Noch vor zwanzig Jahren war der Lehrerberuf einer wie viele andere auch. Heute ist das anders. Lehrer ist heute eine extrem durch Vampirismus gefährdete Tätigkeit. Früher waren die Schüler die einzige Krafträubergefahr für Lehrer. Das ist völlig normal und gehört geradezu zum Berufsbild. Heute jedoch sind für Lehrer nicht mehr die Schüler die schlimmsten Vampire, sondern die Eltern. Unzählige Gespräche mit

Lehrern als Klienten und auch im Bekanntenkreis haben mir das deutlich gezeigt.

Vor zwanzig Jahren noch haben sich bei schulischen Problemen die Eltern zunächst mit den Lehrern verbündet. Heute jedoch schlagen sich viele Eltern, ohne auch nur die Fakten dessen zu prüfen, was in der Schule passiert ist, kritiklos auf die Seite ihrer Kinder. Bei den kleinsten Problemen drohen Eltern zuweilen damit, sich an Vorgesetzte des Lehrers zu wenden und ihn »fertigzumachen«. Auch mit Veröffentlichungen in der Presse und Rechtsklagen wird immer öfter gedroht.

Drohen bedeutet, jemandem Angst einzujagen – ein beliebtes Mittel von Vampiren. Da Lehrer verstärkt diesen Gegenwind der Elternhäuser erleben, gehen sie immer häufiger den für sie bequemsten Weg. Für die Schüler ist das allerdings oft der schlechteste Weg; mit guter Pädagogik hat er nichts mehr zu tun. Lehrer versuchen nämlich, sich immer mehr herauszuhalten bei sensiblen Themen, wie zum Beispiel Drogen oder Mobbing unter Schülern. Hier einige Momentaufnahmen, die den Zeitgeist im Bereich Schule illustrieren:

Eine Berufsschullehrerin aus Hessen kam resignierend zu der Erkenntnis, dass die Schüler nicht wissen, wie man sich im Gespräch verhält. Sie wissen nicht, »wie man jemanden ausreden lässt. Die wissen nicht, dass man in Bewerbungsgesprächen den Kaugummi aus dem Mund nimmt (...) dass man seine Jacke und Mütze ablegt. Und wenn man es ihnen sagt, machen sie es trotzdem nicht, weil das wahnsinnig uncool ist.«[5] Die Regeln werden deswegen nicht beachtet, weil

---

5   Dargestellt in: Jörg Schindler, »Die Rüpel-Republik. Warum sind wir so unsozial?«, Seite 36 ff.; Tanjev Schultz: »Unpünktlich und ohne Disziplin«.

sie nicht bekannt sind, so die Lehrerin. Niemand hat sie den Jugendlichen vermittelt!

Wen wundert es, dass Lehrer ganz oben auf der Liste der Berufsgruppen mit Burn-out stehen. Eine Umfrage der DAK (Deutsche Angestellten-Krankenkasse) aus dem Jahr 2012 besagt, dass jeder sechste Lehrer ganz sicher ist, dass seine psychische Kraft nicht bis zum Pensionsalter reichen wird. Ungefähr 44 Prozent haben zumindest Zweifel daran.

An einem deutschen Gymnasium ereignete sich 2009 Folgendes: Dort war eine Lehrerin angestellt, die mutwillige Boykotteure ihrer Schulstunden am Ende jeweils zu sich rief, um sie zur Besinnung zu rufen. An einem Freitagnachmittag knöpfte sie sich einen ihrer hartnäckigsten Fälle erneut vor. Dem Schüler war an diesem Tag jedoch offenbar nicht nach einer Standpauke. Er schnappte sich einfach den Schlüsselbund der Lehrerin, stürmte aus der ansonsten leeren Klasse, schloss die Pädagogin von außen ein und schmiss danach die Schlüssel in eine Mülltonne. Erst am Abend wurde die Lehrkraft, eine junge Mutter, vom Hausmeister befreit.

Der Schulrektor rief anschließend eine Konferenz ein, zu der auch die Eltern geladen wurden. Doch wie so oft in den letzten Jahren zu beobachten, drehten diese den Spieß einfach um: Die Pädagogin sei doch selbst schuld, sie möge doch bitte schön aufhören, ständig den Sohn nach dem Unterricht zu sich zu rufen. Somit werde der Sohn sich auch nicht entschuldigen. Wenn ihm irgendwer an der Schule Schwierigkeiten bereite, werde man einen Anwalt mit dem Fall beauftragen. Im Falle eines Falles werde man auch die Kosten eines Psychologen einfordern, den man zurate gezogen habe, weil der Junge so sehr unter der Lehrerin zu leiden gehabt habe ... Was ist anschließend passiert: Nichts! Ballermann überall?

Miriam Hanke, eine Kulturbeauftragte, die an verschiedenen Schulprojekten zum Thema Umgangsformen mitgewirkt hat, kam zu der Erkenntnis, dass sie im Zweifelsfall mit den Kindern noch fertiggeworden wäre, jedoch nicht mit den Eltern. Nach drei Jahren hat sie ihre Tätigkeit für solche Schulprojekte entnervt eingestellt.

Sie finden diese Beispiele zu spektakulär und denken, es handle sich um vereinzelte Auswüchse? Ich selbst habe Kinder in der achten und zehnten Klasse am Gymnasium. Es ist auch dort fast die Regel, dass Jugendliche die Schule schwänzen können, so oft sie wollen, weil sie von den Eltern meist eine Entschuldigung erhalten. Keinen Bock auf die Mathearbeit morgen? »Mama, kannst du mir für morgen einen Entschuldigung schreiben? Ich bin nicht zum Lernen gekommen.« Eltern wissen natürlich genau zu unterscheiden, wann ihr Kind wirklich krank ist und wann es sich nur drückt. Trotzdem erhalten die Kinder heute in vielen Fällen, was sie wollen. Dies führt nicht selten dazu, dass bei unangenehmen schulischen Terminen die Hälfte der Klasse »wegen Krankheit« fehlt. Besonders gravierend ist es beim Schwimmunterricht: Fassungslos erfuhr ich einmal, dass von dreißig Schülern nur fünf zur vierten Stunde erschienen sind. Alle anderen haben sich nach der dritten Stunde nach Hause begeben, wegen »plötzlich« eintretender Unpässlichkeit oder weil sie die Schwimmsachen vergessen hatten. Und: Sie vergessen sie *regelmäßig*! Heutzutage regen sich Lehrer darüber nicht mehr auf. Es ist eben so. Oft werden diese Zustände beim

Elternabend gar nicht mehr angesprochen, weil die Schule es anscheinend akzeptiert hat, dass Eltern ihren Kindern *jede* Entschuldigung schreiben, die sie haben wollen. Vor diesem Hintergrund macht es gar keinen Sinn mehr, wenn die Schule schriftliche Entschuldigungen von den Schülern einfordert.

Bei einem Elternabend kritisierte eine empörte Mutter (eine Klientin) den Klassenlehrer, weil dieser schon lange keine Entschuldigungen mehr kontrolliert hat, obwohl er von Amts wegen dazu verpflichtet wäre. Jeder kann in seiner achten Klasse am Gymnasium kommen und gehen, wann er will. Wütend sagte die Mutter: »Durch diese Nachlässigkeit der Schule habe ich erst nach sechs Monaten vom ständigen Fehlen meines Sohnes erfahren. So konnte ich natürlich nicht reagieren. Entschuldigungen wurden ja nie verlangt.« Auf die Schulnoten allerdings hatte das Fehlen des Sprösslings durchaus Auswirkungen. So zahlen am Ende dann doch die Schüler die Zeche für ihr bequemes Verhalten.

Der tägliche Energieklau, den die Institution Schule zu erleiden hat, zeigt sich an allen Ecken und Enden. In regelmäßigen Abständen erhalte ich als Elternteil – wie auch die anderen Eltern – vom Schulleiter des hiesigen Gymnasiums E-Mails, die auf extreme Störungen des sozialen Friedens an der Schule hinweisen. Auslöser sind Mobbingfälle durch Aktivitäten der Schüler in den sozialen Netzwerken. Diese haben nicht nur einen unbestreitbaren Nutzen, sondern sind für Jugendliche auch gefährliche Energievampir-Fallen. Fast ohnmächtig weist der Schulleiter darauf hin, dass man als Eltern wenigstens das Zugangsalter kontrollieren solle: Whats-App ist erst ab sechzehn Jahren erlaubt, Facebook ab dreizehn. Doch die Kinder manipulieren bei der Anmeldung regelmäßig ihr Alter. Laut Angaben des Schulleiters sind *fast alle* Zehn- bis Zwölfjährigen der Schule bei diesen beiden Netzwerken.

Fast hat man den Eindruck: Das Einhalten vernünftiger Regeln zum Schutz der Kinder ist heute die Ausnahme, nicht die Regel. Wer als Eltern noch Regeln einhält, wird bereits für verrückt gehalten. Dennoch ermutige ich stets alle um Rat fragenden Eltern, aus Fürsorge für das Kind gegen den gesellschaftlichen Strom zu schwimmen. Spätestens nach der Lektüre der Bücher von Manfred Spitzer zur »digitalen Demenz« weiß man, worum es hier geht. Nur durch konsequentes Handeln aufseiten der Eltern ist es möglich, dem massiven gegenseitigen Energieklau der Schüler (Mobbing) auf WhatsApp und Facebook Einhalt zu gebieten.

## Energieräuber im Straßenverkehr

In einer zunehmend asozial scheinenden Gesellschaft fahren heute mehr Zeitgenossen als früher ihre Saugwerkzeuge aus, zum Beispiel im Straßenverkehr. Folgendes haben Sie vielleicht auch schon so ähnlich erlebt: Sie fahren auf der Autobahn und überholen eine Schlange von drei Lkws. Es gilt in diesem Abschnitt eine Geschwindigkeitsbegrenzung von 100 Kilometer pro Stunde, weil noch Reste einer alten Baustelle vorhanden sind. Hinter Ihnen rauscht ein roter Mercedes mit ständiger Lichthupe extrem schnell heran. Dabei fahren Sie durchaus zügig. Der Tacho zeigt 110 und so sind Sie ohnehin 10 Stundenkilometer zu schnell. Als Sie den dritten Lkw überholt haben und auf die rechte Spur wechseln, überholt Sie der Mercedes, der Fahrer zeigt Ihnen einen Vogel und hupt.

Sie haben jetzt die Wahl. Entweder Sie schauen herausfordernd zurück, zeigen ihm ebenfalls einen Vogel und regen sich fürchterlich (zu Recht) über solche Straßenrowdys auf. Vielleicht hupen Sie ebenfalls – obwohl man im Straßenverkehr ausschließlich in Gefahrensituationen hupen darf. Oder aber Sie bleiben innerlich ruhig und entschließen sich, diesen energiehungrigen Zeitgenossen zu ignorieren. Sie drehen noch nicht einmal den Kopf in seine Richtung, während er überholt. Wenn Sie ihn buchstäblich keines Blickes würdigen, ziehen die Energie-Angelhaken des Vampirs ergebnislos an Ihnen vorbei. Beim kleinsten Ärger, der in Ihnen emporsteigt, atmen Sie diesen sofort aus. Ihnen ist nämlich klar, dass es völlig zwecklos ist, sich über solche Menschen aufzuregen und ihnen die Kraft auch noch gratis hinterherzuwerfen.

Auch ich muss an mir arbeiten, um nicht von Zeit zu Zeit in diese Energiefallen des Alltags zu tappen. Es braucht hier eine gewisse Portion innere Aufmerksamkeit und mentale Disziplin. Kennen Sie den Spruch: »Gott, gib mir die Gelassenheit, Dinge hinzunehmen, die ich nicht ändern kann, den Mut, Dinge zu ändern, die ich ändern kann, und die Weisheit, das eine vom anderen zu unterscheiden.« Das sollte Ihre Parole für die Zukunft werden!

In unserem Beispiel muss man erkennen: Man kann nichts ändern! Es bleibt nur eines: In einer Situation, die sich nicht ändern lässt, sollten Sie *innerlich ruhig und gelassen* bleiben. Nur so schaffen Sie es, ohne bestohlen zu werden, an der Energiefalle vorbeizukommen. Egal ob Ihnen ein verrückt gewordener Raser auf der Autobahn den Stinkefinger zeigt oder jemand hupend rechts überholt: Bleiben Sie gelassen! Sie können nichts ändern und Ihre Mitmenschen auch nicht erziehen. Mit der Ruhe behalten Sie nicht nur Ihre Kraft bei sich, sondern sind auch geschützt davor, aufgeputscht durch Ärger riskante Fahrmanöver zu starten. Wenn Sie das obige kleine Gebet im Leben beherzigen, werden Sie in Zukunft sehr viel Energie sparen.

Ein ganz anderes Beispiel des Energiesaugens im Straßenverkehr: Es ist ein heißer Tag. Ich habe noch einen wichtigen Termin und fahre einen Tick schneller als gewöhnlich. Ein dicker schwarzer Audi-Sportwagen kriecht vor mir. Ich bin sofort hinter ihm angekommen und da die Straße sehr eng und kurvig ist, kann ich nicht überholen. Ich merke, dass ich unruhig werde und auf die Uhr schaue. Hinter mir und der Schnecke bildet sich bald eine Schlange, denn der Bummler fährt konstant nur 35 Stundenkilometer, obwohl man 100 fahren dürfte. Irgendwann beginnen die ersten Autofahrer, Energie an den Krafträuber zu liefern: Sie hupen … Im Rückspiegel sehe ich, dass ein schnittiger Motorradfahrer die Vorteile seines Fortbewegungsgerätes nutzt: Er überholt nach und nach die ganze Schlange, bis er sich vor mich setzt. Vor uns liegt ein Bahnübergang, dessen Schranke sich soeben senkt. Der Bummler fuhr so langsam, dass die ganze Schlange nun warten muss. Ein Autofahrer hinter mir hupt aus Ärger. Der Motorradfahrer indessen hat den Audi noch bei sich senkender Schranke überholt und zeigt ihm den Vogel.

Schier endlos kommt es mir vor, bis der Zug kommt. Vor mir sehe ich, wie aus dem Autofenster des Audi Qualm hinausgepustet wird. Nachdem die Schranke aufgeht, fährt der Audi zwar los, doch er scheint sich unendlich viel Zeit zu

nehmen – beschleunigen echte Schnecken schneller? Jedenfalls biegt er vor mir nach links ab, sodass ich den Audi samt
Fahrer für zwei Sekunden genauer studieren kann. Der Len-
ker ist ein aufgedunsener Mann Mitte fünfzig, der genüsslich
den blauen Dunst seiner Zigarre aus dem Fenster pustet. Er
wirkt, als wäre er der alleinige König der Landstraße, er wirkt
völlig tiefenentspannt! Ist das ein Wunder? Immerhin hat er
vielen Menschen, die hinter ihm fuhren, erfolgreich die Kraft
geklaut. Er badet in einer Art Energiekur!

## Kleinigkeiten verraten den Energiedieb

Um das Thema Straßenrowdy fortzusetzen, bleiben wir bei des
Deutschen liebstem Kind, dem Auto. Schon in den kleinen
Dingen kündigen sich Energievampire oft an, zum Beispiel an
der Art des Parkens vor Ihrem Haus. Vor meiner jetzigen Praxis existiert so viel Platz, dass drei Autos nebeneinander parken können. Zweimal im Jahr parkt jedoch jemand quer. Als
Folge kann hier kein weiterer Klient mehr parken, kein Hand-
werker oder wer auch immer. Der »Blockierer« nimmt buchstäblich allen Raum für sich in Anspruch. Raum ist nämlich
auch Energie. In der Regel sind diese raumgreifenden Mitmenschen hungrige Energiediebe, die meist in entsprechender
Weise mit mir im anschließenden Gespräch umzugehen versuchen. Achten Sie mal darauf, wie diejenigen parken, die sie
besuchen. Selbstverständlich stimmt die hier gegebene Regel – zum Glück – nicht immer.

Bei meiner früheren Praxis im Odenwald befand sich der
Klientenparkplatz direkt neben dem Vorgarten des Hauses.

Man konnte wetten: Wenn jemand so parkte, dass die Reifen seines Autos auf unseren Blumen standen, dann handelte es sich um einen Energiedieb. Es passierte vier- bis fünfmal im Jahr. In diesem Haus machte ich auch Kurse. Einmal fragte mich meine Frau in der Mittagspause: »Ich vermute, diesmal hast du ausnahmsweise mal eine Gruppe von Energievampiren? Stimmt das?«

Ich bejahte sofort und fragte, wie sie das denn wissen könne, denn sie nahm an der Gruppe ja gar nicht teil. Meine Frau forderte mich auf, aus dem Küchenfenster zu schauen. So viele Autos hatten noch nie in unseren Blumenbeeten geparkt … Dieser Kurs war unvergesslich! Es würde jetzt eine ganze Seite füllen, alle Energiediebstähle aufzulisten, die dabei passiert sind. Nur ein Beispiel von mehreren: In der Mittagspause des zweiten Tages gingen einige Teilnehmer, ohne zu fragen, an einen Schrank im Seminarraum, entpackten eine dort verstaute Stereoanlage, schlossen sie an und hörten extrem laut Musik. Durch Rücksichtslosigkeit kann man seinen Mitmenschen sehr viel Kraft stehlen.

Wenn man die Augen aufmacht, sieht man überall Energieräuber. Bleiben wir beim Thema Auto. Haben Sie das auch schon erlebt: Mit dem ersten Versuch haben Sie es leider nicht geschafft, auf Anhieb ganz in die Parklücke auf dem überfüllten Supermarktparkplatz zu fahren. Sie setzen ein gutes Stück zurück, damit es im zweiten Anlauf besser klappt. Doch kaum sind Sie rückwärtsgefahren, düst ein schnittiger BMW in Ihre Lücke. Wie ein Geier hatte er Sie die ganze Zeit beobachtet und darauf gewartet, dass Sie zurücksetzen müssen, um diesen Moment dann für sich auszunutzen.

Sie kochen vor Wut, steigen aus dem Auto und sagen dem ebenfalls mit Einkaufstasche aussteigenden Fahrer: »Haben Sie denn nicht gesehen, dass ich schon in der Lücke drin war?« Die eine Sorte Energieräuber tut nun so, als würden sie Sie gar nicht hören und geht einfach Richtung Supermarkteingang. Die anderen sagen mit Dackelblick: »Ach, ich dachte, Sie wären am Wegfahren. Das tut mir aber leid.« Und schon sind sie weg.

Sie merken schon, leider kann ich Ihnen in den Bereichen, in die wir in diesem Kapitel angekommen sind, keinen Rat geben, der die ganze Situation verändert und harmonisiert. Sie können hier nur für sich sorgen und dafür, dass Sie nicht zu viel Energie abgeben – durch Wut und Ärger. Mein Tipp: dem Rowdy mit ruhiger Stimme sein Fehlverhalten vorhalten. Anschließend durchatmen und sich unabhängig von seiner Reaktion klarmachen, dass man diese Sorte von Energieräubern nicht umerziehen kann. Mama und Papa hätten das tun sollen, jetzt ist es definitiv zu spät. Sie sind nur dafür verantwortlich, wie Sie selbst denken und handeln. Deswegen sagen Sie sich sinngemäß: »Auch wenn ich der letzte deutsche Autofahrer sein sollte, der sich mit Anstand verhält: Auf dieses Niveau werde ich nicht absinken!« Danken Sie Gott, dass sich (hoffentlich!) niemand in Ihrer Familie derart asozial aufführt.

Was die kleinen Dinge im Alltag und in der Gesellschaft angeht, die Energievampire verraten können, lohnt es sich stets, aufmerksam zu sein: Kommt ein Gast mit Matschklumpen an den Schuhen in Ihr Haus? Ist er nur mit Mühe dazu zu bewegen, Hausschuhe anzuziehen? Packt er, ohne zu fragen, eine Schachtel Zigaretten aus und sagt *während* des Anzündens: »Sie haben doch sicherlich nichts dagegen, dass ich ...« Jemand tritt Ihnen auf die Füße, entschuldigt sich aber nicht? Sie schaffen es nicht, Ihre Sätze zu Ende zu sprechen, weil Ihr Gesprächspartner die Sätze für Sie beendet oder Sie einfach unterbricht, um seine Sicht der Dinge zum Besten zu geben? Ziehen Sie sich jetzt warm an! All das ist *übergriffiges* Verhalten eines Energiediebs, das Sie warnen kann vor noch dreisteren Attacken.

## Verkaufsvampire als geschickte energetische Manipulierer

Jens liegt mit seiner Familie am Strand und sonnt sich. Alles ist wunderbar. Dann steht plötzlich ein braun gebrannter Strandverkäufer vor ihm und fragt: »Sie kommen aus Deutschland hier nach Italien?«

»Ja, ich bin aus Deutschland. Wie haben Sie das denn so schnell gesehen?«

»Sie haben da eine Tasche mit Deutschlandfarben liegen. Von wo kommen Sie denn?«

»Wir sind aus Augsburg.«

»Eine Tante von mir lebt in Augsburg. Ich bin FC-Augsburg-Fan. Die Tante hat mich letztens angerufen und mir erzählt, dass meine Sonnenbrillen die besten sind, so gute gibt es in Deutschland gar keine. Und so preiswert ... Zeno ist übrigens mein Name!« Und er erzählt weiter und weiter – von Bayern und Deutschland, dem guten Bier ... Und dann fragt er: »Sie brauchen doch bestimmt eine Sonnenbrille?«

Ein guter Verkäufer scannt aufmerksam die Umgebung. Zeno hat schnell gemerkt, dass er es mit Deutschen zu tun

hat. Ob er wirklich Fan vom FC Augsburg ist, sei dahinge-
stellt – die achtzehn Bundesligisten auswendig zu kennen, ist
für einen Verkäufer, der sich an einem Stand mit vielen Deutschen bewegt, fast schon Pflicht. Je mehr Anknüpfungspunkte
er in einem Gespräch herstellen kann, desto besser für ihn.
Auf diese Weise versucht er, sich auf die Kumpelebene mit
seinen Opfern zu schleichen.

Jetzt streichelt Zeno zärtlich seinen Ständer mit Sonnenbrillen, den er im linken Arm trägt. Jens hat natürlich schon
bereut, dass er brav Antwort gegeben hat. Natürlich dämmert
ihm schon längst, dass Zeno nur deswegen so freundlich mit
ihm spricht, weil er seine Sachen verkaufen will. Deswegen
gibt sich Jens einen Ruck und sagt: »Ich brauche keine Sonnenbrille. Danke!«

Der Verkäufer lächelt, als habe er die Antwort schon geahnt: »Ja, aber bestimmt brauchen Sie eine Ersatz-Sonnen-
brille. Die billigen Brillen gehen ja so schnell kaputt – meine
dagegen sind beste Qualität! Direkt aus Frankreich!«

»Oh, ich habe eine sehr teure Sonnenbrille, die hält ewig!«,
flunkert Jens. Zeno muss ja nicht wissen, dass Jens seine Sonnenbrillen bei Aldi kauft!

»Ganz bestimmt brauchen Sie trotzdem eine Ersatz-Son-
nenbrille!«, beharrt Zeno. »So eine gute wie von mir gibt es
nirgends!«

Der Vampir hat sich richtig festgebissen! Je länger er es
schafft, im persönlichen Gespräch mit Jens zu bleiben, desto
größer ist die Wahrscheinlichkeit, dass er etwas verkauft. Genau gesehen handelt es sich aber nicht um einen Verkauf, sondern um das Einstreichen von Erpressungsgeld. Die unausge-
sprochene Erpressung lautet: »Ich bleibe hier so lange stehen

und labere dich zu, bis du endlich dein Portemonnaie zückst! Vorher wirst du mich nicht los! Vorher wird es nix mit einem entspannten Strandtag für dich, du geizige Kröte!«

Zeno tropft der Schweiß von der Stirn. Er kratzt sich verlegen und überlegt fieberhaft, wie er weiter im Gespräch bleibt. Dann strahlen seine blauen Augen: »Ich habe zwar keine Kindersonnenbrillen dabei, die sind leider schon ausverkauft, jeder heute Morgen wollte eine … Aber ich habe noch einige wenige wundervolle Damenbrillen – für Ihre Frau!«

Der Trick mit der suggerierten Knappheit eines Verkaufsgegenstands ist so alt wie die Menschheit. Wenn wir glauben, etwas sei Mangelware, tendieren wir dazu, es möglichst schnell zu erwerben. Das ist wohl der Hamstertrieb in uns. Ob wir den Gegenstand wirklich benötigen oder nicht, spielt nicht immer die Hauptrolle.

Monika, Jens' Frau, hat sich mittlerweile umgedreht. Lässig nimmt sie das Taschenbuch vom Schoß, in dem sie gelesen hatte, zieht die Sonnenbrille halb herunter, blickt Zeno scharf an und sagt laut: »Sie dürfen jetzt weitergehen! Weder mein Mann noch ich benötigen Sonnenbrillen. Vielen Dank!«

Zeno lässt den Kopf hängen. Fast will er schon »Tschüss« sagen, da kommt ihm der rettende Gedanke: »Ich habe noch ein paar Muscheln dabei …«

Monika antwortet, ohne mit der Wimper zu zucken und mit schneidender Stimme: »Sie dürfen jetzt wirklich gehen!« Dann dreht sie sich, ohne seine Antwort abzuwarten, körperlich von ihm weg und nimmt ihr Taschenbuch wieder auf.

Das Wunder geschieht: Zeno geht – er geht wirklich und sucht sich das nächste Opfer, dem er so viel Energie (in diesem Falle: Zeit) raubt, dass es sich von der Erpressung loskauft.

»Schatz, wie hast du das denn gemacht?«, fragt Jens seine Frau. »Wie hast du den denn so schnell weggezaubert?«

In der Tat hat Monika mehr Ahnung von Umgang mit solchen Manipulatoren als Jens. Schon die Körpersprache war bei ihr eindeutiger. Wer schnell zu erkennen gibt, dass er wirklich nichts will, seinen Körper wegdreht, wieder anfängt zu lesen oder Musik zu hören, der hat bald wieder Ruhe im Urlaub. Außerdem ist die Stimmlage wichtig. Im Gegensatz zu Jens sprach Monika laut und kräftig, während Jens mehr den Plaudergang eingeschaltet hatte.

Natürlich sind die meisten dieser Verkäufer sehr sensibel im Wahrnehmen der Persönlichkeit möglicher Käufer. Zeno hat sofort gemerkt, dass er nicht Monika ansprechen sollte, sondern Jens. Seine Antennen haben ihm in der Annäherung an das Paar deutlich gezeigt, wer von den beiden den schwächeren Energieschutz hat.

Einen besonders geschulten Vampir habe ich selbst vor einigen Jahren beim Autokauf erlebt. Es ging darum, ein Auto für meine Familie zu kaufen: zwei Erwachsene, zwei kleine Kinder. Ich ging in das ganz in meiner Nähe gelegene Autohaus eines bekannten japanischen Konzerns, um mich unverbindlich zu informieren. Der Verkäufer, ein untersetzter Mann Mitte vierzig, strahlte mich sofort wie eine Stewardess an, als ich den Verkaufsraum betrat. Er schüttelte meine Hände, als habe er gerade eine alte Urlaubsbekanntschaft wiedergetroffen. Am Handschütteln, das zwei Sekunden länger gedauert hat, als es in einem solchen Rahmen zwischen zwei Fremden üblich ist, merkte ich schnell, dass etwas nicht stimmte.

»Ich bin Mike, nennen Sie mich einfach Mike«, sagte der Strahlemann und lächelte das intensivste Lächeln, das er vermutlich aufbieten konnte. Trotzdem ließ ich mich nicht beirren. In ruhigen Worten erklärte ich ihm, was ich suche, und dass es bitte schön ein Diesel sein sollte.

»Kein Problem, kein Problem«, lachte Mike.

Auch er hatte zunächst mal die Strategie des Strandverkäufers eingeschlagen: Er ging auf die Kumpelebene, indem er mir gleich seinen Vornamen sagte. Außerdem strahlte und lächelte er so intensiv, dass es mir fast wehtat. Biologisch bedeutet ein Lächeln: »Ich tue dir nichts Böses! Hab keine Angst vor mir. Ich bin dein Freund.«

Wenn man seine schauspielerischen Fähigkeiten allerdings falsch einsetzt und sie übertreibt, kann der Schuss nach hinten losgehen. Der Angesprochene wird skeptisch. So erging es mir. Ich fühlte mich unwohl in meiner Haut angesichts von so viel unnatürlichem Verhalten. Dennoch ließ ich mir alle verfügbaren Autos, die für mich infrage kommen konnten, kurz vorführen. Währenddessen sprudelte der Verkäufer nur so: »Ich habe auch zwei kleine Kinder. Sind Ihre auch noch nicht im Kindergarten? Ganz schön stressig nachts, oder?«

Oh ja, mit zwei kleinen Kindern kann es nachts stressig werden. Wie könnte ich da widersprechen? *Jede* Information, die ein geschulter Verkäufer von Ihnen hat, benutzt er, um auf die Freundesebene mit Ihnen zu kommen, denn einem Freund kann man ja nichts abschlagen. Immerhin ging es hier ja letztlich nicht um etwas so Schnödes wie einen Verkauf, sondern um das »Erlebnisevent im Autosalon«, an dessen Ende Ihr Girokonto hoffentlich (aus Verkäufersicht) um viele Tausend Euro ärmer ist.

Einem Autoverkäufer *muss* man die Grundkonstellation seiner Familie mitteilen – ein großes Plus für ihn, das er in der Regel hemmungslos ausnutzt. Ob er tatsächlich zwei kleine Kinder zu Hause hat? Wenn Sie ihm erzählen, dass sie mehrmals die Woche Ihre kranke, gehbehinderte Tante zum Arzt fahren müssen, ist die Wahrscheinlichkeit jedenfalls sehr groß, dass der Verkäufer ebenfalls einen ähnlich gelagerten Fall in der Familie hat, um den er sich ebenso liebevoll kümmert, wie Sie dies tun.

Mike war sensibel. Er merkte, dass ich nicht so enthusiastisch mitging, wie er sich das vorgestellt hatte. Deswegen deutete er einladend auf die am Ende des Saales stehende Sitzecke mit Kaffeemaschine: »Bestimmt wollen Sie einen Espresso oder einen Kaffee?«

»Oh nein«, winkte ich ab, »ich habe schon zu Hause so viel getrunken. Aber Sie können mir gern ein paar Broschüren der besprochenen Modelle geben.«

Mike ging mit mir zur Sitzecke. Dabei fiel mir auf, dass er *exakt* im selben Rhythmus ging wie ich! Zufall? Beim Sitzen am Tisch bestätigte sich meine Vermutung: Nachdem ich mein rechtes Bein auf mein linkes Knie gelegt hatte, folgte mir der Verkäufer nach ein paar Sekunden: Er legt ebenfalls sein rechtes Bein auf sein linkes Knie, gab mir die Broschüren und grinste mich an.

Irgendwie wurde es mir jetzt zu dumm. Ich ließ die Bombe platzen: »Und wo haben Sie Ihre NLP-Ausbildung[6] gemacht? War das alles in das psychologische Verkäufertraining

---

6  NLP (Neuro-Linguistisches Programmieren) ist eine in den USA entwickelte Kommunikationstechnik. Ich selbst setze sie in meiner Praxis vor allem für gesundheitliche Zwecke ein.

eingebunden oder haben Sie privat für sich einen NLP-Kurs absolviert?«

Mike wurde knallrot im Gesicht. Das war ihm offenkundig noch nie passiert! »Ach ja, das NLP! Ja, ja …« Mike sortierte sich nur mühsam, denn das manipulative Energiespielchen war jetzt beendet. »Ja, also ich war hier in der Nähe beim Brainstorming-Institut! Und wo waren Sie?«

Ich genoss es, mir die entwendete Energie wieder zurückzuholen, und grinste ihn an, ohne zunächst ein Wort zu sagen. Dann erzählte ich ihm, dass ich woanders das NLP erlernt habe. Und ich erwähnte auch, dass es wohl nicht immer gut ist, NLP-Techniken einseitig für wirtschaftliche Zwecke einzusetzen.

Mike fing sich so langsam wieder. Wir redeten jetzt wie zwei normale Menschen miteinander, ohne Pacing – das ist im NLP eine Technik des Spiegelns. Um sich unbewusst energetisch seinem Gegenüber anzunähern, kann man es auf vielfältige Weise spiegeln: Man redet in derselben Lautstärke, im selben Rhythmus wie das Gegenüber, man geht im selben Gang und ahmt auch einen Teil der Mimik und Gestik nach, um sich dem anderen anzugleichen und sein Vertrauen zu erwerben. Unbewusst jedoch merkt der andere, dass es sich um kein natürliches Verhalten handelt, sondern um ein sehr zielorientiertes, das einen Verkaufserfolg bringen soll. Man kann Verkäufer beobachten, die im selben Moment, in dem der Kunde den Kaufvertrag endlich unterschreibt, ihr »Bester-Freund-Lächeln« sofort einstellen und nur noch mit spärlichster Mimik agieren. Das Theater kann beendet werden, denn das Geld ist gesichert.

Bei Mike habe ich kein Auto gekauft. Er hatte mir einen Wagen ans Herz gelegt, der definitiv nicht für meine

Bedürfnisse geeignet war. Zum einen war er zu klein, zum anderen war es kein Diesel.

Als ich darauf hinwies, meinte Mike: »Ach, es gibt heute ja kaum noch Unterschiede zwischen Diesel und Benziner. Ich denke, dieser XY hier ist das richtige Auto für Sie, auch als Benziner. Der Motor ist langzeiterprobt. Da es sich um einen Jahreswagen handelt, bekommen Sie ihn überaus günstig.«

Zweifellos hatte Mike den Auftrag von seinem Chef erhalten, diesen XY endlich mal loszuschlagen. Vermutlich blockierte er ein Neuwagenmodell, das hier ebenfalls noch ausgestellt werden soll. Mikes Verhalten war typisch für Energieräuber: Die Kundenbedenken werden mit leichter Bewegung einfach vom Tisch gefegt, als würden sie gar nicht existieren. Wenn jemand auf Ihre Wünsche und Argumente gar nicht richtig eingeht, egal in welchem Lebensbereich, sollten Sie sich fragen: Steht hier ein Energieräuber vor mir?

Ethisch korrekt hätte Mike als Verkäufer das Pacing des NLP so anwenden und sagen müssen: »Ich gebe zu, dass wir momentan nicht das Auto haben, das für Ihre Familie passend ist. Ich empfehle Sie deshalb weiter an meinen Kollegen, der hat genau, was Sie suchen. Vielleicht sehen wir uns ein anderes Mal!«

Inhaltliches Pacing bedeutet, dass man nicht nur Äußeres spiegelt, sondern dass man das Inhaltliche *ebenfalls* ernst nimmt – den Kundenwunsch. Reagiert ein Verkäufer, so wie hier vorgeschlagen, macht er zwar im Moment kein Geschäft, jedoch kann er langfristig damit rechnen, dass er mir sehr positiv im Gedächtnis bleiben wird und ich in Zukunft, wenn ich wieder mal ein Auto suche, als Erstes zu ihm kommen werde. Außerdem kann es sein, dass mich das selbstlose Verhalten des

Verkäufers so beeindruckt, dass ich dieses Autohaus überall in meinem Bekanntenkreis lobend erwähnen werde, obwohl ich selbst dort gar kein Auto gekauft habe. Der langfristig ökonomische Nutzen eines selbstlosen, wirklich kundenorientierten Verkaufsverhaltens steht außer Frage.

Diese Art von Verkaufsstrategie hat es vor Jahrzehnten tatsächlich einmal in nicht wenigen Firmen gegeben. In der Gegenwart jedoch richtet sich das Verkaufen – auf allen hierarchischen Ebenen einer Firma – nur auf Eines: auf den Umsatz des *laufenden* Jahres. Um diesen zu steigern, ist jedes Mittel recht. Langfristiges Denken hat sich aus der Wirtschaft leider verabschiedet. Global ist es genauso: Die Welt verbraucht ihre Ressourcen in atemberaubender Geschwindigkeit, als gäbe es keine Zukunft auf diesem Planeten. Wir *alle* sind die schlimmsten Energievampire, die diese Erde jemals auf sich getragen hat.

Im Verkaufsbereich gibt es noch viele weitere Techniken, um energetisch zu manipulieren. Ein weiteres Beispiel kennen Sie alle aus der Fußgängerzone: An einem Verkaufsstand für Kochtöpfe werden kostenlos Gummibärchen an Kinder verteilt. Auf diese Weise lockt man Scharen von Müttern mit Kindern herbei, die Zielgruppe des Verkäufers! Indem die Mütter die lieben Kleinen im ungehemmten Süßigkeitenkonsum etwas bremsen, hat der Verkäufer sie sofort am Angelhaken: »Mit was für einer Art von Kochtopf kochen Sie zu Hause, schöne Frau!«

*Jeder* freut sich, wenn man ihm schmeichelt! Ob die angesprochene Frau hübsch ist oder nicht, spielt definitiv keine Rolle. Der Verkäufer hat sofort eine persönliche Ebene angesprochen – die Mann-Frau-Ebene. Ob die Frau Single ist, ob sie glücklich verheiratet ist oder kürzlich geschieden – all das spielt keine Rolle. Jede Frau will als schöne Frau wahrgenommen werden. Jeder Verkäufer weiß das!

Wenn die Frau nun den Fehler macht, so wie Jens vom Beispiel am Strand, die Fragen des Verkäufers brav zu beantworten, wird sie es schwer haben, wieder freizukommen vom Angelhaken.

Auch Sekten nutzen in Fußgängerzonen psychologisches Grundwissen schamlos aus: »Wollen Sie dieses Buch geschenkt haben? Es kostet wirklich nichts!« Erstaunt halten Sie im Nu ein in Leder eingebundenes dickes Buch in der Hand, die heilige Bhagavad Gita, ein indischer spiritueller Klassiker.

»Ja, vielen Dank, ich nehme es gern«, sagen Sie und schicken sich an, weiterzugehen.

Doch jetzt geht es erst richtig los.

»Ja, dieses Buch ist zwar kostenlos, *aber* Sie verstehen ja bestimmt, dass der Druck eines solchen Buches nicht so ganz billig ist. Hier ist ein Spenden-Sammelbeutel. Also, wenn Sie mich fragen, zwanzig Euro ist das Buch mindestens wert ...«

Viele Menschen haben ein sehr schwaches Selbstwertgefühl. Um keine Scherereien zu haben und um auf nervtötende längere Gespräche verzichten zu können, zücken sie ihren Geldbeutel und kaufen ein Buch, in das sie niemals auch nur die Nase stecken werden.

Wer selbstbewusst ist, sagt hier: »Ich dachte, es handele sich um eine kostenlose Gabe. Unter dem Wort ›schenken‹ verstehe ich jedenfalls etwas anderes! Ehrlich gesagt, finde ich Ihr Verhalten zwar psychologisch raffiniert, aber ethisch völlig daneben. Hier haben Sie Ihr Buch wieder zurück. Kleben Sie doch ein Preisschild daran: zwanzig Euro – supergünstig! Auf Wiedersehen!«

Natürlich wird einem nicht nur der Spendenbeutel entgegengestreckt, sondern es werden dringliche Einladungen zu Vortragsabenden ausgesprochen, zu denen man »unbedingt« kommen muss. Schließlich erfährt man an dem Abend ganz viel Intimes über dieses heilige Buch der Inder … Wer hier nicht klar reagiert, lässt Energie da – Zeit und Geld.

Um möglichst schnell auf die persönliche Ebene mit dem Opfer zu kommen, sprechen Sektenvertreter oder andere »Energiesammler« an Ständen in Fußgängerzonen oft Selbstverständliches an: »Sind Sie für Tierversuche?«

Wer ist schon für Tierversuche?!

»Sind Sie für die Todesstrafe?«

Wer ist in Deutschland schon für die Todesstrafe?

»Wir sind gegen Kindesmisshandlung. Sind Sie auch gegen Kindesmisshandlung?« Sie werden nicht allen Ernstes für Kindesmisshandlung sein, oder?

Sobald Sie dem Fragenden eine inhaltliche Antwort geben, hat er seine Schlinge des Energieabziehens schon um Ihren Hals geworfen, wenn er auch noch nicht zugezogen hat. Mein Rat: Machen Sie einen großen Bogen um solche Stände. So sparen Sie viel Energie.


Zum Abschluss hier noch zwei Verkäuferaussagen, die sich über Jahrtausende hinweg bewährt haben: »Nur noch für ganz kurze Zeit ist unser spezielles XY zu erwerben …« und »*Alle* haben schon unser XY – falls Sie es noch nicht haben: Heute ist die einmalige Gelegenheit zum supergünstigen

Preis!«. Verkaufen ist im Wesentlichen Psychologie! Verkäufer appellieren meist an unsere niedersten Instinkte: Wenn *alle* etwas haben, wie könnte ich nicht dazugehören wollen? Und wenn etwas nur für ganz kurze Zeit zu haben ist, ja, dann bin ich doch ein Depp, wenn ich nicht kaufe, oder?

Auch wenn der Verstand uns rückmeldet, dass all dieses Geschwätz reine Lüge ist und nur dazu dient, uns zum Kaufen zu verleiten: Die Neandertalerschichten des Gehirns wurden bereits aktiviert. Es bedarf hier viel innere Bewusstmachung und Wille, um sich nicht einfangen zu lassen.

## Die Saugzähne der Werbung

Alles Laute und Grelle hat die Tendenz, uns Kraft zu stehlen. Und da wir biologisch auch im Internetzeitalters noch Neandertaler sind, gilt: Jeder erzwungene schnelle Wechsel der Aufmerksamkeit, Unterbrechungen und alles Plötzliche belasten unsere Nervenkraft. Vergleichen Sie einmal den Schnitt in Filmen aus den 1960er-Jahren mit dem Schnitt im heutigen Film: Welch ein dramatischer Unterschied! Besonders intensiv erlebt man das bei Actionfilmen. Im Kino den Trailer zu einem Actionfilm anzuschauen, ist nichts für Menschen mit zarten Nerven und auch nichts für kleinere Kinder: extrem kurzer Bildschnitt, extreme Gewaltbilder, die oft nur für eine Sekunde erscheinen, bevor das nächste Gewaltbild folgt, und natürlich die Aufeinanderfolge von lautstarken Explosionen.

Wie sich das Leben beschleunigt hat, lässt sich auf allen Gebieten beobachten. Das ständige Hetzen in unserer Zeit

stiehlt jedoch Kraft, Lebenskraft! Daher müssen wir unbedingt Pausen einplanen. Wir müssen immer wieder bewusst
entschleunigen. Regelmäßig das Smartphone für eine Weile
ausschalten.

Viele Menschen finden Werbung lästig. Doch Werbung ist
nicht nur lästig, sie stiehlt uns Energie! Gerade für Werbung
am Fernseher gilt dies. Die Idealbilder der Filmchen heizen
unsere Fantasie an. Wir vergleichen unser häufig wenig spektakuläres Leben mit den Werbebildern. Wer hier den Kürze-
ren zieht, liegt auf der Hand. Unbewusst macht sich Enttäu-
schung in uns breit, dass wir nicht ein so großes, tolles Haus
haben, keine so schnittige Jacht und so weiter.

Auch anderweitig belastet Werbung unser Nervensystem:
Je lauter, je aggressiver der Ton, je unnatürlicher die Sprache
und Reaktionsweise der Werbehelden, desto mehr Energie
verlieren wir. Mein Tipp: Schalten Sie für die Dauer der Wer-
beunterbrechung den Ton ab und schauen Sie weg.

Wenn man will, kann man sich der Werbung im Fernsehen
leicht entziehen. Viel schwieriger ist dies für die Werbung im
Internet. Aber Sie können Ihren Browser neu konfigurieren.
Nur wenige wissen, dass man Einstellungen für Cookies und
vieles andere per Hand einstellen kann. Zweiter Tipp: Probieren Sie verschiedene Browser aus – manche lassen weniger
Werbung zu als andere.

# Energieraub unter Freunden und Bekannten

## Problematische Terminabsprachen

Ein Klassiker unter den Energiefallen des Alltags stellen ungeschickte Terminabsprachen dar. Ein Beispiel: Jens möchte gern den nächsten Doppeltennis-Termin in der Halle buchen. Doch es braucht noch den »vierten Mann«. Er erinnert sich an seinen Freund Georg, der schon längere Zeit nicht mehr mit dabei war.

Jens fragt Georg bei der nächsten Gelegenheit, ob er als vierter Mann mitspielen möchte. Georg antwortet ausweichend, er sei sich noch nicht ganz sicher. In den nächsten Tagen sendet Jens mehrfach SMS an Georg, weil er ja Gewissheit zum Buchen des Platzes braucht. Das kostet Zeit und Energie.

Wie kann man es energieschonender machen? Man verhält sich eindeutig in der Kommunikation und setzt Limits. Jens sagt zu Georg: »Die Plätze sind immer schnell ausgebucht. Wenn ich bis Dienstag, 14 Uhr, nichts gehört habe, dann frage ich andere Leute, ob sie Lust haben, mitzumachen.« Wenn bis zum angegebenen Termin keine Nachricht eintrudelt, dann sucht Jens Kontakt zu anderen möglichen Mitspielern.

Ein anderes Beispiel: Petra fragt ihre beste Freundin Sonja, ob sie Lust hat, zusammen mit anderen Freunden in vier Wochen zu einem Konzert einer angesagten Popgruppe zu gehen. Sonja gibt eine unklare Antwort. Petra kann antworten: »Man muss die Karten vorbestellen. Vermutlich gibt es gar nicht mehr viele, denn die Tickets dieser Band sind ständig ausverkauft. Wenn ich bis zum 10. dieses Monats nichts von dir höre, bestelle ich für dich keine Karte mit.«

Selbstverständlich ist diese Energiefalle in jedem Lebensbereich zu finden: Partnerschaft, Beruf, Verwandtschaft und so weiter. Es lohnt sich, durch klare Ansagen und Grenzen, Energieabflüsse zu vermeiden. Die hier vorgeschlagene Strategie zeichnet sich dadurch aus, dass die Verantwortung für ein Zustandekommen des Termins nicht mehr bei Ihnen liegt, sondern beim anderen.

## »Überfall!« Plumper Kraftraubzug unter Freundinnen

Bernadette, eine Klientin, erzählte mir von einem versuchten Energieklau, der mich wirklich sprachlos machte. Seit erst zwei Monaten war sie mit Saskia befreundet. Beide Frauen waren alleinerziehend und hatten jeweils einen Sohn. Bernadettes Sohn war fünf Jahre, Saskias Sohn sechs Jahre alt – letzterer war zurzeit im ersten Schuljahr. Bislang hatten sie sich ungefähr viermal an Wochenenden für ein paar Stunden mit den Kindern getroffen, um etwas in der Freizeit zusammen zu unternehmen. Es war sehr lustig. Alle hatten Spaß.

Nun standen die sechswöchigen Sommerferien an. Da Saskia jeweils bis vier Uhr am Nachmittag arbeiten muss, überlegte sie sich, wie sie das Kind tagsüber unterbringt. Möglichkeiten gab es viele: Tagesmutter, Sommerferienprogramme der Gemeinde, Pfadfinderlager, Angebote der Kirche, in der

Saskia engagiert war, und sogar der vorige Kindergarten des Sohnes bot gegen Bezahlung immerhin während drei Wochen der Sommerferien eine Ganztagsbetreuung an. So jedenfalls hatte es Saskia ihrer Freundin erzählt. Allerdings waren diese Angebote mit Kosten verbunden – und Geld ist Energie. Die holen sich Vampire lieber bei ihren Mitmenschen, statt etwas ausgeben zu müssen.

Bei einem Telefonat startete Saskia völlig überraschend einen plumpen Überfall auf Bernadette: »Du kannst doch sicher die ganze nächste Woche, immer von 8 bis 16 Uhr, meinen Sohn übernehmen, damit ich ruhig arbeiten gehen kann, oder?« Und selbstverständlich ging Saskia davon aus, dass Bernadette die dreißig Kilometer Distanz täglich zu ihr fahren und den Sohn abholen würde, um ihn dann spätnachmittags wieder zu Saskia zu bringen. Das macht hundertzwanzig Kilometer jeden Tag!

Bernadette war mir gegenüber empört: »Was denkt die sich eigentlich? Sie weiß genau, dass ich selber jeden Tag arbeiten muss, auch wenn ich in der betreffenden Woche nur zwei Arbeitstage habe!« Bernadette hat dieselben Probleme: Sie muss ihren Sohn unterbringen, denn sie arbeitet freiberuflich als Logopädin. Im Gegensatz zu ihrer Freundin hatte sie sich, was die Ferien anging, frühzeitig um Alternativen für ihren Sprössling gekümmert. Doch zusätzlich noch ein Kind anzunehmen war in keiner Weise machbar, vom Fahrservice ganz zu schweigen. Mit unsicheren Worten und auch etwas verstimmt hatte Bernadette Saskia zu verstehen gegeben, dass sie andere Lösungen finden muss.

Fünf Tage später telefonierten die beiden Frauen erneut. Saskia wusste, dass Bernadette mit ihrem Sohn in sieben

Tagen für zwei Wochen in die Bretagne in Urlaub fahren würde, wo ihre Eltern ein kleines Ferienhaus besitzen. Saskia bat nun tatsächlich darum, dass Bernadette ihren sechsjährigen Sohn für vierzehn Tage mitnimmt. Originalton Saskia: »Er hat euch beide ja schon sehr gut kennengelernt. Das ist bestimmt völlig problemlos für euch. Und die Kinder verstehen sich ja bestens, so hat dein Sohn einen Spielgefährten! Dann kann es ihm nicht mehr langweilig im Urlaub werden!«

Während mir Bernadette das erzählte, wurde sie rot im Gesicht. Sie war wütend. Das Telefonat hatte am Tag vor unserem Praxistermin stattgefunden. Sie fragte mich: »Ist so was noch normal? Das ist doch unverschämt! Sie verkauft mir das noch so, als wäre alles zu *meinem* Vorteil, dabei hat sie ja den Nutzen. Aber das Schlimmste: Wie kann sie das ihrem Sechsjährigen antun? Der kriegt doch schon nach zwei Stunden Heimweh! Und wenn er krank wird, wie soll ich da die ganze Verantwortung tragen, dazu im Ausland? Spinne ich oder spinnt Saskia? Ist sie eine Rabenmutter? ... Ich war so verdattert von dieser Bitte, dass ich eine Ewigkeit gar nicht wusste, was ich antworten soll.«

»Und was haben Sie schlussendlich geantwortet?«, fragte ich.

»Ist das möglich? Ich habe es vergessen. Ich war so geschockt, dass ich es im Moment nicht mehr weiß. Irgendwie habe ich es jedenfalls dann doch abgewimmelt. Fragen Sie mich nicht, wie ich das geschafft habe.«

Die plötzliche Attacke Saskias hatte fast traumatisierenden Charakter für Bernadette, sonst würde sie sich bestimmt noch an die Einzelheiten erinnern. Zielsicher hatte der Vampir von

Anfang an erkannt, dass Bernadette ein extrem hilfsbereiter, herzensguter Mensch ist, der allem Anschein nach ein ideales Opfer darstellte.

Ich beruhigte Bernadette und sagte ihr, dass sie die Situation völlig richtig eingeschätzt hat. Außerdem klärte ich sie darüber auf, dass Saskia ein Energievampir jener Sorte ist, die auch vor Saugattacken der plumpesten Art nicht zurückschrecken.

Bernadette schüttelte den Kopf: »Ich frage mich, ob ich nach dem Urlaub überhaupt noch Kontakt zu ihr suchen soll. Sie tickt so völlig anders als ich ...«

Mir blieb nichts anderes übrig, als Bernadette zu raten, mehr auf sich selbst und ihre eigenen Bedürfnisse zu achten, um vor solchen »Freundinnen« besser geschützt zu sein. Spätestens dann, wenn sie demnächst wieder eine Freundin dieser Art an Land zieht, muss sie sich der Frage stellen: Wo liegt die Ursache in meiner Familiengeschichte, dass ich solche Menschen anziehe?

## Wenn ein Freund Schicksal für Sie spielt

Unter Freunden redet man ja über (fast) alles, auch über neue Beziehungen. Stellen Sie sich vor, Ihre beste Freundin hat bislang nur ein Foto von Ihrem neuen Partner zu Gesicht bekommen, sich aber dennoch sofort und *ungefragt* ziemlich weit aus dem Fenster gelehnt: »Also, wenn du mich fragst, mit dem Typen, das wird zu 100 Prozent scheitern! Schon allein, wenn ich diesen verschwommenen Blick sehe ... Mehr als drei Monate gebe ich euch nicht!«

*Egal* ob diese beste Freundin recht behalten wird oder nicht: Mit ihrer Aussage spielt sie »lieber Gott«, sie weiß schon jetzt, was in der ihr fremden Beziehung passieren wird. Damit setzt sie sich wie ein kosmisches Wesen über ihre Freundin. Ob sie will oder nicht: Sofort kommt die Frischverliebte in eine unterlegene Position. Vermutlich wird sie versuchen, sofort Gegenargumente zu finden, doch die Kommunikationsachse zwischen den Frauen ist schräg geworden. Eine von beiden weiß alles, die andere nichts. Gleichberechtigte Freundschaften sehen anders aus.

Schlimmstenfalls »programmiert« die Freundin die andere so negativ, dass sie sich unbewusst von diesem Urteil in ihren Entscheidungen beeinflussen oder verunsichern lässt. Hier hilft nur eines, wenn Sie eine solche übergriffige und kraftraubende Freundin haben: Sagen Sie ihr, dass sie in Zukunft nicht mehr ungefragt Schicksal spielen soll.

Selbstverständlich kann man diese Geschichte mit umgekehrten Vorzeichen auch in Männerfreundschaften erleben. Nicht nur Frauen klönen über ihre Beziehungen.

### Der Jammervampir: »Sag mir, was ich tun soll!«

Nach fünf Jahren Ehe und zwei kleinen Kindern stand Sofie am Scheideweg. Die Ehekrisen wurden immer schlimmer: »Soll ich mich jetzt trennen oder nicht?«, fragte sie ihre beste Freundin, die den Mann natürlich auch schon über zehn Jahre kannte. Dies ist eine ganz andere Situation als im obigen Beispiel, wo die Freundin ungefragt und uninformiert Schicksal spielte.

Für die beste Freundin (oder den besten Freund) wartet in so einem Fall eine schlimme (energetische) Falle. Freunde sind unter anderem dazu da, damit man sich aussprechen kann. Sie sind nicht dazu da, einem schwerwiegende Lebensentscheidungen abzunehmen! Geht man als Freund in diese Falle und gibt eine klare Auskunft, fühlt man sich in der Regel sehr schnell beschwert, während sich derjenige, der die Entscheidung eigentlich treffen müsste, befreit fühlt: Das ist die Folge des Energietransfers! Man trägt plötzlich Verantwortung für das Schicksal eines Freundes, statt dass dieser sie selbst trägt.

Sollten Sie in eine ähnliche Situation kommen, ist es in Ordnung, zuzulassen, dass der Freund sich vor Ihnen das Herz ausschüttet. Doch nehmen Sie niemandem die Entscheidung ab! Sollte Ihr Rat sich später als falsch herausstellen, wird Ihnen Ihr Tipp – zu Recht – um die Ohren gehauen. Möglicherweise zerbricht sogar die Freundschaft dadurch.

Besser ist: Empfehlen Sie dem Freund, der Freundin, ein paar Sitzungen bei einem Therapeuten. Der wird dafür bezahlt, Menschen zu helfen, ihre innere Stimme in solchen Lebenslagen deutlicher zu hören und auch danach zu handeln.

Menschen, die Freunden Entscheidungen abringen wollen, die sie selbst treffen müssten, gehören oft zu den Vampiren der Sorte »Dauerklager« und baden gern in Selbstmitleid. Egal, was Sie ihnen auch raten: Sie haben stets logische Argumente, warum Ihr Tipp nicht helfen wird. Spätestens nach einer Stunde »Beratung« ist man mit seiner Kraft am Ende.

Haben Sie einen solchen besten Freund oder eine derartige beste Freundin? Lernen Sie ab sofort, nicht mehr mitzuleiden und Lösungen zu erarbeiten, sondern zeigen Sie mit einfachen Worten Ihr Mitgefühl. Mitgefühl fördert Freundschaften, Mitleiden gefährdet sie. Ehrlichkeit ist möglicherweise auch angebracht: »Egal, was ich dir sage, du wirst mir beweisen, dass meine Tipps nicht funktionieren. So war es zumindest stets in der Vergangenheit.« Eine gute Freundschaft muss so viel Ehrlichkeit aushalten können, sonst ist es keine Freundschaft.

Wenn in Ihrer Beziehung immer nur Sie derjenige sind, der sich die Klagen des anderen über das Leben anhören muss, sollten Sie genau in Ihren Körper hineinspüren: Wie stark erschöpft Sie das Ganze? Machen Sie sich bewusst, dass Sie Energie verlieren. Wenn es in Ihrer Beziehung manchmal auch umgekehrt ist und Sie zum Klagenden werden, besteht keinerlei Handlungsbedarf. Ist die Lage jedoch einseitig, ist eventuell Humor angebracht, um die Situation baldmöglichst zu ändern: »Der See von Schmerz und Tränen ist schon so groß, ich glaube, wir sollten jetzt mal was anderes machen. Wie wäre es mit einer Runde Tischtennis (Kartenspielen oder was auch immer)?« Auch so signalisieren Sie dem Freund, der Freundin, dass es genug der Energiespende ist. Wenn die Freundschaft allerdings vom anderen ständig nur dazu benutzt wird, um sich aufzutanken, dann sollten Sie grundlegend über diese einseitige Art von Beziehung nachdenken. Wollen Sie wirklich dauerhaft eine solche Form von Kontakt?

## Zwei Vampire im Kampf um Aufmerksamkeit

Auch das haben Sie vielleicht schon erlebt: Sie kommen zu einem Fest, zu dem ebenfalls ein Paar eingeladen wurde, das gern in der Öffentlichkeit Dramen aufführt. Entweder sie lieben sich abgöttisch oder sie streiten lautstark vor aller Augen und Ohren – immer geht es um die Aufmerksamkeit der Anwesenden. Das Vorhandensein eines Publikums scheint wie eine Droge auf diese Paare zu wirken.

Wenn sich einer der beiden in Ihre Nähe begibt, ist Vorsicht angebracht: Lassen Sie sich nicht dazu verleiten, ihm oder ihr zuzustimmen, wenn er über den Ehepartner herzieht. Das könnte Sie teuer zu stehen kommen, wenn es dem anderen Vampir zu Ohren kommt. Kurzfristig mag es für Sie eine Lösung sein, dem Schimpfenden zuzunicken, damit Sie innerlich Ihren Frieden behalten. Doch besser ist es, sich einem angenehmeren Partygast zuzuwenden.

Psychisch schwer auszuhalten ist es, wenn sich die beiden Vampire vor mehreren Gästen und vielleicht noch im alkoholisierten Zustand einen Besserwissi-Schlagabtausch liefern. Für viele mag es amüsant sein, hier in die Schiedsrichterrolle zu kommen und es einmal so richtig zu genießen, wie sich ein Paar danebenbenimmt, doch diese Rolle bekommt letztlich niemandem. Sie wissen ja: Wenn Sie Energieräubern die volle Zeit und Aufmerksamkeit schenken, fließt Ihre Energie in Strömen zu ihnen hin. Wenn es auf dem Fest noch interessantere Dinge zu tun gibt, zum Beispiel im Swimmingpool zu schwimmen, dann tun Sie es genau jetzt. Vermutlich ist der Pool gerade ziemlich leer – Sie können ihn somit wirklich genießen.

# Energieklau
# in der Psychotherapie

Kennen Sie die Fernsehsendung »Bloch«? Der dort auftretende Psychotherapeut stellt den Prototyp eines zum Energieklau einladenden Therapeuten dar. Er bettelt mit seinem Verhalten regelrecht darum, energetisch bestohlen zu werden. Bloch fordert seine Klienten auf, ihn nicht nur an Wochenenden, sondern auch nachts anzurufen. Die meiste Zeit ist er zudem außer Haus, nicht in seiner Praxis, da er seine Klienten in ihrer Wohnung aufsucht, Kontakte zu deren Verwandten knüpft, fremde Familienstreitigkeiten schlichtet und so weiter. Wie er wohl diese vielen Autofahrten mit der Krankenkasse abrechnet, vom Zeitaufwand ganz zu schweigen? Jeder normale Therapeut, der sich so verhält, wäre in kurzer Zeit sowohl finanziell als auch nervlich ruiniert!

So ist es denn auch kein Zufall, dass Bloch in zwei verschiedenen Folgen mit der Polizei und der verbandsinternen Aufsicht zu tun bekommt: Er steht unter dem Verdacht, Klientinnen sexuell missbraucht zu haben. Natürlich ist er unschuldig, doch sein Verhalten lädt die Patienten zu einem extremen Energieklau durch abstruse Beschuldigungen geradezu ein. Als Papa-Ersatz bekommt er all die Wut ab, die eigentlich den Eltern der Klienten gilt. Der gute Mann ist selbst schuld an seinen Problemen.

Bevor wir uns jedoch anschauen, durch welche Methoden Klienten ihre Therapeuten im Beratungsalltag gern energetisch bestehlen, wenden wir uns zunächst dem Energieklau durch den Therapeuten selbst zu.

# Der Therapeut bestiehlt den Klienten

## Der Kaffee-Pausen-Therapeut: Arbeitsverweigerung

Eine Klientin, Martina, berichtete, was ihr in der Sitzung mit einem Psychotherapeuten passiert ist: Sie lebte seit Längerem in einer Dreiecksbeziehung mit Ehemann und Freund. Kleine Kinder hatte sie auch mehrere. Und nun bat sie den Therapeuten, ihr zu helfen, damit sie eine Entscheidung zwischen den beiden Männern treffen konnte. Alle drei Erwachsenen litten sehr unter der angespannten Situation und Martina wollte endlich für alle eine Perspektive schaffen.

Der Therapeut sagte: »Genießen Sie es doch, wie es ist. Warum sich aufregen und ein Drama daraus machen?« Er entspannte sich auf seinem Stuhl und schaltete auf Plauderton um. Es gelang Martina nicht, dem Therapeuten klarzumachen, dass sie es nicht mehr genießen konnte und wollte. Diese Phase sei schon längst vorbei – es hatte sie bereits gegeben. *Jetzt* benötigte sie dringend Hilfe für eine schwerwiegende Lebensentscheidung. Nachdem der Therapeut auch in der zweiten Sitzung überhaupt nicht begreifen wollte, worum es Martina ging, und er am Plauderton hartnäckig festhielt, ging Martina anschließend nicht mehr in seine Praxis. Von diesem Mann war sie – zu Recht – tief enttäuscht. Er hat ihr sehr viel Energie (Zeit, Hoffnung, Geld) gestohlen. Ihm ging es nur darum, gemütlich mit ihr zu plaudern, statt sein professionelles Wissen einzusetzen, um ihr zu helfen. Er wollte nicht verstehen, wie tief Martina seelisch litt und dass es deshalb Zeit für eine Entscheidung war. Immerhin hatte Martina den Energiediebstahl schnell beendet![7]

## Psychotherapie als Schweigeveranstaltung

Es gibt Therapeuten, die Therapie mit einer Schweigeveranstaltung verwechseln. Ein Kollege und Freund, Raimund, war Patient in einer Freud'schen Psychoanalyse. Der Therapeut und Analytiker verhielt sich gleich zu Beginn nach dem Klischee, das man sich von Analytikern macht. Zu Beginn der ersten Sitzung steckte er sich eine Pfeife an. Erst danach sagte er: »Sie haben doch sicher nichts dagegen, dass ich mir eine Pfeife anstecke …«

Diese Art der Kommunikation ist aus mehreren Gründen übergriffig und energiestehlend: Zuerst müsste er um Erlaubnis fragen, *bevor* er sich die Pfeife anzündet. Und zweitens ist in der manipulativen Art der Frage die Antwort schon vorweggenommen. Damals stand Raimund erst am Anfang seines Weges als (späterer) Therapeut. Er durchschaute solche

---

7  Wie ich selbst bei Dreiecksbeziehungen mit solchen Anliegen umgehe, habe ich dargestellt in meinem Buch: »Wie aus Leiden wieder Liebe wird«.

Vampirtricks noch nicht. Nur sein Körpergefühl zeigte ihm deutlich, dass etwas hier nicht stimmte. Drittens machte sich der Analytiker das extreme Gefälle zwischen ihm als Therapeuten und dem Patienten zunutze. Gerade in der ersten Stunde will doch kaum ein Klient das Arbeitsverhältnis gleich mit einem Nein belasten. Schließlich kommt er ja zur Therapie, weil *er* etwas vom Analytiker will.

Als Klient hatte Raimund mehrfach in der Folge den Eindruck: Therapie ist für den Analytiker wie Fernsehen schauen mit einer Tüte Chips. Der Therapeut schwieg die meiste Zeit und statt Chips zu kauen, zog er genüsslich an der Pfeife. Wenn Raimund es einmal wagte, ihn zu einer Stellungnahme zum von ihm Gesagten aufzufordern, antwortete der Analytiker in der Regel: »Erzählen Sie doch jetzt erst mal weiter!« Erst am Ende der Sitzung gab er einen wortkargen Kommentar darüber ab, wie er die Sache einschätzte. Oft gab er auch gar keinen Kommentar, weil es noch »zu früh« dafür sei.

Leider setzte sich Raimund nicht zur Wehr. Der Analytiker war fast fünfzig Jahre älter als er und genoss einen Ruf als Koryphäe. Durch all das ließ sich Raimund blenden und sah damals noch nicht, dass er es mit einem Energievampir zu tun hatte, bei dem er die »Therapie« hätte abbrechen sollen.

## Machtmissbrauch:
## Der Therapeut als Schicksalsverkünder

Es ist ein schlimmer Energiediebstahl, wenn ein Therapeut hundertprozentig die Zukunft seines Klienten zu wissen glaubt. So erging es Riccarda, einer Klientin und heute erfolgreichen Illustratorin für Kinderbücher, Comics und Cartoons.

Kurz nach ihrem Lehramtsstudium mit erfolgreichem Staatsexamen begann sie eine Therapie bei einem Freud'schen Analytiker. Während ihres Studiums hatte Riccarda nebenbei ein Kinderbuch illustriert, das sehr erfolgreich wurde. Obwohl sie schon als Kind davon geträumt hatte, Lehrerin zu werden, meldete sich ihr Zeichentalent immer eindringlicher. Der Psychoanalytiker sagte in der Therapie zu Riccarda: »Sie sind jetzt Lehrerin. Das ist Ihre Berufung! Mit dem beruflichen Umsatteln in Richtung künstlerische Betätigung werden Sie kläglich scheitern. Niemals werden Sie Ihren Lebensunterhalt damit verdienen können!« Eine Begründung blieb er ihr schuldig. Allein die Tatsache, dass Riccarda soeben ihr Studium mit Staatsexamen erfolgreich beendet hatte, reichte ihm für seine übergriffige Deutung aus.

Vor dieser Sitzung ahnte Riccarda noch nicht, dass es sich um ihre letzte Stunde bei diesem Therapeuten handeln würde. Nachher jedoch merkte sie, dass es ihr im Bauch schlecht wurde. Der Analytiker war ein Energievampir. Er spielte mit Riccarda »lieber Gott«, statt ihr zu helfen, ihren eigenen Weg zu finden. Nach dieser Sitzung beendete Riccarda die Therapie – sie währte schon viel zu lange. So sparte sie viel Geld und vor allem Energie!

Ironischerweise hatte sie kurz danach einen sehr intensiven Traum, der ihr unmissverständlich zeigte, dass die Kunst tatsächlich ihre Berufung ist. Heute, zwanzig Jahre später, kann sie über die Fehlprognose des Analytikers nur lachen. Sie selbst sieht es so: »Es war eine seelische Prüfung für mich. Höre ich auf meine Seele oder höre ich auf meine Eltern und den Analytiker, die die Dinge aus rein konventioneller Sicht beurteilen?« Ihre Freunde jedenfalls hatten Riccarda ausnahmslos alle darin bestärkt, auf die Risikokarte zu setzen. Das hat sich im Nachhinein als richtig erwiesen. Unbewusst hatte Riccarda übrigens (fast) alles angewendet, was im Kapitel »Vier Schritte gegen Energieklau« empfohlen wird.

Wie ich aus Sitzungen mit Klienten weiß, ist diese Art von patriarchalischem Besserwissi-Therapeut (leider) noch nicht ausgestorben. Mein Rat: Wenn Sie das Gefühl haben, der Therapeut befindet sich im Gespräch mit Ihnen nicht auf Augenhöhe, sondern meilenweit darüber, suchen Sie sich bitte einen neuen!

Die beschriebenen Fälle sind schlimm genug. Doch leider gibt es Fälle von Machtmissbrauch, die den Rahmen und das Thema dieses Buches übersteigen und bei denen es sich um weit mehr als nur Energiediebstahl handelt. Wenigstens sollen diese Dinge hier kurz erwähnt werden. Einer meiner Klienten, Johannes, war vor einiger Zeit bei einem Psychotherapeuten sowohl in Einzel- als auch in Gruppenarbeit. Dieser Therapeut hatte das, was man Charisma nennt und er war in der Szene »in«. Leider war er energetisch ein Missbraucher. Johannes merkte nicht, um was für einen Menschen es sich hier handelte. Unbedarft schwärmte er seiner Freundin von ihm vor, die sogleich ebenfalls zu ihm in Einzel- und Gruppenarbeit ging.

Schon nach kurzer Zeit beeinflusste der Therapeut die beiden, sie sollten sich trennen, denn dies sei für ihren Entwicklungsweg am besten. Eine stichhaltige Begründung lieferte er nicht. Irgendwie fühlte sich Johannes mulmig im Bauch und auf tiefe Weise gelähmt. Ein Psychotherapeut kennt nicht nur die Techniken der Energievampire, mit denen sie ihre Opfer aussaugen, er kennt noch weitere Manipulationstechniken, die er gewinnbringend einsetzen kann. Er redete sowohl Johannes als auch der Freundin ein, dass sie nicht mehr länger zögern dürften mit der Trennung. Ihre Beziehung sei angeblich tot. Für Johannes stimmte das nicht! Er liebte seine Freundin, aber er spürte keine Kraft zum Handeln in sich – die Freundin ebenfalls nicht. In Gegenwart der Gruppe führte der Therapeut ein Trennungsritual durch, ohne dass sich einer der beiden dagegen wehrte.

Danach fühlte es sich für Johannes an, als hätte er sich selbst zerstört und seine Seele verloren. Er brach innerlich zusammen. Seither war er auf der Beziehungsebene nicht mehr glücklich geworden – bis heute nicht! In der Tat war seine Seele mit dem, was geschehen war, nicht einverstanden. Gegen seinen Willen lebte er nun allein. Obwohl diese furchtbare Geschichte schon einige Jahre zurückliegt, kam er zu mir, um sich die damaligen Ereignisse noch einmal anzuschauen, denn er fühlte sich immer noch tief verstört davon.

Hätte er sein mulmiges Gefühl im Bauch und seine Lähmung intensiver angeschaut und sich gefragt, was ihm sein Körper denn mitteilen will, dann hätte er vielleicht wie Riccarda im obigen Fall gespürt: Dieser Therapeut arbeitet ethisch nicht korrekt! Hatte er sich selbst in die attraktive Freundin verliebt? Dieser Mann ist auf alle Fälle nicht nur ein Energievampir, er missbraucht seine Klienten auf energetischer Ebene.

Leider gibt es auch Ärzte und Psychotherapeuten, die in Einzelstunden ihre Klientinnen sexuell missbrauchen. Nur in den wenigsten Fällen kommt es zur Anzeige bei der Staatsanwalt-schaft – leider. Die Opfer sind so voller Scham und derart abhängig vom Therapeuten, dass sie in ihrem Schock, ihrer Lähmung diesen Schritt oft nicht gehen. Dabei wäre dies un-bedingt wichtig: Nur so kann weiterer Missbrauch in der be-treffenden Praxis vermieden werden und könnten Menschen vor diesem Täter in der Zukunft geschützt werden.

Der Fairness halber muss ergänzt werden, dass es auch Frauen gibt, die einen Therapeuten wegen Missbrauchs an-zeigen, obwohl der Therapeut völlig unschuldig ist, so wie beim bekannten Fernsehtherapeuten Bloch. Meist hat sich die Frau für irgendetwas rächen wollen. Doch die Rache gilt dann nicht dem Therapeuten persönlich: Es wird auf ihn et-was Schlimmes projiziert, zum Beispiel ein der Klientin noch unbewusster sexueller Missbrauch aus der Kindheit. Die Wut auf den damaligen Täter wird auf den heutigen Therapeuten übertragen. Unbewusst wird damit der eigentliche Täter aus der Kindheit geschützt.

## Der Klient bestiehlt den Therapeuten

### »Sie sind meine Rettung!«

Ein Anrufer überschüttete mich am Telefon mit über-schwänglichen Worten: »Sie sind meine letzte Hoffnung! Sie werden mich retten, denn ich habe schon so viel Positives über Sie gehört! Alle vorherigen Kollegen haben bei mir versagt! Wann kann ich kommen?« Hinter diesen Worten versteckte sich vermutlich ein mit Vorsicht zu genießender

Schmeichelvampir. Wenn sich ein möglicher Klient telefonisch so an mich wendet, gehen alle roten Lichter bei mir an.

Die Chancen sind hoch, dass auch ich in Kürze in seine ehrenvolle Gilde der Therapeuten-Versager eingereiht werde. Warum sollte ich besser sein als die Kollegen? Wenn alle anderen vor mir gescheitert sind, werde ich *mit relativ großer Wahrscheinlichkeit* ebenfalls scheitern. Die Vorschusslorbeeren haben die Wirkung einer Erpressung: »Wenn Sie sich, Herr Therapeut, nicht extrem ins Zeug legen und alles so deuten, wie ich es will, sind Sie ein Versager wie die anderen – überall werde ich das hinausposaunen!« Letzteres sagte der Anrufer natürlich nicht, denn er wollte ja einen Termin bei mir, aber eine Drohung schwang zwischen den Zeilen mit. Eine solche telefonische Ansprache löst bei vielen Therapeuten unterschwellig Angst aus. Der Therapeut soll gefügig gemacht werden.

Wie mit diesen möglichen Klienten umgehen? Zunächst löschte ich das erpresserische Hoffnungsfeuer gründlich. Ich sagte: »Machen Sie sich keine falschen Hoffnungen. Auch ich koche nur mit Wasser. Warum sollte ich besser sein als meine Kollegen?«

Wer so von mir angesprochen wird, atmet erst einmal durch. Man kann fast durch die Telefonleitung hören, wie sich der Anrufer Gedanken macht, ob er wirklich noch einen Termin bei mir will. Tatsächlich überlegt es sich dann so mancher anders. Für mich ist das wunderbar, denn ein möglicherweise zähes Stück Arbeit ist mir erspart geblieben. Mit dieser Art von Klient komme ich in der Regel nämlich therapeutisch nicht sehr weit. Er will nur die Früchte ernten, nicht jedoch selbst dafür arbeiten.

Wenn sich jemand trotz meiner Ansage dennoch einen Termin geben lässt, werde ich jedenfalls besonders aufmerksam sein für das Thema Energieklau – das hat sich stets bewährt!

## »Es ist ganz dringend!«

Manche Klienten sprechen mir auf den Anrufbeantworter und bitten um einen schnellen Rückruf, da das Ganze »besonders dringend« sei. Doch leider stelle ich zuweilen fest: Der Anrufer besitzt keinen Anrufbeantworter. Und eine E-Mail-Adresse hat er ebenfalls nicht hinterlassen. Was tun? Um nicht unnötig Energie zu verlieren, probiere ich es telefonisch maximal zweimal bei ihm. Danach ist der Punkt für mich abgearbeitet.

Nun kann es sein, dass der Anrufer es Tage später nochmals probiert und mir aufbrausend auf dem Band die Nachricht hinterlässt: »… leider haben Sie mich immer noch nicht zurückgerufen!« In der Regel versuche ich es dann meinerseits noch einmal – aber nur einmal!

Wenn der Anrufer mich dann Tage später tatsächlich zufällig am Telefon erwischt, beklagt er sich in der Regel bitter darüber, dass ich bislang immer noch nicht zurückgerufen habe. Trocken antworte ich in einem solchen Fall: »Bei Menschen, die keinen Anrufbeantworter besitzen, rufe ich zweimal zurück. Danach erwarte ich, dass derjenige es wieder bei mir probiert, denn schließlich muss er die Folgen dafür tragen, dass er keinen Anrufbeantworter besitzt – nicht ich.« In der Regel wird der Anrufer sofort kleinlaut.

Wenn es angeblich mit dem Termin »ganz dringend« ist, erlebe ich auch etwas anderes nicht gerade selten: Ich habe einen zeitnahen Termin mit dem Klienten ausgemacht, doch er kommt zum vereinbarten Zeitpunkt nicht in die Praxis – ohne vorher in irgendeiner Form abzusagen. Falls doch noch ein Kontakt entsteht, heißt es dann oft lakonisch: »Ach, es hat sich mittlerweile erledigt.« Nicht selten hatte der Klient mit anderen Therapeuten parallel ebenfalls telefoniert und Termine ausgemacht und dann am Ende den nächstmöglichen angenommen, ohne bei den anderen Therapeuten abzusagen. Das stiehlt mir und den anderen viel Zeit und Kraft.

Wenn mir also jemand am Telefon sagt, es sei in seinem Falle »ganz dringend«, dann schalte ich innerlich erst mal um auf den Modus der Gelassenheit. Das hat sich in meinen dreiundzwanzig Jahren als Therapeut gut bewährt.

Natürlich gibt es auch Menschen, denen durchaus bewusst ist, dass sie keinen Anrufbeantworter besitzen. Manche von ihnen sprechen mir aufs Band: »Bitte rufen Sie mich werktags ab 20 Uhr zurück. Da ich heute jedoch unterwegs bin, können Sie es ab 22 Uhr versuchen.« Ganz Unverschämte hinterlassen sogar: »Ich habe nur am Wochenende Zeit – sowohl für Telefonate als auch für Praxistermine – und bitte entsprechend um einen Termin.« Menschen, die mir solche Dinge aufs Band sprechen, haben eines vergessen: Ich bin kein Flughafenkiosk, der vierundzwanzig Stunden am Stück besetzt ist, sondern Inhaber eine Praxis mit branchenüblichen Sprechzeiten. Keinesfalls rufe ich Klienten am Wochenende oder abends um 22 Uhr an. Irgendwann ist der Arbeitstag auch für mich beendet.

In der Regel rufe ich solche Menschen nicht zurück. Falls sich der Anrufer später per E-Mail bei mir beklagt, ich hätte nicht um 22 Uhr zurückgerufen, schreibe ich zurück: »Bitte suchen Sie sich einen Therapeuten, der nachts und an Wochenenden arbeitet. Auf mich trifft dies nicht zu. Meine Öffnungszeiten sind ...«

Offensichtlich hat manch einer zu häufig die schon erwähnte Fernsehsendung »Bloch« gesehen, bei der ein völlig falsches Bild von den Arbeitszeiten eines Therapeuten vermittelt wird.

## »Bitte einen Termin für meine Freundin«

Nicht selten erhalte ich eine E-Mail von einem langjährigen Klienten, der mich bittet, »ein paar Terminvorschläge« zu machen für einen guten Freund oder eine Freundin, die eine Therapie benötigt. Oft wird noch kurz skizziert, um was es geht: ein psychosomatisches Leiden, eine Ehekrise oder was auch immer.

In der Regel schreibe ich zurück, dass es für meine Praxisorganisation unpraktisch ist, mehrere Termine anzubieten, die dann eine Weile bis zur Klärung offen bleiben müssen. Besser, schneller und einfacher ist für mich *direkte* Kommunikation mit demjenigen, der einen Termin will. Der Bekannte solle sich also direkt mit mir telefonisch oder per E-Mail in Verbindung setzen.

Raten Sie bitte, in wie viel Prozent der Fälle sich der erwähnte »gute Freund« oder die »gute Freundin« tatsächlich nach dieser Mail auch bei mir meldet. Es sind höchstens

30 Prozent. Die erwähnten Freunde sind es anscheinend gewöhnt, andere für sich arbeiten zu lassen. Sie nehmen gern die Energie ihrer Mitmenschen in Anspruch. Da ich durch mein Verhalten demonstriert habe, dass ich kein Interesse an Spenderverhältnissen habe, werde ich für mögliche Energievampire sofort uninteressant.

Als ich meine Praxis eröffnete, hatte ich all diese Erfahrungen noch nicht. In Ausbildungen lernt man diese Dinge jedenfalls nicht. Meist lief es zu Beginn meiner Tätigkeit so, dass ich Terminvorschläge machte, die der Klient dann mit dem Freund besprach. Natürlich passten meine Vorschläge nicht. Der Freund übermittelte mir neue Vorschläge, die allerdings nicht in meinen Terminplaner passten. Sowohl meinem Klienten als auch mir wurde auf diese Weise sehr viel Zeit und damit Kraft gestohlen, sodass ich schnell den beschriebenen neuen Weg einschlug.

## Endloses Telefonieren

Manchmal rufen Menschen bei mir an, die mir endlos ihre Leidensgeschichte erzählen: »1999 hatte ich Stress mit Vater ..., 2001 erlebte ich dann im Urlaub ... 2010 hat mir dann meine Frau gesagt ...« Ich unterbreche diesen Redeschwall dann höflich, indem ich darauf hinweise, dass ich mir diese Dinge ohnehin nicht alle bis zum eventuellen Gespräch in der Praxis merken kann. Außerdem gehe es jetzt am Telefon nur darum, herauszufinden, ob ein Praxistermin sinnvoll ist oder eher die Anmeldung für eine meiner Gruppen oder der Besuch eines Kollegen, der eine geeignetere Methode anbietet.

Als hätte ich ins Leere gesprochen, fährt mein Gegenüber oftmals ungerührt fort: »2011 dann musste meine Katze zum Tierarzt ...« Ich lehne es für mich ab, zu kleinen Tricks zu greifen, zum Beispiel: »Oh, Entschuldigung, es hat gerade geklingelt, wir müssen unser Gespräch leider beenden.« Diese Technik wirkt hervorragend! Bevor Sie dem Anrufer in einer solchen Situation gar nichts entgegensetzen und sich weiter aussaugen lassen, benutzen Sie bitte diese »Methode der kleinen Lüge«. Selbst wenn der Energieräuber ahnt, dass Sie lügen, macht das nichts. So merkt er wenigstens, dass bei Ihnen nichts zu holen ist.

Seit Langem habe ich mir jedoch angewöhnt, lieber authentisch zu sein. Ich sage also etwas unsanfter im Ton: »Es tut mir leid, aber es ist wenig effektiv, wenn Sie mir jetzt detailliert Ihre Leidensgeschichte erzählen; es geht jetzt nur darum, herauszufinden ...« Ob man es glaubt oder nicht, es gibt Menschen, die dann unbeirrt immer noch weitererzählen: »2012 dann wurde mir eine Zyste aus der Nase entfernt ...« Meist sage ich dann einfach: »Stopp! Es tut mir leid, aber anscheinend verstehen Sie nicht, dass es mir unmöglich ist, jetzt stundenlang mit Ihnen zu reden.« Dieses Nein *muss* gesagt werden, weil ich sonst einem fortwährenden Energieklau unausgesprochen mein Einverständnis gebe. Dem Energiedieb muss gezeigt werden, dass sein Verhalten nicht in Ordnung ist. Wenn alle Hinweise keine Wirkung zeigen, muss es knochentrocken heraus: »Ich beende das Gespräch jetzt, da ich noch viele andere Dinge zu erledigen habe!« Letzteres ist keine Lüge, denn es ist stets die Wahrheit, dass ich viel um die Ohren habe.

Interessanterweise sind es gerade diese unaufklärbaren Anrufer, die sich in der Regel dann nie für eine Sitzung bei mir oder eine Gruppe anmelden. Es ging ihnen ausschließlich darum, etwas Energie zu saugen – um sonst nichts! Solche Menschen kennen Sie ganz bestimmt auch. Wenn Höflichkeit nichts fruchtet, dann hilft nur ein klares Nein. Ansonsten werden Sie »ausgelutscht«.

## Organisatorische Erpressung eines Seminarplatzes

Viele Therapeuten, die auch Gruppen anbieten, kennen sicher diese Form von Kraftraub: Jemand hat durch einen Bekannten einen Anmeldezettel für ein Gruppenseminar erhalten. Anschließend überweist er die Seminargebühr für einen speziellen Termin, ohne vorher überhaupt gefragt zu haben, ob der Kurs noch freie Plätze aufweist. Und oft ist der Kurs in solchen Fällen schon ausgebucht gewesen. Den Anmeldezettel füllt er selbstverständlich genauso wenig aus und schickt ihn mir auch nicht zu – weder per Mail noch per Post.

Die Folgen sind immer dieselben: Ich finde auf meinem Konto Geld für einen Kurs, zum Beispiel von einer Frau Kostalny. Doch diesen Namen habe ich noch nie gehört. Ich recherchiere mit einigem Zeitaufwand in meinem E-Mail-Konto, doch auch hier Fehlanzeige. Auf meinem Anrufbeantworter war in den letzten Wochen kein Anrufer mit diesem Namen. Und in meinen Unterlagen zu den Kursen findet sich ebenfalls keine Notiz.

Was kann ich tun? Nichts! Ich kann nur abwarten. Falls noch ein Platz frei war, vergebe ich zwischenzeitlich diesen Kursplatz an eine andere Person, denn zur Anmeldung benötige ich immer eine rechtsgültige Unterschrift unter meine

Kursbedingungen, Adresse, Telefonnummer und auch die abgezeichnete Kenntnisnahme einiger inhaltlicher Punkte. Beispielsweise möchte ich mich schon lange vor dem Kurs vergewissern, dass der Teilnehmer nicht kürzlich eine Herzoperation, Ohnmachtsanfälle, Panikattacken und Ähnliches erlebt hat.

Es kommt, wie es kommen muss: Einen Tag vor Kursbeginn klingelt das Telefon. Frau Kostalny empört sich, dass ich ihr noch immer nicht die Kurszeiten mitgeteilt habe. Und außerdem wisse sie immer noch nicht, wo denn der Kurs genau stattfinde. Das Bodenseegebiet sei ja schließlich groß ...

Zunächst bin ich verdattert. Dann blättere ich in meinen Anmeldeunterlagen und finde meine Notiz auf die »Blindbuchung« einer Frau Kostalny. Die Dame wird nun in ruhigen Worten darüber aufgeklärt, aus welchen Gründen sie nicht an dem Kurs teilnehmen kann. Doch sie wird unverschämt: »Sie sind ein Scharlatan! Sie verstehen nichts von Organisation!« Ich bleibe ganz ruhig und bitte um die Bankverbindung, damit ich die Kursgebühr zurückerstatten kann.

Auch Frau Kostalny beruhigt sich dann schnell, merkt sie doch, dass es hier um ihr Geld geht. Sie gibt mir die gewünschte Auskunft. Am nächsten Tag überweise ich ihr das Geld zurück. Unter dem Strich findet sich die Gewissheit, dass der Kursveranstalter viel Zeit und Mühe für nichts investiert hat. Ein erheblicher Energieaufwand wurde mir nicht bezahlt.

Tun kann man dagegen nicht viel. Doch man kann sich absichern, dass man keine zusätzliche Energie verliert: Man bleibt beim Telefonieren ganz ruhig, höflich und sachlich und bringt auch den bürokratischen Teil der Angelegenheit ohne inneren Ärger zu einem sauberen Ende. Denn man verliert umso mehr Energie, je mehr man sich aufregt und je unprofessioneller man mit der Situation umgeht.

## »Das wusste ich ja alles schon!«

*Alle* Psychotherapeuten kennen ihn, den Klienten, der den Satz sagt: »Ach, wissen Sie, was sich da jetzt gezeigt hat, das kenne ich ja alles schon. Das ist überhaupt nichts Neues für mich. Auch ein früherer Therapeut hat das schon mal so mit mir erarbeitet.«

In der Regel fühlt sich der Therapeut sofort schlecht. Der Klient hat ihn mit diesen abqualifizierenden Worten erfolgreich Energie gestohlen. Ist die Arbeit des Therapeuten also für die Katz gewesen?

Zum Glück erlebe ich sehr selten, dass ein Klient so zu mir spricht. Wenn es doch passiert und es inhaltlich passt, dann sage ich: »Das ist ja sehr interessant. Was das bedeutet, wissen Sie ja hoffentlich?«

In der Regel ist der Klient verunsichert: »Wie meinen Sie das? Was soll es bedeuten?«

»Hätten Sie damals tatsächlich innerlich umgesetzt und *verinnerlicht,* was der Kollege vor mir schon erarbeitet hatte, dann hätten Sie mich deshalb gar nicht mehr aufsuchen müssen. Doch Sie sind damals offensichtlich aus der Lösung wieder herausgegangen oder Sie haben sie nicht in sich verankert. Ihr Unbewusstes hat Ihnen heute dieselbe Geschichte nochmals gezeigt, damit Sie die auf Sie wartende Aufgabe *dieses Mal* nachhaltiger lösen. Ansonsten wird auch Ihr nächster Therapeut wieder an dieselbe Haltestelle mit Ihnen fahren!«

Damit kein Missverständnis entsteht: Meine Antwort ist in keiner Weise taktisch. Es handelt sich schlicht und ergreifend um die Wahrheit. In der Regel bekommt der Klient jetzt den Mund nicht mehr zu. Er ist verblüfft, dass sein billiges Spiel, die Verantwortung auf die Therapeuten zu schieben, gescheitert ist. Viele meinen in der Tat, Psychotherapie sei Prostitution: Man zahlt Geld und schon ist alles gelöst. Doch das Geld zahlt man für etwas anderes: Der Therapeut zeigt gegen Bezahlung den Weg durch den Dschungel. Gehen muss man ihn aber selbst!

## Tanz der Vampire: »Kriegen wir den Therapeuten an den Tropf?«

Ein Ehepaar kam zur Beratung in meine Praxis. Katja war vierzig Jahre jünger als Rudi. Mit ihren vierunddreißig Jahren sah sie blendend aus. Ihre langen, glänzenden, schwarzen Haare und ihre hautengen Jeans verfehlten sicherlich ihre Wirkung auf die Männerwelt nicht. Rudi dagegen war fünfundsiebzig. Seine Jeans war alles andere als passgenau, die Haare wirkten ungepflegt und der Strickpulli hatte auch schon mal bessere Zeiten erlebt. Wie Mann und Frau wirkten die beiden jedenfalls in keiner Weise!

Geheiratet wurde vor einem Jahr, nur drei Monate nach ihrem ersten Treffen. Liebe war von Anfang an nicht im Spiel. Nach über zwanzig Jahren beruflicher Erfahrung merkt man als Therapeut sehr schnell, ob zwischen Mann und Frau Liebe existiert. Man sieht es an der Art des Blickkontakts, an den Gesten, an der Art und Weise, wie sie zur Tür

229

hereinkommen … Zwischen diesen beiden jedenfalls war es eisig.

Hatte sie ihn nur geheiratet, damit sie und ihre vier noch relativ kleinen Kinder, die sie von einem anderen Mann hat, finanziell abgesichert waren? Rudi selbst hatte keine Kinder. Wenn er über Katjas Kinder redete, dann hieß es dennoch »meine zwei Söhne«, »meine Töchter … «.

Katjas Zukunft jedenfalls war gesichert. Dies galt in zweierlei Hinsicht: Im Falle einer Scheidung wäre sie eine gemachte Frau. Arbeiten gehen muss sie nie wieder – sie hasst es. Und zweitens hatte sie das Leben noch vor sich, doch er hatte es mit vierzig Jahren Abstand zu ihr schon bald hinter sich. So oder so sah Katja rosigen Zeiten entgegen.

Doch nicht nur sie war ein Vampir, er war es auch: Mit seinem Geld hatte er noch einmal die Jugend gekauft. Da er immer Sehnsucht nach Familie hatte, kam er jetzt sogar gratis zu »eigenen« Kindern. Dass die vier Kinder von Katja keine Achtung vor ihm als »Vater« hatten, störte ihn nur am Rande, denn nach außen hin passte alles bestens. Er konnte sich endlich wunderbar allen gegenüber als toller Familienvater präsentieren. Damit dieses elende Spiel nicht gestört wurde, wurde der richtige Vater der Kinder kaltgestellt. Katja verwehrte ihm mit allen Tricks den Zugang zu ihnen, wie ich später in der zweiten Sitzung von ihr erfuhr.

Wer von den beiden den »Kampf der Vampire« im Moment gewann, war klar: Niemand! Doch es wird, so wie immer, zwei Verlierer geben. Jedenfalls eskalierte der Streit zwischen ihnen sehr oft, weswegen die beiden schon vor mir bei anderen Therapeuten zur Schlichtung waren. Wie könnte es auch zwischen den beiden harmonisch sein, wenn die Beziehung zur gegenseitigen Wunschbefriedigung degradiert wurde? Da bei ihrer Verbindung keine Liebe im Spiel war, funktionierte es selbstverständlich auch mit dem Sex in keiner Weise. Bei gegenseitigem Missbrauch und dauerndem Energieabsaugen zieht sich die Seele zurück, was wiederum auf den Körper zurückwirkt; unter solchen Bedingungen sind sexuell nach einer gewissen Zeit nur noch »mechanische Erlebnisse« möglich.

So war es denn auch der fehlende Sex, der insbesondere Katja Probleme bereitete. Sie begann die gemeinsame Sitzung mit den Worten: »Also, wir sind gekommen, weil Rudi ein Problem mit Ihnen lösen will!«

Rudi räusperte sich und schaute verdutzt seine Partnerin an, während er kopfschüttelnd sagte: »Ich wüsste nicht, was *ich* hier zu lösen hätte. Ich habe kein Problem!«

Katja (rot werdend, mit lauter Stimme): »Doch, du hast ein Problem!«

Rudi (wütend): »Red keinen Quatsch, Katja! Ich hab kein Problem!«

Da absehbar war, dass es auf diese unwürdige Weise weitergehen würde, unterbrach ich: »Sie hätten, so glaube ich, besser *vor* dieser Sitzung miteinander besprechen sollen, wer von Ihnen was mit mir klären will und auf welche Weise.«

Katja (stotternd, laut und immer noch rot im Gesicht): »Das haben wir!«

Rudi (energisch den Kopf schüttelnd): »Du wolltest mit Herrn Schäfer etwas besprechen, nicht ich. Ich habe keinerlei Anliegen ...«

Katja schüttelte ebenfalls den Kopf, starrte auf den Boden und schwieg. Rudi schaute nun auch auf den Boden und schwieg ebenfalls. Man hätte eine Stecknadel fallen hören können ...

Die beiden Vampire hatten eine klare, jedoch unbewusste Strategie: Da beide sich ständig gegenseitig die Energie absaugen und sich abqualifizieren, müssen sie ab und an ein *gemeinsames* Opfer finden, beispielsweise den Herrn Streitschlichter, also den Therapeuten, der es selbstverständlich nicht beiden in gleicher Weise recht machen kann. Sie brauchen einen gemeinsamen Feind: mich! Ein falsches Wort von mir und die Vampirzähne der beiden landen in meinem Hals! In einer solchen feindlichen Paarsituation ist der kleinste gemeinsame Nenner stets: »Der Therapeut ist ein Versager, den machen wir fertig, denn er ist unfähig, uns zu geben, was wir wollen. Und schon fahren wir hungrig unsere Vampirzähne aus und weiden uns energetisch an seiner Lähmung!«

Doch nicht mit mir!

Die Situation war hochexplosiv. Hier half nur eines: Ruhe bewahren! Mir half auch die Erinnerung an die früheren Kollegen, die schon vor mir Opfer dieser beiden geworden waren. Da ich ähnliche Situationen schon öfter erlebt hatte, schaffte ich es, die beiden anzulächeln und das Spielchen mitzuspielen. Ich schwieg ebenfalls. Lange. Die beiden warteten nur darauf, dass ich in Aktionismus verfallen und eventuell Fehler machen würde, damit sie andocken konnten. Doch diesen Gefallen tat ich ihnen nicht.

Ich weiß nicht genau, wie viele Minuten wir schwiegen. Jedenfalls war insbesondere Katja verwundert, dass auch ich in völliges Schweigen eintauchen konnte. Irgendwann sagte sie mit piepsiger Stimme: »Was sagen Sie denn dazu?«

»Was wollen Sie denn gern hören?«

Katja (hochrot): »Rudi muss doch jetzt mit Ihnen arbeiten? Oder?«

Ich (kopfschüttelnd): »Dann drehen Sie doch mal bitte Ihr Gesicht zu ihm und fragen Sie ihn, ob er jetzt mit mir arbeiten will.«

Katja ballte die Fäuste. Sie war wütend auf mich, weil ich mich von ihr nicht instrumentalisieren ließ und ihr nicht willig den Hals entgegenstreckte, sondern ihr den »Schwarzen Peter« stets zurückschob. Irgendwann atmete sie durch. Ihre Fäuste entkrampften sich langsam. Dann wandte sie sich an Rudi: »Was machen wir jetzt, Rudi?«

Rudi lächelte: »Du wolltest mit Herrn Schäfer doch etwas besprechen, ich weiß auch nicht, was ...«

Dreißig Sekunden war es mucksmäuschenstill. Dann explodierte Katja: »Weißt du, was du bist? Ein blöder Feigling bist du!«

Noch vor Sekunden galt alle Wut Katjas mir. Doch da ich den Köder nicht angerührt hatte, griff sie jetzt ihren Partner an. Rudi mahlte mit dem Unterkiefer und biss sich auf die Lippen. Ich unterbrach das Ganze lächelnd und sagte: »Ich muss Ihnen mitteilen, dass ich auf diesem Niveau der Kommunikation nicht bereit bin, mit Ihnen zu arbeiten. Als Zaungast oder Schiedsrichter Ihrer Kämpfe tauge ich nicht – das ist nicht meine berufliche Aufgabe. Ich glaube, Sie brauchen eher einen Ringrichter. Tiefere Gespräche sind jedenfalls im Moment völlig unmöglich.«

»Ringrichter!«, nuschelte Rudi grinsend vor sich hin. »Das ist gut! Das haben Sie gut auf den Punkt gebracht, Herr Schäfer!«

In der Tat hatte Rudi längst realisiert, dass ich das Spielchen durchschaut hatte. Katja hingegen rümpfte die Nase.

Es lief in keiner Weise so, wie sie wollte. Sie kochte innerlich.

Ich schaltete mich noch einmal ein: »Ich schlage Ihnen vor, dass Sie jetzt nach Hause gehen und genau besprechen, welches konkrete Ziel jeder von Ihnen beiden hat. Ob ich etwas für Sie tun kann, muss im Moment offen bleiben. Am besten, Sie schreiben mir eine E-Mail, was Sie sich konkret von mir erwarten und in welcher Konstellation wir uns eventuell in diesem Raum noch einmal sehen.«

Zwar hatte ich in keiner Weise etwas Spektakuläres gesagt, doch die beiden nickten zufrieden. Katja sagte zum Abschied: »Ich werde Ihnen in wenigen Tagen eine E-Mail schreiben.« Freundlich verabschiedeten wir uns an der Tür.

In der Tat erhielt ich einige Tage später eine E-Mail. Katja schrieb, dass Rudi momentan keine Klärungsbedürfnisse habe, sie selbst jedoch schon. Deswegen bat sie um einen neuen Termin für sich allein.

Dieser zweite Termin verlief wesentlich friedlicher als der erste. Zunächst erzählte Katja mir, was sie alles schon hinter sich hatte: Ihr Exmann war bei der Straßenreinigung angestellt. Das Geld reichte hinten und vorn nicht. Nach der Trennung floss von seiner Seite nur wenig Unterhalt. Es war zum Verzweifeln … Doch dann änderte sich ihr Leben zum Positiven. Sie traf nämlich Rudi, einen millionenschweren, bekannten Finanzmakler, den ich ja schon kennengelernt hatte. Endlich, so Katja, sei sie finanziell abgesichert. Jetzt müsse Rudi nur noch »ein wenig an sich arbeiten«, dann würde alles perfekt.

Katja war ein Geldvampir. Ihre Augen leuchteten, wenn sie über ihre tolle momentane finanzielle Absicherung sprach.

Im weiteren Verlauf der Sitzung beschränkte sie sich darauf, sich bei mir über ihren »dickköpfigen« Mann auszuheulen: »Er ist immer so uneinsichtig und kommt nicht in die Gänge.« Außerdem stellte sie mir eine Reihe von Fragen zum Thema Sexualtherapie, denn sexuell müsse es in der Ehe eindeutig besser werden. Doch ansonsten sei alles »perfekt« – dieses Wort tauchte mehrfach in ihrer Rede auf.

Ich machte Katja deutlich, welche Ausbildungen ich als Psychotherapeut habe und welche nicht; Sexualtherapie gehört jedenfalls nicht dazu. Außerdem konnte ich Katja in keiner Weise zustimmen, dass die beiden nur einige »technische Hinweise« (Zitat Katja) bräuchten, um ihr Liebesleben wieder flott zu machen. Denn genau das erwartete sie. So blieb mir nur, ihr Hinweise für die Suche nach einem Sexualtherapeuten und/oder Urologen zu geben. Außerdem deutete ich vorsichtig an, dass der Kollege Sexualtherapeut wahrscheinlich mit *beiden* Partnern arbeiten möchte.

Katja reagierte auf meine Bemerkung nicht. So war absehbar, was geschehen dürfte: Falls Katja es schafft, Rudi zum Sexualtherapeuten zu schleppen, wird sich die bereits geschilderte Sitzung zu dritt in leicht veränderter Form wiederholen – doch zum Glück dieses Mal ohne mich! Katja klarzumachen, dass sie von einem fünfundsiebzigjährigen Mann im Bett nicht dasselbe erwarten kann wie von einem gleichaltrigen – schon aus biologischen Gründen –, diese undankbare Aufgabe bleibt einem Kollegen überlassen, der auf Sexualtherapie spezialisiert ist. Auch Viagra wird sicherlich von den Fachleuten als »Lösung« für das Problem angesprochen werden.

Selbstverständlich arbeite ich, *wenn* beide Partner innerlich bereit dazu sind, auch an sexuellen Problemen mit einem

Paar. Wie ich dabei vorgehe, habe ich in meinem Buch »Wie aus Leiden wieder Liebe wird« beschrieben. Für mich ist jedenfalls eine Störung in der Sexualität in der Regel verbunden mit einer Störung in der Beziehung. Wenn keine Liebe zwischen Mann und Frau existiert, wird es nach dem Honeymoon mit der Sexualität meist schwierig; dies gilt selbst dann, wenn keine vierzig Jahre Altersunterschied vorhanden sind. Die Auseinandersetzung mit »neuen Stellungen« und »technischen Hinweisen« hilft da wenig. Damit kein Missverständnis entsteht: Selbstverständlich kann die Liebe zwischen Mann und Frau auch dann gelingen, wenn ein so großer Altersunterschied besteht. Doch muss ich gestehen: Häufig habe ich das noch nicht erlebt.

Im geschilderten Beispiel haben sich zwei Vampire getroffen, von denen jeder unbewusst seine egoistischen Wunschvorstellungen auf den anderen projiziert, was natürlich herbe Enttäuschungen mit viel Streit zur Folge hat. Sie mögen sich wundern, warum ich die beiden nicht tiefer über ihr eigentliches Problem aufgeklärt habe. Die Antwort ist einfach: Als Therapeut sollte man sich immer nur auf die Fragen konzentrieren, die einem die Klienten stellen, denn genau für diese sind sie auch innerlich bereit. Mehr zu wollen, als der Klient will, hat nur Verwirrung zur Folge. Es verbietet sich also, den Ratsuchenden Vorträge zu halten über Dinge, die sie (zum jetzigen Zeitpunkt) gar nicht hören mögen. Es ist unbedingt notwendig, jeden Einzelnen genau da abzuholen, wo er steht.

# Sich selbst die Kraft stehlen

Nicht selten ist man im eigenen Leben selbst der schlimmste Energiedieb. Darum möchte ich hier einige typische Beispiele dafür anführen, wie sich Menschen selbst die Kraft rauben.

## Einen Elternteil auf problematische Weise kopieren

Richard war Steuerberater. Wie er mir am Telefon erzählte, arbeitete er nicht nur tagsüber wie ein Besessener, sondern auch nachts, weswegen er oft nicht richtig schlafen konnte: Richard befürchtete nicht selten, in irgendeiner Klientenangelegenheit einen Fehler gemacht zu haben. Dann schaltete er nachts das Licht an und machte sich sofort Notizen, denen er am nächsten Tag nachging. Zuweilen gab es Fälle, die ihn nachts so beunruhigten, dass er sich anzog und ins Steuerbüro in die Innenstadt fuhr, um die Umstände zu klären …

»Ist so was normal?«, fragte Richard.

»Nein!«, antwortete ich trocken.

»Woher kommt so was?«, wollte er wissen.

Ich fragte ihn nur: »Wie war es denn bei Ihrem Vater?«

Richard berichtete, dass sein Vater Bürgermeister im Ort war. Er sei auch oft des Nachts aufgestanden und dann noch mit verschiedenen Angelegenheiten beschäftigt gewesen. Wenn es auf der Welt einen Menschen gebe, der Perfektionist ist, dann der Vater.

»Ich verrate Ihnen ein großes Geheimnis«, sagte ich. »Sie dürfen es anders machen als der Vater. Es genügt völlig, wenn Sie Ihre Arbeit gut machen. Und auch ein Fehler bringt niemanden um. Fehler gehören zum Menschsein und machen einen sogar sympathisch!«

Um das Ganze näher zu betrachten, vereinbarten wir einen Praxistermin für einen Vormittag drei Wochen später. Am nächsten Morgen jedoch war auf meinem Anrufbeantworter die Absage: »Mir ist leider was dazwischengekommen. Ich werde mich dann natürlich wieder bei Ihnen melden, um einen neuen Termin auszumachen.«

Wie in den meisten Fällen solcher Absagen hörte ich nie mehr etwas von Richard. Offensichtlich wollte er sich nicht die Erlaubnis geben, es anders zu machen als sein Vater – schade, denn so stiehlt er sich selbst viel Energie.


## Kraftraub durch Selbstmitleid

Manche Menschen kann man als Energiediebe schon erahnen, bevor man sie sieht. Wie das? Ein Beispiel: Ich befinde mich in meiner Praxis und erwarte das Klingeln des ersten Patienten am Nachmittag. Es kommt auch, aber nicht an der Praxistür, sondern an der Haustür, die sich ein Stockwerk höher befindet und an einer ganz anderen Ecke des Hauses ist. Das Praxisschild ist sehr groß und sogar farbig, man kann es nicht übersehen. Circa dreimal im Jahr passiert es dennoch. Da ich einen gewissen Fußweg durch den Keller bis zur privaten Haustür habe, geschieht nun Folgendes: An der Haustür angelangt, sehe ich dort niemanden mehr. Der Klingler ist mittlerweile in seiner Hektik zur Praxistür gelaufen und klingelt jetzt dort ... Nach einigem Katz- und-Maus-Spiel begegnen wir uns dann irgendwann erschöpft an einer der Türen.

Wenn sich ein solcher Privatklingler dann auf *meinen* Stuhl im Therapieraum setzt, statt auf den ihm von mir gezeigten Klientenstuhl, dann kann ich ganz sicher sein: *Vorsicht* ist jetzt geboten! So war es auch mit Corinna. Nach unserem Katz-und-Maus-Spiel an den Türen nahm sie widerwillig auf dem Klientenstuhl Platz, nachdem ich ihr bedeutet hatte, dass der andere Stuhl der meinige sei.

Corinnas Anliegen war eine Beförderung in ihrem Amt, in dem sie arbeitete, auf die sie schon lange wartete. Auch dieses Mal wurde ihr jemand anderes vorgezogen, der wesentlich kürzer in diesem Haus arbeitete. Dicke Tränen kullerten ihr die Wangen herunter: »Niemand schätzt meine Arbeit. Ich bin eine Versagerin! Ich kann nichts ...«

Ich fragte sie, wer sie früher in ihrem Leben als Versagerin bezeichnet hatte. Es stellte sich heraus, dass niemand so gehandelt hatte. Wir redeten noch über einige andere Themen, doch egal worüber wir uns auch austauschten, ihre Mundwinkel gingen schnell nach unten und sie versank neu im Selbstmitleid.

Vermutlich erwartete Corinna, dass ich so reagierte wie ihre Freunde und Bekannten und ihr schulterklopfend sagte: »Es ist ja alles gar nicht so schlimm! Du bist doch toll ... Schau mal, was du alles erreicht hast.« Diese Mitmenschen kommen unbewusst in die Gefahr, das Energieleck des Klagenden ständig neu zu stopfen. Es ist schwer, eine solch destruktive Haltung beim Gegenüber auszuhalten. Selbstbemitleider sind es gewohnt, dass man sie streichelt und aufbaut; dankend nehmen sie so die Energie ihrer Freunde und Bekannten entgegen.

Nur wenn man die Selbsterniedrigung des Gegenübers aushält, ohne zu streicheln und zu trösten, behält man seine Energie bei sich. Genau das habe ich bei unserem Gespräch getan. Ich lächelte und schwieg, während sich Corinna noch mehr in ein Loch herunterzog. Ein *echter* Freund würde Corinna sagen: »Durch Selbstmitleid machst du es nur noch schwerer!« Doch echte Freunde sind rar.

Manchmal machen Therapeuten nicht mehr, als ein guter Freund tun würde. Am Schluss der Stunde ließ ich Corinna an den Praxisspiegel treten und einmal laut aussprechen: »Ich höre ab sofort auf, im Selbstmitleid zu versinken. Ich gehe jetzt in meine Kraft und glaube an mich!«

Als wir uns an der Praxistür verabschiedeten, sagte Corinna: »Meinen Exmann hat das mit dem Selbstmitleid ebenfalls immer genervt. Nachdem Sie jetzt dasselbe zu mir sagen, muss wohl was dran sein!« Grinsend gab sie mir die Hand.

## Hass, eine energetische Selbstsabotage

Jochen, ein Mann Ende dreißig, wirkte in seinem Verhalten wie ein verschüchterter verweiblichter Jugendlicher. Sein Gang war eher unsicher, seine Stimme schwach und brüchig, die Augen leicht zusammengekniffen. Alles deutete darauf hin, dass Jochen »nicht in seiner Kraft« war. Während unseres Gesprächs fiel auf, dass er nur sehr selten meinen Augenkontakt erwiderte. Jemand, der ständig an Ihnen vorbeischaut, hat entweder etwas vor Ihnen zu verheimlichen oder aber er ist extrem kontaktscheu.

Erst vor Kurzem war Jochen aus dem Haus seiner Mutter ausgezogen. Der Vater war schon vor zehn Jahren verstorben. Seine Mutter hasste er und seinen Vater bezeichnete er als einen Schwächling, der keinem ein Vorbild sein konnte. Doch ganz egal wie schwach sein Vater auch gewesen sein mag, das Männlich-Väterliche kann ein Junge nur von seinem Vater erhalten.

Jochen formulierte sein Anliegen so: »Ich will meine Depression los sein, brauche mehr Selbstbewusstsein und ich will endlich ein Mann werden.« Als er begann, mir die negativen Seiten seines Vaters zu schildern, unterbrach ich ihn. Ich bat ihn, mir aus seiner Kindheit einige positive Erinnerungen mit dem Vater zu schildern. Jochen beugte seinen Kopf und erzählte tatsächlich eine kleine Geschichte, in der er sich mit seinem Vater gut verstanden hatte. Plötzlich fing er an zu weinen. Es war ihm sehr peinlich zu spüren, dass er seinen Vater liebte. »Das verstehe ich nicht«, sagte er. »Ich lehne ihn doch so ab … Wie kommt das?«

Statt mit ihm zu diskutieren, wollte ich ihn mithilfe einer Übung tiefer in die Liebe zum Vater hineinführen, denn dort wartete eine Menge Lebensenergie auf ihn, doch er wollte nicht. Er wurde sogleich wieder aggressiv auf den Vater. Auf diese Weise brauchte er die Liebe und den Schmerz nicht mehr zu spüren. Den folgenden Praxistermin sagte Jochen ab und so blieb ihm die Vaterkraft weiterhin »erspart«.

Übrigens hatte er trotz seiner knapp vierzig Jahre noch nie eine Partnerschaft oder eine sexuelle Begegnung mit einer Frau erlebt. Das war auch sein Anliegen in der Formulierung, endlich ein Mann werden zu wollen. Doch so lange Jochen im Modus der energetischen Selbstblockade lebte, würde sich vermutlich so schnell für ihn nichts ändern. Männer wie Jochen sind oft Energievampire. Da sie sich selbst ihre eigenen Energien abblocken, nehmen sie stattdessen die Kraft ihrer Mitmenschen.

Doch nicht nur mit Hass entziehen wir uns selbst Energie. Rache, Neid, Eifersucht, Verfluchungen und übermäßige Wut wirken ähnlich auf uns. Je länger ich in dem negativen Zustand bleibe, desto mehr Kraft verliere ich. Es ist völlig normal, auch einmal negative Gedanken über jemanden oder über eine Situation zu haben. Doch wer sich den fraglichen Luxus leistet, *ständig* in negativen Emotionen zu baden, muss auch den energetischen Folgen zustimmen.

## Energetischer Selbstmord: Jemandem den Tod wünschen

Wenn ich mit Klienten arbeite, geschieht es manchmal, dass wir an einen »toten Punkt« kommen; es scheint, als gebe es ein Verbot, wichtige Dinge wahrzunehmen. In der Therapie schiebt sich eine Wand hoch, als ob alles hoffnungslos sei. In diesem Moment frage ich: »Haben Sie jemals einem Menschen den Tod gewünscht?« Sehr häufig lautet dann die Antwortet: »Ja.«

Klaus, ein fünfunddreißigjähriger Maler und Bildhauer, kam in meine Praxis, weil er trotz guter Kritiken nicht von der

Kunst leben konnte. Er war innerlich am Boden, denn er spielte mit dem Gedanken, sich auf andere für ihn langweilige Tätigkeiten zu konzentrieren, weil es mit der »Kunst einfach keinen Sinn mehr macht«.

In unserer Arbeit kamen wir an den berühmten »toten Punkt« und an jene Frage, die ich dann immer stelle. Klaus wurde rot im Gesicht. Er erzählte, dass er seinen Vater, einen »langweiligen Bürohocker«, schon immer zutiefst verachtet hat. Ab dem ungefähr dreizehnten Lebensjahr wünschte er ihm den Tod und hat heute kaum noch Kontakt mit ihm. Als Klaus sechzehn Jahre alt war, trennten sich die Eltern. Nur mit der Mutter blieb er in Verbindung.

Nach dieser Erzählung floss sofort wieder Energie in unsere therapeutische Arbeit. Ich erzählte Klaus, dass ich es in den zurückliegenden Jahren schon oft erlebt habe, dass es üble Folgen hat, wenn der Apfel den Baum verflucht, von dem er stammt. Klaus nickte. In weiteren Sitzungen schälte sich Folgendes heraus: Eigentlich war es die Mutter, die den Vater zutiefst verachtet hat. Sie wünschte ihm insgeheim den Tod, denn sie träumte ständig von einem Leben ohne ihn. Doch mit fünf kleinen Kindern war es schwierig, sich vom Partner zu trennen.

Mutters bewusste oder unbewusste Fantasie lautete: »Ach, wenn der Vater doch tot wäre, dann hätte ich die Freiheit ...« Als wir darüber sprachen, wurde Klaus traurig. »Ja, so war es«, sagte er spontan. »Ich spüre es in mir, dass es Mutters Sätze sind, die ich zu meinen gemacht habe. Ich wollte es ihr immer recht machen. Ich war ihr Verbündeter im Kampf gegen den Vater und lehnte ihn ab, so wie sie.«

In diesem Zusammenhang kam ihm eine Erinnerung. Zu den Kindern hatte die Mutter einmal gesagt: »Euer Vater ist

243

der größte Versager und das größte Arschloch aller Zeiten!«
Der Vater stand im Türrahmen und hörte zu! Verschämt zog
er sich ins Schlafzimmer zurück, ohne zu reagieren. »Welch
eine Schande, sich das bieten zu lassen!«, hatte Klaus damals
gedacht und ihn noch tiefer verachtet …

Klaus stellte sich damals auf die Seite desjenigen Elternteils, der psychisch stärker war. Häufig ist das so! Doch unbewusst ist man auch solidarisch mit dem unterlegenen Elternteil. In diesem Fall ist das der Vater. Er hatte stets prophezeit,
dass Klaus beruflich scheitern würde. Damit der Vater auch
recht behielt, hatte Klaus kein Glück in der Kunst. Und auch
in anderen Lebensbereichen ließ er es sich schlecht gehen.

In einer weiteren Sitzung ließ Klaus seine Reue dem Vater
gegenüber fließen. Er nahm den Todeswunsch zurück und
bat seine Seele, ihn zum Schaden von niemandem jetzt für
immer aufzulösen.

Nach dieser Sitzung hörte ich drei Jahre nichts mehr von
Klaus. Als er sich dann für eine meiner Gruppen anmeldete,
berichtete er, dass unsere letzte Sitzung sein Leben grundlegend verändert hatte. Nicht nur hatte er schon nach wenigen Monaten durch »Zufälle« die beruflich richtigen Kontakte geknüpft, die ihn seitdem zum erfolgreichen Künstler
machten, sondern vor allem hatte sich sein Lebensgefühl
grundlegend zum Positiven gewandelt. Er fühlte sich in seiner Kraft.

# Gefährliche Energiestaubsauger

Alkoholprobleme, Drogen, Essstörungen, Ängste und anderes sind schlimme Energiestaubsauger. Wenn Sie denen in die
Fänge geraten sind, zögern Sie nicht, fachliche Hilfe bei einem Therapeuten zu holen, damit Sie im Leben Ihre Kraft
wieder für andere Dinge und Ziele einsetzen können.

Viele Menschen haben wiederkehrende Gedanken, die
ebenfalls als Energieleck wirken können. Diese negativen
Glaubenssätze lauten zum Beispiel:

»Ich bin ein Versager!«

»Ich kann das nicht!«

»Ich habe zu wenig Wissen.«

»Ich habe zwei linke Hände.«

Diese Reihe können Sie, liebe Leserin, lieber Leser, mit Sicherheit fortsetzen, denn *jeder* von uns hat negative, ihn selbst
untergrabende Gedankenmuster in sich. Seien Sie aufmerk-
samer für das, was Sie innerlich denken! Haben Sie einen negativen Glaubenssatz ausfindig gemacht, dann formulieren
Sie ihn inhaltlich um, sagen Sie dann beispielsweise Folgendes:

»Ich habe schon die Erfahrung gemacht, dass ich Probleme
lösen kann.«

»Ich mach mich an die Aufgabe – ich gebe das, was ich
kann!«

»Was mir an Wissen fehlt, das besorge ich mir noch.«

»Ich lasse mich einfach überraschen.«

Wiederholen Sie innerlich den neuen Satz ab und zu. Die
Wiederholung ist wichtig, da das alte Denkmuster verschwin-
den und dem neuen Platz machen soll.

# Alltägliche Energieschlucker

Es gibt im Alltag kleinere Energieschlucker, die man auf Herz und Nieren prüfen und einschränken sollte: Smartphones saugen einem beispielsweise viel Nervenenergie ab. Sie tun das auf vielfältige Weise: Beispielsweise wird unsere Sehkraft durch ständiges Schauen auf den kleinen Bildschirm gestört. In der Netzhaut des Auges befinden sich kleine Rezeptoren, die das Fotopigment Melanopsin enthalten und besonders auf das blaue kurzwellige Licht des Kleinbildschirms reagieren. Wer sich abends intensiv dem Smartphone widmet, dessen Gehirn schaltet auf »Tagesaktivität« um. Die Folge: Er kann nur noch mit großer Mühe einschlafen. Zusätzlich kann der Augendauerstress, bedingt durch das Lesen am kleinen Bildschirm, zu einem Nachlassen der Sehkraft führten. Technikfreaks haben deshalb eine App entwickelt, die sich Handy-Vielnutzer herunterladen sollten: »Blaulicht Filter – Augenpflege«. Diese App vermindert die schädliche Lichtwirkung des Smartphones deutlich.

Außerdem lässt häufige Smartphone-Nutzung die Konzentration sinken. Je länger wir ohne Pausen mit diesen Geräten arbeiten, desto gereizter und unruhiger werden wir. Wir verlieren (Nerven-)Energie, weil unser vegetatives Nervensystem nicht mehr im Gleichgewicht ist. Bei immer mehr jungen Menschen kippt der Umgang mit Smartphones in Sucht um. Wer gewisse Zeit sein Handy nicht »checken« kann, entwickelt Entzugssymptome. Der Fachverband Medienabhängigkeit plädiert dafür, die Abhängigkeit von Smartphones als Suchterkrankung anzuerkennen. MRT-Untersuchungen des Gehirns haben in der Tat bewiesen, dass bei Drogenkranken und Smartphone-Abhängigen dieselben Hirnareale krankhaft aktiviert sind. Wann immer Sie es sich leisten können, sollten Sie das Ding daher mal für längere Zeit ausschalten, um Ihre Nerven regenerieren zu lassen. Insbesondere in der Zeit vor dem Schlafengehen sollten Smartphones abgeschaltet sein.

Auch Playstations und Computerspiele sind *kein* Mittel zur nervlichen Erholung. Viele Männer und Jugendliche glauben, dass sie sich dadurch abreagieren und entspannen können. Subjektiv mag das so empfunden werden, objektiv jedoch *verbrauchen* PC-Spiele extrem viel Nervenenergie. Ich habe es in meiner eigenen Familie beobachtet und genervte Eltern in der Praxis haben es mir oft bestätigt: Je länger und intensiver der Jugendliche PC-Spiele spielt, desto gereizter ist er hinterher – auch wenn er sich subjektiv (!) entspannt fühlt. Wenn das PC-Spielen zeitlich stark eingegrenzt wird, kommt in der Regel ein ganz neuer, viel freundlicherer Mensch zum Vorschein! Erwachsene Männer haben leider oft dieselben Probleme wie Jugendliche. Die anderen Familienmitglieder müssen es ausbaden ...

Noch vor den Playstation- und Internetzeiten war der Dauerfernsehkonsum ein klassischer Energieräuber. Auch heute gilt das noch! Laut einer amerikanischen wissenschaftlichen Studie der University of Texas in Austin aus dem Jahr 2014 besteht ein Zusammenhang zwischen exzessivem TV-Konsum und Depressionen. Zitat: »Bislang wurde Seriensucht als harmlos eingestuft. Unsere Studie zeigt, dass dies nicht so ist.«[8] Deutlich verschärft hat sich die Situation, seit man im

---

8  Hanno Charisius: »Depressiv vor dem Fernseher. Schlägt exzessiver Serienkonsum auf das Gemüt?«

Internet bei Streaming-Portalen ohne zeitliche Begrenzung und ständig verfügbar TV-Serien schauen kann. Gerade in den USA versuchen momentan immer mehr TV-Sender, ihre Serien online zu vermarkten. Dies dürfte in Kürze auch bei uns geschehen. Holen Sie sich Hilfe, wenn Sie merken, dass Sie oder Angehörige davon abhängig werden.

# Häuser und Orte

## Orte des Kraftverlusts

### Die Wohnung als Energiesauger

Es gibt Wohnumgebungen, die stark energiezehrend auf uns wirken. Beispiele aus meiner Praxis sollen das verdeutlichen. Jasmin hatte seit Kurzem eine Wohnung zur Miete in einem neu errichteten Haus bezogen. Seit sie dort lebte, konnte sie nachts kaum durchschlafen. Durch den Mangel an Schlaf fühlte sie sich sehr im Alltag beeinträchtigt.

In meiner Praxis machten wir einige Wahrnehmungsübungen zu ihrer Wohnung.[9] Das Resultat war, dass sich eine gewalttätige Energie zeigte. Ich bat Jasmin zu prüfen, ob vor ihrer Zeit etwas Schlimmes in dieser Wohnung passiert sei, mit dem ihre Psyche nun in Kontakt getreten war.

Dies zu erfragen, war für Jasmin kein großes Problem. Da es sich um ein neu errichtetes Haus handelte, hatte das Gebäude noch keine lange Geschichte. Durch Zufall kam Jasmin mit

---

9  Genauer habe ich das Vorgehen beschrieben in meinem Buch: »Wie aus Beruf Berufung wird. Erfolg und Glück aus Sicht des Familienstellens«, Seite 213 ff.

einem Bauern in der Nähe ins Gespräch. Dieser erzählte ihr, dass sich an jener Stelle, an der Haus errichtet wurde, zuvor ein Mann erschossen hatte. Nachdem Jasmin ein Ritual in ihrer Wohnung durchgeführt hatte, konnte sie dort tatsächlich wieder ruhig schlafen.

Meiner Erfahrung nach hat jeder geografische Platz sein eigenes Kraftfeld. Wenn an einem Ort etwas Bestimmtes geschehen ist, können sensible Menschen mit der dort herrschenden Energie in Kontakt kommen.

Der Biologe Rupert Sheldrake hat in seinen Büchern beeindruckende ähnliche Fallgeschichten gesammelt. Er spricht im Zusammenhang mit solchen Phänomenen von »morphogenetischen Feldern« oder »morphischen Feldern«. Er geht davon aus, dass diese Felder raumzeitliche Organisationsmuster darstellen. Sie »besitzen eine Art eingebautes Gedächtnis. Das Gedächtnis beruht auf dem Prozess der morphischen Resonanz, des Einflusses von Gleichem auf Gleiches über Raum und Zeit.«[10]

In all diesen Feldern sind somit sämtliche Informationen gespeichert, die auf dem betreffenden Stück Erde bedeutsam waren. Auf Schlachtfeldern der Weltkriege beispielsweise sind immer noch die Informationen des damaligen Horrors gespeichert. Auch wer in Auschwitz über das Gelände geht, auf dem früher die Baracken der Häftlinge standen, kann das damalige Grausen noch wahrnehmen.

Hier ein weiteres Beispiel über die Speicherung von Informationen in der Dimension des Raumes. Es macht deutlich, dass

10  Rupert Sheldrake: »Sieben Experimente, die die Welt verändern könnten«, Seite 93.

eine Wohnung im Resultat ähnlich energiezehrend auf uns wirken kann wie ein Energievampir.

Ein mit mir befreundeter Psychotherapeut war einmal mit seiner Familie in einer Ferienwohnung in den Alpen. In der ersten Nacht dort schliefen alle Familienmitglieder extrem schlecht: Jeder hatte Albträume von Morden und anderen blutigen Szenen. Der Freund selbst sagte am Morgen nach dem Aufstehen zu seiner Frau: »Heute Nacht habe ich mich so gefühlt, als ob ich schizophren wäre. Hier in der Wohnung herrscht eine schizophrene Kraft! Lach mich bitte nicht aus: Aber zum ersten Mal kann ich körperlich und psychisch nachempfinden, was Schizophrenie wirklich ist.« Die Frau nickte, denn sie empfand ähnlich. Auch sie hatte eine Alb-traum-Horrornacht hinter sich.

In der zweiten Nacht das Gleiche. Auch die Kinder schlie-fen unruhig. Man besprach, ob man diese Wohnung nicht verlassen sollte, denn offensichtlich stimmte hier etwas nicht. Konnte es Zufall sein, dass alle Familienmitglieder nachts Albträume von Morden hatten, obwohl dies sonst nie der Fall war? Nach einer Wanderung kam die Familie dann abends nach Hause. In der Wohnung stank es nach Niko-tin. Doch niemand in der Familie war Raucher. In der Toi-lettenschüssel fanden sich mehrere Zigarettenkippen, die obenauf schwammen. Ein Gespräch mit der Vermieterin brachte Folgendes zu Tage: Diese Wohnung war eigentlich im Besitz ihres Sohnes. Dieser war an Schizophrenie erkrankt, doch vorübergehend war er aus der psychiatrischen Klinik entlassen worden. An jenem Tag war er mit seinem Woh-nungsschlüssel in »seine« Wohnung gegangen und hatte dort geraucht.

## Das verfluchte Haus

Wenn ein Haus verflucht worden ist, dann entwickelt es sich mit Sicherheit zu einem permanenten Energieleck im Leben dessen, der es bewohnt. Dazu ein Beispiel aus meiner Arbeit: Anette wohnte in dem geerbten Haus ihrer Eltern. Es ging ihr dort schlecht. Sowohl die Nachbarn nervten sie, als auch die Heizung, gegen deren Bollern kein Heizungsinstallateur bislang ein Mittel gefunden hatte. Außerdem fühlte sie sich immer depressiver auf dem Grundstück.

Als ich Anette nach der Vorgeschichte des Hauses fragte, erzählte sie, dass die Eltern das Haus bei einer Auktion ersteigert hatten. Der vorige Besitzer musste es zwangsversteigern lassen, weil er seine Schulden nicht begleichen konnte. Zwar hatte er noch die Hoffnung gehabt, dass Anettes Eltern ihn wenigstens als Mieter dort wohnen lassen würden, doch als ihm dieser Wunsch nicht gewährt wurde, hat er in der Öffentlichkeit einen Fluch ausgesprochen: »Jeder Mensch, der in meinem Haus wohnen wird, soll verflucht sein. Er soll unglücklich werden bis zu seinem letzten Lebenstag!«

Während Anette dies berichtete, stellten sich mir alle Haare am Körper auf. Ich sagte: »Es liegt viel Kraft in diesem Fluch, er wirkt immer noch, und zwar auf Sie!«

Anette nickte: »Das habe ich immer schon geahnt!«

Auf meinen Vorschlag verneigte sich Anette innerlich vor dem früheren Besitzer und sagte ihm: »Ich achte deine wirtschaftlichen Probleme und den Verlust deines Hauses. Mit all dem habe ich nichts zu tun, denn ich war noch nicht geboren worden, als meine Eltern sich weigerten, dich dort noch wohnen zu lassen. Bitte blick freundlich auf mich, wenn ich mich traue, auf diesem Grundstück doch noch mein Glück zu finden.«

Anette rannen Tränen herunter, während sie diese Sätze sprach.

Ungefähr ein Jahr später hatte ich wieder Kontakt mit Anette, weil sie nun wegen eines beruflichen Problems zu mir kam. Sie berichtete, dass sie sich seit der letzten Sitzung wesentlich wohler in dem Haus fühle. Zwar sei es noch nicht ganz so, wie sie es sich wünsche, aber doch wesentlich besser als früher. »Sogar die schwerfällig bollernde Heizung hat sich damals nach unserer Sitzung entschieden, wieder ruhiger zu arbeiten«, erzählte sie mir schmunzelnd.

Zuweilen sind Flüche, die bei Zwangsversteigerungen von Häusern ausgesprochen werden, so intensiv, dass es tatsächlich das Klügste ist, ein solches Anwesen wieder aufzugeben. Meiner Erfahrung nach lässt sich beobachten, dass die Chancen, in weit unter Wert ersteigerten Häusern und Immobilien glücklich zu werden, gering sind. In der Regel wirken negative Emotionen und Neid des früheren Besitzers höchst ungünstig auf den Käufer und seine Familie. Für Schnäppchen muss hier in der Regel ein hoher energetischer Preis bezahlt werden.

Eine weitere Geschichte aus meinem Freundeskreis: Ein Mann kaufte ein tolles Haus, das bei einer Zwangsversteigerung angeboten wurde. Wie ein Schneekönig freute er sich, dass er ungefähr fünfzigtausend Euro gespart hatte. Nachdem er alles selbst renoviert hatte und mit der Familie einzogen war, sagte er mir drei Monate später: »Ich suche einen neuen Käufer für unser Haus: Meine Frau und ich ... wir lassen uns scheiden! Hast du Interesse?« Ich war damals zwar auf Haussuche, habe aber dankend abgewunken!

## Gespeicherte Familienerinnerungen als Energieleck

Maria hat ein Haus geerbt, das schon immer ihrer Familie gehört hatte. In diesem Haus war viel Tragisches geschehen. Als Maria zehn Jahre alt war, starb die Mutter an Krebs. Sieben Jahre lang hatte ihr Leiden gedauert, das Maria als Kind mittragen und aushalten musste. Genau in diesem Haus hatte auch die Mutter ihre Kindheit erlebt und war viele Jahre von ihrem Vater, Marias Opa, sexuell missbraucht worden. Nachdem vor zwei Jahren der Vater gestorben war, hatte Maria dieses Haus geerbt. Sie stellte sich seitdem die Frage, ob sie es seelisch aushält, weiter an diesem Ort zu leben, denn es ging ihr dort nicht gut.

Wir machten eine Reihe von Übungen, an deren Ende klar wird, warum es Maria so schwerfiel, das Haus zu verkaufen: Sie glaubte, sie müsse »die Stellung halten«. Doch für wen sollte sie das tun? Sie ist ein Einzelkind und es gab für niemanden etwas zu bewahren. Wenn sie jetzt nur auf sich selbst und die Zukunft schaut, kann sie mit gutem Gewissen das Haus verkaufen und sich einen neuen Ort suchen, der energetisch unbelastet ist.

## Orte, an denen man unfreiwillig Energie verliert

An allen Orten, die mit erhöhten potenziellen Gefahren verbunden sind, neigen wir dazu, unfreiwillig Energie zu verlieren, vor allem durch Angst: fremde, dunkle Keller, Bahnunterführungen, Tunnel, Tiefgaragen – überhaupt alle dunklen Orte. Wo das Licht fehlt, fehlen die Energie und der Schutz.

Überall da, wo große Menschenmassen anzutreffen sind, besteht ebenfalls die Gefahr, viel Energie zu verlieren. Eine Menge von Menschen wirkt wie ein Staubsauger, der mehr einsaugt, als man ihm eigentlich zugesteht. Selbstverständlich gilt das nicht für jede große Gruppe. Wenn sich viele Menschen treffen, um zu beten oder selbstlose Dinge zu tun, kann man sogar Kraft schöpfen. Je banaler jedoch der Grund der Menschenansammlung ist, desto mehr Kraft verlieren wir. Aussaugend wirkt es zum Beispiel, wenn Sie sich zu einer Gruppe Schaulustiger bei einem Verkehrsunfall gesellen oder zu einer Demonstration auf der Straße, bei der aggressive Parolen geschrien werden. Menschenmassen erschaffen unbewusst einen neuen »energetischen Mechanismus«, dem man sich kaum entziehen kann. Dem Einzelnen wird energetisch entnommen, was der größere Energiekörper, die Menge, benötigt. Der Literaturnobelpreisträger Elias Canetti hat in seinem epochalen Werk »Masse und Macht« diese Prozesse anschaulich beschrieben.

Ähnliches passiert bei Konzerten von Heavy-Metal-Musik, Punk-Rock, Acid-Rock und so weiter. Die Kombination von stereotypen, lauten Rhythmen mit extrem aggressiven Texten wirkt lebensfeindlich auf unser Energiesystem. Diskotheken, in denen die Musik so laut ist, dass man anschließend im Bett vor lauter Ohrensausen nicht einschlafen kann, sind ebenfalls Orte, an denen man Energie abgibt. In beiden Fällen spielt es keine Rolle, ob wir die Musik mögen oder nicht – die Kraft wird uns abgesogen. Schon Adolf Hitler und Joseph Goebbels wussten, wie man Menschenmengen »gleichschaltet«: primitive Rhythmen in Musik (Marschmusik) und Sprache (laute Stakkatoreden) versetzen die Hörer in einen tranceartigen

Zustand, in dem sie bereitwillig psychische Energie abgeben, die als Bewunderung und Begeisterung an den Redner oder auch einen »Künstler« zurückfließen. Es gibt zahlreiche Techniken, mit denen man als Vampir unzähligen Menschen gleichzeitig Energie entnehmen und sie sogar schlimmstenfalls, zum Beispiel politisch, manipulieren kann.

Wie wir schon wissen, sind an allen Orten Energien aus der Vergangenheit gespeichert. Wenn ein Gefängnis abgerissen wird und anschließend das Areal als privates Baugelände verkauft wird, würde ich dringend von einem Engagement abraten! Es könnte sonst passieren, dass Sie von den dort gespeicherten Gedankenenergien der verzweifelten Gefangenen verfolgt werden.

## Orte, an denen man Kraft tanken kann

Orte können natürlich auch positive Energie speichern, die sie an uns abgeben, wenn wir uns dort befinden. Ein Wasserfall, an dem wir uns beispielsweise aufhalten, ist wie eine Energiedusche. Kaum etwas anderes lädt uns nach meiner Erfahrung so schnell und so stark mit Energie auf. Doch auch der Aufenthalt an einem Bergbach oder einem Fluss, einem See spendet uns Kraft. Warum zieht es Abermillionen Menschen regelmäßig ans Meer? Warum träumt fast jeder im Alltag ab und an davon, auf Meerwasser zu schauen? Erraten! Weil das Meer ein extrem hohes Energiereservoir für uns bereithält, von den medizinischen Segnungen eines Aufenthalts dort ganz zu schweigen. Ähnliches gilt für eine schöne Berglandschaft. Und selbst ein Wohnzimmer, das mit

Blumenbildern und anderen Dingen dekoriert ist, gibt mehr Energie an seine Bewohner oder Besucher ab als ein kahles Zimmer. Ein Klient von mir, der sich beruflich ständig in Hotelzimmern aufhält, klagte mir gegenüber einmal: »Dieses ständige Wohnen in stillosen kahlen Zimmern macht mich depressiv, raubt mir die letzte Kraft. Deswegen nehme ich mir jetzt auf jede Reise das Poster eines Pferdebildes von Franz Marc mit und hänge es dort mit Reißbrettstiftchen an die Wand!« Außerdem hatte er als Reiseprofi stets eine 75-Watt-Birne dabei, denn er fühlte sich unwohl in den dunklen Hotelhöhlen mit ihren 40-Watt-Birnen, bei denen man kaum ein Buch lesen kann.

Ich will Sie nicht animieren, auf jede Reise Poster mitzunehmen, doch laufen Sie bitte einmal wie als Fremder durch Ihr Haus und fragen Sie sich, was Sie machen können, um die Hausenergie zu stärken. Ein frischer Blumenstrauß ist übrigens nicht nur etwas für das Auge, sondern er hebt das Energieniveau eines Raums – jeder, der sich mit Feng-Shui beschäftigt hat, weiß das. Und apropos Licht: Sparen Sie nicht mit Lampen und der Wattstärke. Je heller es ist, desto mehr Energie ist für Sie und Ihre Familienmitglieder vorhanden.

Dome, Klöster und Wallfahrtsstätten aller Religionen überall auf der Welt weisen in der Regel ein positives Energiepotenzial auf. Selbst in einer gewöhnlichen Kirche kann man sich energetisch aufladen. Wenn man weiß wie! Die alten Baumeister wussten genau, an welcher Stelle man eine Kirche errichtet. Im Gegensatz zu heutigen Architekten erkannten sie die Kraftfelder eines Ortes. Wenn man sich in die Nähe der Altartreppe in einer Kirche stellt, kann man in den meisten Fällen nach circa drei Minuten wahrnehmen, dass es in

Füßen, Beinen, manchmal sogar in den Händen vibriert oder kribbelt. Das ist *keine* Einbildung! Probieren Sie es bitte aus! Meiner Erfahrung nach können fast alle Menschen, wenn sie sich vorurteilsfrei auf diese Wahrnehmungsübung einlassen, diese Kraft spüren. Wer dies häufiger macht, wird feststellen, dass die Energien in allen Kirchen zwar ähnlich, aber nie identisch sind. Die Qualitäten der ausströmenden Kraft sind unterschiedlich, aber fast immer positiv. Ganz selten gibt es auch Kirchen, in denen die Energie nicht anders ist als in gewöhnlichen Häusern, sodass man hier auch keine Kraft tanken kann.

Allerdings kann einem auch in der Kirche Kraft abgezogen werden. Dies ist meist in der Nähe von Gräbern und Krypten der Fall. Auf Friedhöfen sollte man ebenfalls nicht mehr Zeit als notwendig verbringen. Das hat nicht nur (direkt) mit den Toten zu tun. Hier geht es auch um die gespeicherte Trauerenergie einer Unzahl von Menschen aus der Vergangenheit, mit der wir unbewusst in Kontakt treten, wenn wir auf einen Friedhof gehen.

## Sie bauen ein eigenes Haus?

Damit ein Haus Energie an Sie abgibt, statt Ihnen welche abzusaugen, sollten Sie als Bauherr viele Dinge beachten. Hier folgt nur eine winzige Auswahl von Punkten, die jedoch in Bezug auf die Lebensenergie eine große Rolle spielen.

Als Erstes sollten Sie die Geschichte des Hauses und des Grundstückes in Erfahrung bringen. Ist an dieser Stelle früher einmal etwas Schlimmes geschehen? Hat es ein

Familiendrama gegeben? Wenn die Straße, an der gebaut werden soll, beispielsweise »Zum Galgenberg« heißt, sollten Sie sich intensiver mit der Geschichte des Ortes bekannt machen. Stand in Ihrer Straße früher mal der Galgen? Heißt es »Friedhofsweg«, weil hier vor gar nicht allzu langer Zeit mal ein Friedhof gewesen ist, der später aufgelöst wurde?

Da Sie in Ihrem eigenen Haus viel Zeit verbringen, sollten die Zimmer viel Licht sammeln, die Fenster sollten demnach groß genug sein. Insbesondere Wohn- und Arbeitszimmer sollten viel Licht hereinlassen. Immer wieder sieht man neue Häuser, die auf den ersten Blick eine interessante Kombination von Holz und sehr viel Glas benutzen und vor allem beim Wohn- und Essbereich riesige Fensterfronten aufweisen. Licht ist hier zweifellos genug vorhanden. Für das menschliche Energiesystem sind diese durchsichtigen »Hasenkästen« jedoch nicht förderlich! Unbewusst stört es uns, wenn jeder, der am Haus vorbeigeht, exakt sehen kann, ob wir heute Müsli oder Brot zum Frühstück essen. Der Neandertaler in uns mag es überhaupt nicht, sich so schutzlos *ständig* optisch der Nachbarschaft zu präsentieren. Unbewusst fühlt man sich in solch einem Haus bedroht – und zwar permanent! Im Übrigen geht es wirklich niemanden etwas an, wie viele Küsse Sie Ihrer Frau zum Frühstück geben und in welchem Bademantel sie zum Essen erscheint.

Wohnen hinter Beton-, Stahl- und Glasfassaden ist für Ihre Kraft nicht förderlich. Schlimm genug, wenn Sie beruflich gezwungen sind, in solch einem architektonisch kalten Büroturm zu arbeiten. Machen Sie es in Ihrem eigenen Haus anders, wenn Sie die Möglichkeit dazu haben! In einem selbst gebauten Haus sollten auch Farben und biologisch aktive

Materialien verwendet werden, wie zum Beispiel Holz. Der Trend zu Grau und Schwarz dämpft hingegen unsere Lebenskraft. Umso schlimmer, dass die modernen Küchen auf Farben komplett verzichten. Sowohl Autos als auch moderne Inneneinrichtungen bevorzugen Grau, Schwarz und Weiß – unser Gemüt wird dadurch negativ beeinflusst. Günstig wäre außerdem, wenn die Lage des Hauses ruhig ist, denn Lärm wirkt als intensiver energetischer Staubsauger.

# Energie schöpfen

Nach all den Ausführungen dazu, wie, wo und an wen Sie Energie verlieren können, kommen wir nun dazu, wie sich Kraft gewinnen lässt.

## Das Denken

Die Qualität des Denkens bestimmt sehr stark das Energie-niveau eines Menschen. Wer positiv denkt und eine positive Grundeinstellung zu seinen Mitmenschen hat, der weist eine höhere Grundenergie auf als ein Pessimist und jemand, der ständig negativ denkt. Negatives Denken bedeutet immer ei-nen großen Energieverlust. Als Psychotherapeut mache ich sogar die Erfahrung, dass negative Emotionen wie Rache, Neid, Eifersucht und so weiter die Wirkung haben, uns aus sämtlichen Lösungen herauszukatapultieren, die wir uns mühsam in der Therapie erarbeitet haben. Wenn diese nega-tiven Emotionen nur kurzfristig bestehen, dann geht man in der Regel unbewusst nach einer gewissen Zeit wieder in die erarbeiteten Lösungen zurück. Bleibt man jedoch gefangen im negativen Denken und Empfinden, dann muss man sich nicht wundern, wenn Psychotherapien folgenlos verpuffen. Dies gilt selbst dann, wenn einem die Therapie für eine bestimmte Zeit sehr gut geholfen hat.

Ein wichtiger Hinweis für Sie muss daher lauten: Prüfen Sie von Zeit zu Zeit Ihre inneren Monologe! Verfluchen Sie andere? Reden Sie sich ständig ein, dass Sie ein Versager sind? »Alle können das hier, nur ich nicht, ich werde es nie lernen!« Hat Ihnen Ihr Vater früher eingeredet, dass Sie ein Versager sind? Dann wird es Zeit, diese alten Muster aufzulösen – möglicherweise mit fachlicher Unterstützung eines Therapeuten. Ansonsten stiften diese alten Muster heute in Ihrem Alltag Unfrieden und rauben Ihnen die Energie. Außerdem ziehen solche Programmierungen im Alltag Energiediebe an. Sie wittern nämlich alle sensiblen Punkte an Ihnen, die es sich lohnt anzugreifen.

Für einen chronischen Pessimisten ist schon eine Umprogrammierung wie die folgende ein großer Fortschritt: »Noch kommt mir diese Aufgabe schwer vor, doch ich lasse mich darauf ein. Alles ist möglich!«

## Rückbindung an das Göttliche

Wer eine religiöse Grundeinstellung hat, der hat einen großen Vorteil gegenüber seinen Mitmenschen: Die Qualität des Denkens und das eigene Energiereservoir kann man nämlich durch Beten erhöhen. Es gibt verschiedene Arten des Betens. Geläufig ist uns allen das Wunschbeten: »Lieber Gott, mach, dass ich diesen Job auch bekomme, dass mein kranker Magen gesund wird …« Oft fallen Menschen beim Beten in die

Kindrolle zurück und fangen an zu jammern: »Bitte, bitte, lieber Gott ...« Sie verwechseln den lieben Gott mit einer Kindergärtnerin oder mit einer schwerhörigen Mutter.

Nirgends habe ich so erhellende Worte über das Beten gefunden wie bei dem berühmten indischen Meister Yogananda. Bekannt ist vor allem sein spiritueller Bestseller: »Autobiografie eines Yogi«, der in unzählige Sprachen übersetzt wurde. Weniger bekannt sind seine Einzelschriften, wie zum Beispiel »Aus der Quelle der Seele«. In diesem Buch schreibt Yogananda über das Beten: »Das Geheimnis des erfolgreichen Betens liegt darin, dass ihr euch nicht mehr als Bettler betrachtet, sondern als Kinder Gottes. Wenn ihr euch in diesem Bewusstsein an Ihn wendet, besitzt euer Gebet sowohl Kraft als auch Weisheit.[11]

Beten ist nur dann sinnvoll, so Yogananda, wenn wir selbst von der Kraft des Gebets überzeugt sind. Nur wenn wir selbst an den Erfolg des Betens glauben, kann sich dieser auch einstellen.

Wenn wir das Göttliche in uns ansprechen, müssen wir darauf gefasst sein, dass die Ergebnisse des Betens anders sein können als von uns (egoistisch) gewünscht. Beten wirkt sich in ganzheitlicher Weise auf uns und unser Leben aus – es wirkt nicht als platter Wunscherfüllungsmechanismus. Gott ist kein Onlinehändler!

Aus energetischer Sicht entscheidend ist die Intensität des Betens: Wer betet, sollte seine Gedanken so konzentriert wie möglich auf Gott richten und dabei nicht an irgendetwas

---

11 Paramahansa Yogananda: »Aus der Quelle der Seele. Wege zum erfolgreichen Beten«, Seite 12.

anderes denken. »Mechanisches Beten« verpufft meist ohne große Wirkung. Yogananda erzählt in diesem Zusammenhang die Geschichte seiner Tante. Wie viele Asiaten besaß sie eine Perlenschnur, an der sie die Gebete ständig abzählte. Eines Tages kam sie zu Yogananda und gestand, dass Gott vierzig Jahre lang ihre Gebete nie erhört habe: »Kein Wunder! Ihre ›Gebete‹ waren nicht viel mehr als eine nervöse körperliche Angewohnheit. Wenn ihr betet, denkt an nichts anderes als an den Geist«, sagt Yogananda.[12]

Viele Menschen leisten sich den Luxus des Betens nur dann, wenn sie krank sind oder es ihnen aktuell schlecht geht. Gott schätzt es jedoch sehr, so Yogananda, wenn er nicht nur als Notrufzentrale angesehen wird. Kontakte, die täglich gepflegt werden, wirken viel intensiver als bloße Notrufe. Viele Menschen beten mit ungläubigem Herzen oder mit der Einstellung, dass ja doch alles zwecklos sei und dass Gott ihre Gebete ohnehin nicht erhören wird. Wie könnte ein solches Beten funktionieren?

Yogananda legt allergrößten Wert auf die innere Einstellung zum Beten: »Ähnlich ist es, wenn ihr betet und sofort irgendein Zeichen von Gott erwartet, dass euer Wunsch erfüllt worden ist; dann wird nichts geschehen. Versucht nie, Gott auf die Probe zu stellen. Betet aber unentwegt.«[13]

Wie wichtig gerade in Extremsituationen die Rückbindung an Gott ist, lernen wir von dem Franzosen Jacques Lusseyran, Professor für Romanistik. Er erblindete 1932 im Alter von acht Jahren. Mit siebzehn ging er zur Resistance, wurde

12  Ebenda, Seite 56.
13  Ebenda, Seite 131.

jedoch 1943 von den Deutschen verhaftet und kam ins KZ Buchenwald.

Im Falle eines KZ kann man natürlich nicht von der Existenz von Krafträubern oder Energievampiren sprechen. Was einem dort begegnete, hatte in der Gestalt von SS-Männern eine ganz andere, viel schrecklichere Qualität. Es ging jeden Tag aufs Neue darum, gegen diese permanente Lebensbedrohung und den Terror zu überleben. Was jedoch in solch einer Extremsituation wirksam half, das könnte auch uns helfen in der Auseinandersetzung mit Energievampiren und schlimmen, Kraft kostenden Lebenssituationen.

Lusseyran war umgeben von Folter, Hinrichtung und eigener schwerer Krankheit. Was ihn vor allem überleben ließ, nannte er in seinen schriftlichen Berichten das »innere Licht«. Die alltäglichen Qualen meisterte er vor allem mit der Konzentration auf den gerade stattfindenden Moment. Es galt, alles zu vergessen, was schlimm war: tote Kameraden, Gefahren, die eigene Familie und die Freunde. »Vergessen, das war das Gesetz«, schreibt Lusseyran. Ohne zu vergessen, war es nicht möglich, sich die Lebensenergie zu sparen, die man für das Überleben brauchte: »Erinnerungen sind zu zart, zu dicht an der Angst, sie verzehren die Energie. Man musste in der Gegenwart leben, jede Sekunde mit Haut und Haaren verschlingen, sich an ihr sättigen.«[14]

Das Gesetz der völligen Konzentration auf die Gegenwart galt für alles, auch für das Essen. Wenn man eine Brotration erhielt, durfte man sie sich nicht aufheben, sondern musste sie

14 Jacques Lusseyran: »Das wiedergefundene Licht. Die Lebensgeschichte eines Blinden im französischen Widerstand«, Seite 225.

sofort essen, und zwar herzhaft, »Bissen für Bissen, als sei jedes Stückchen alle Nahrung auf Erden«. Keinesfalls durfte man daran denken, dass es einem vor einer Stunde bitterkalt gewesen war und es in einer Stunde wieder bitterkalt werden würde. Es ging nur darum, den jetzigen Augenblick zu feiern! Alle Erinnerungen und Hoffnungen mussten aufgehalten werden. »Und seltsam: kein Angstgefühl konnte dieser Kur lange widerstehen. Nimmt man dem Schmerz seinen doppelten Resonanzboden – die Erinnerung und die Angst –, lebt er zwar weiter, doch schon zur Hälfte befreit. Man musste sich in jede Minute stürzen, als sei es die einzige, die wirklich existiert, und arbeiten, viel arbeiten.«[15]

Zentral für Lusseyran war der kraftvolle Umgang mit Ängsten aller Art. Ohne die Ängste von sich zu schütteln, hätte er, so Lusseyran, nicht überlebt. Als er eine schwere Rippenfellentzündung mit Komplikationen (Taubheit durch Ohrenentzündung, Durchfall und beginnende Sepsis) bekam, half ihm die Krankheit, die Angst zu überwinden. Seiner Überzeugung nach rettete ihn die Krankheit sogar vor dem Tod! Durch das körperliche Leiden trat er in eine andere Welt ein – jedoch bei vollem Bewusstsein. Er erlebte völlig klar die Phasen der Krankheit und konnte zusehen, wie sich die Organe des Körpers nacheinander abschalteten. Am Ende spürte er vor allem das Herz, das sich nur ungenügend zusammenzog und ausdehnte und den Kopf mit einem mächtigen Geräusch erfüllte: Er wusste genau, was er hier sah. »Mein Körper schickte sich an, diese Welt zu verlassen. Er wollte nicht ohne Weiteres hinübergehen. Er wollte überhaupt nicht

15  Ebenda, Seite 225.

hinübergehen. Ich spürte das an den Schmerzen, die er mir schuf. Er wand sich nach allen Richtungen, wie es Schlangen tun, die man durchgeschnitten hat.«[16]

Verblüfft stellte er fest, dass nicht der Tod von ihm Besitz ergriffen hatte, sondern das Leben: »Noch nie hatte ich so intensiv gelebt. Das Leben war eine Substanz in mir geworden.« Diese drang in ihn ein mit einer Wucht, die um vieles stärker war als er. Sie kam »wie eine Liebkosung von Licht auf mich zu«. Sie berührte ihn. Erstaunt registrierte er, dass er begann, Namen für Gott zu stammeln: Jesus, Gott, Christus ... »Ich versuchte nicht, nachzudenken. Für Metaphysik war noch viel Zeit. (...) Ich sog an der Quelle. (...) Es ist wahr, ich konnte mir nicht selbst helfen. Niemand kann sich selbst helfen (...) die SS auch nicht, das ließ mich lächeln. Aber es gab etwas, das an mir lag: die Hilfe des Herrn nicht zurückzuweisen. Diesen Hauch, mit dem er mich übergoss. Es war der einzige Kampf, den ich zu führen hatte (...) ich durfte nicht zulassen, dass die Angst meinen Körper überfiel. Denn Angst tötet, Freude aber schenkt Leben.«[17]

Lusseyran wurde gesund und lebte anschließend noch elf Monate im Lager bis zu seiner Befreiung. Sein Fazit ist unfassbar: Von dreihundertdreißig Tagen äußerster Not, »habe ich heute nicht eine einzige schlechte Erinnerung behalten. Ich wurde von einer Hand getragen.« Statt sich auf sich selbst zu konzentrieren, fragte er sich jeden Tag, welchem Todgeweihten, welchem Kameraden er durch Worte oder anderes helfen könne.

16 Ebenda, Seite 219.
17 Ebenda, Seite 219.

Vorbild für Lusseyran war ein Mitgefangener, Jeremie, ein Schmied. So seltsam es klingt, strahlte dieser Mensch inmitten all des Mordens und furchtbaren Leides Freude aus. Lusseyran erkannte das Geheimnis dieses Mannes: Er verzichtete vollständig auf negative Gedanken der Rache, des Hasses, jeglicher Negativität – ein Ego existierte in ihm offensichtlich nicht. Er war »aus dem Netz der zwangsläufigen Reflexe entschlüpft; allein dieser Umstand (...) kann seine Person erklären.« Jeremie war in sein Innerstes eingetaucht und hatte dort »das Übernatürliche oder – wenn jemand das Wort stört – das Wesentliche freigelegt, das von keinen Umständen abhängt, das zu jeder Zeit und an jedem Ort, im Schmerz wie in der Freude existieren kann. Er hatte die Quelle des Lebens gefunden. Und gleichzeitig umgab ihn ein Mantel aus Transparenz und Reinheit.«[18]

Was bedeuten all diese Erfahrungen aus Extremsituationen für uns und unsere Leiden an Krafträubern und Energievampiren?

Gestatten Sie einem Energieräuber nicht, dass er sie zu negativen Emotionen provoziert: Keine aggressiven Entladungen, Rachegefühle, Beschimpfungen – weder real geäußert noch gedacht! Trainieren Sie innerlich, gelassen auf den »Kot« zu reagieren, der auf Sie geworfen wird.

Egal, ob Ihnen eine bestimmte Lebenssituation momentan die Energie wegnimmt oder Sie am Arbeitsplatz unter Energieräubern leiden: Bemühen Sie sich, optimistisch zu denken.

18  Jacques Lusseyran: »Das Leben beginnt heute. Erinnerungen und Begegnungen eines Blinden«, Seite 27.

Wenn Ihre momentane Situation extrem ist, dann machen Sie es wie Lusseyran: Stürzen Sie sich in jede Minute, die gerade erlebbar ist, als sei es die einzige, die existiert. Konzentrieren Sie sich im Denken ganz auf den gegenwärtigen Moment.

Kontrollieren Sie Ihre Gedanken: Schwelgen Sie in Bildern der Vergangenheit, zum Beispiel als Ihr Chef Sie das letzte Mal fertigmachte? Stoppen Sie alle negativen Erinnerungsfilme dieser Art!

Stoppen Sie Filme von Angst, die in Ihnen ablaufen. Gut bewährt hat sich hierzu eine Atemübung, die im weiteren Verlauf dieses Kapitels noch vorgestellt wird. Solange Angst in Ihrem Körper verbleibt, schwächen Sie sich energetisch selbst. Außerdem ist Angst eine extrem intensive Einladung an potenzielle Energiediebe, sich an Ihnen zu nähren. Angst ist eine Energie, die in Spiralwindungen einen Sog nach unten bewirkt. Fast scheint sie nicht zu bändigen zu sein, doch ohne diesen Sieg gegen sich selbst zu erringen, können Sie Energievampiren nicht wirkungsvoll entgegentreten.

»Angst tötet, Freude schenkt Leben.« Suchen Sie sich zeitliche Nischen, in denen Sie Dinge tun, die Ihnen Freude bereiten. Egal, welche Vampire um Sie herum sein mögen, Sie werden vermutlich nicht vierundzwanzig Stunden am Tag in ihren Klauen hängen. Nutzen Sie Ihre freie Zeit dafür, sich auf den gegenwärtigen Moment der Freude zu konzentrieren. Gehen Sie mit einem guten Freund, einer guten Freundin ins Kino, gehen Sie Joggen, fahren Sie Rad oder machen Sie etwas anderes, was Ihnen und dem Körper Freude bereitet.

# Bewegung, Ernährung, Atem

## Bewegung

Sich regelmäßig körperlich zu bewegen und Sport zu treiben, kostet zwar (körperliche) Energie, aber es schenkt uns auch (feinstoffliche) Energie. Wer sich aufmerksam in der Natur umsieht, den lädt sie mit ihrer feinstofflichen Kraft wieder auf. Bewusst unterstützen kann man das, in dem man alles, was von der Natur kommt, imaginär einatmet: Sonnenlicht, Bäume, Wiesen, Blumen, ein Eichhörnchen ...

Eine indianische Weisheit sagt: »Mit jeder Pflanzen- und Tierart, die ausgerottet wird, stirbt auch ein Stück in jedem Menschen.« Wir sind direkter mit Mutter Natur verbunden, als wir glauben. Wenn wir im Alltag ein Stück gesunder Natur gefunden haben, ist es förderlich, unmittelbar sein Herz dafür aufzuschließen. Schon die nur wenige Sekunden dauernde Bewunderung einer besonderen Wolkenformation bewirkt, dass sich die Batterien ein klein wenig aufladen.

Bewegung ist nicht Bewegung. Achten Sie darauf, regelmäßig ins Schwitzen zu kommen – mit welchem Sport auch immer. Neben dem energetischen Effekt hat Schwitzen die Folge, dass es uns erdet. Nach stundenlanger Büro- und PC-Tätigkeit rotiert der Kopf. Um uns wieder ganz als Mensch fühlen zu können, brauchen wir Sport.

Natürlich kennt jeder die gesundheitlichen Aspekte des regelmäßigen Sports; sie sollen hier nicht verschwiegen werden: Sport hält schlank und beugt Thrombosen, Herzinfarkten, Schlaganfällen, Bluthochdruck, Arteriosklerose, Osteoporose und vielen anderen Krankheiten vor. Gerade im Winter ist

Sport wichtig, da er das Immunsystem stärkt. Die uns umgebende Heizungsluft schädigt unser Atemsystem. Ernähren wir uns dazu noch falsch, übersäuert unser Organismus, verschleimt und eine chronische Sinusitis oder ein anderer Infekt kann sich als Dauergast bei uns einnisten. Außerdem macht Sport glücklich – dank der Ausschüttung besonderer Hormone.

## Ernährung

Der Satz »Der Mensch ist, was er isst«, stimmt zumindest teilweise auf einer bestimmten Ebene, nämlich der gesundheitlichen. Wenn wir reine Luft, reines Wasser und unbelastete Nahrung zu uns nehmen, dann fördert das unsere Gesundheit – es gibt uns gute Energie. Wer trinkt schon freiwillig verdrecktes Wasser und atmet in tiefen Zügen die Auspuffgase eines Lkw ein? Mit der Nahrung jedoch sieht es anders aus! Wir essen Obst und Gemüse, die stark von Pestiziden und Schwermetallen belastet sind. Bitte glauben Sie nicht alles, was über »unbedenkliche Grenzwerte« gesagt und geschrieben wird! Nicht wenige Grenzwerte, die vor noch zehn Jahren als unbedenklich galten, gelten heute als sehr gefährlich. Die Wissenschaft hat sich eben weiterentwickelt. Beugen Sie vor, indem Sie sich nur gute Energie zuführen: biologische Lebensmittel und keine konventionell angebauten! Je frischer ein Lebensmittel, Obst oder Gemüse ist, desto mehr Energie weist es auf.

Wer Bio kauft, der unterstützt Artenvielfalt, verweigert sich der Gen- und Nanotechnik und leistet einen Beitrag für eine unverseuchte Umwelt. Nachgewiesenermaßen enthalten Bioprodukte wesentlich weniger Schadstoffe als »normale« Lebensmittel und enthalten mehr Vitalstoffe. Im Ökomonitoring, das im Auftrag des baden-württembergischen Ministeriums für den Ländlichen Raum und Verbraucherschutz 2015 in Auftrag gegeben wurde, zeigte sich, dass Ökogemüse 320-fach weniger Pestizide enthält als konventionell erzeugtes. Ökoobst ist 80-fach niedriger belastet als »normales« Obst. Dazu kommen weitere Vorteile, wie das Ministerium feststellt: »Der Ökolandbau hat viele Vorteile – unter anderem für Umwelt, Böden, Artenvielfalt und Tierwohl.«[19]

In dem wunderbaren Buch »Fit in die Kiste. Die Basismethode«, führen die beiden Apotheker Burkhard Sieper und Michael Eisenmann eine Fülle von Beispielen auf, die sogar beweisen, dass Bio billiger (!) ist als Konventionell.

Was die Giftwirkung konventioneller Lebensmittel angeht, erzählen die beiden eine drastische Geschichte. Eine Apothekenkundin schilderte Folgendes: »Ihr 17 Jahre alter, aber immer noch äußerst fideler Papagei sollte sich zur Abwechslung einmal eine Aprikose gönnen. Kein Problem, im Supermarkt um die Ecke waren die Aprikosen gerade im Sonderangebot. Unser kleiner Federfreund verspeiste die Aprikose genüsslich. Kurze Zeit später bildete sich Schaum vor seinem Schnabel, das Gefieder sträubte sich. Der arme Papagei bekam glasige Augen und war zunehmend benommen. Als die Aprikose noch mehr ›wirkte‹, verkrampften sich die Füße und das Herz-Kreislauf-System begann zu versagen. Letzte Rettung

19  siehe https://mlr.baden-wuerttemberg.de/de/unser-service/presse-und-oeffentlichkeitsarbeit/pressemitteilung/pid/oekomonitoring-2014-bestaetigt-oeko-lebensmittel-weit-ueberwiegend-rueckstandsfrei/ vom 19.6.2015.

war eine herzstabilisierende Spritze des Tierarztes, die unseren kleinen Freund gerade noch vor dem Tod retten konnte.«[20] Wen wundert es, dass diese Frau für ihren Papagei jetzt nur noch Bio kauft? Sollten wir für uns und unsere Kinder nicht ebenfalls umdenken?

Ich ahne es: Sie finden diese Geschichte übertrieben? Mancher Besitzer von Kleintieren wird Sie durch seine Erfahrung eines Besseren belehren. Man darf nämlich nicht vergessen, dass für einen Vogel mit seinem geringen Körpergewicht eine Giftmenge tödlich sein kann, die wir deutlich größeren Menschen noch verkraften können. Doch auch wenn wir nicht gleich tot umfallen nach dem Genuss von konventionellem Obst: Unser Körper reichert diese Gifte in uns an. Die gesundheitlichen Folgen werden sich in Zukunft deutlich zeigen. Genau 50 Prozent aller Bundesbürger erhalten bereits nach heutigen Statistiken einmal in ihrem Leben die Diagnose Krebs. Und der Zusammenhang zur gesunden Ernährung scheint sicher.

Über den Konsum von Fleisch könnte man ein eigenes Buch schreiben und in der Tat sind schon viele dazu geschrieben worden. Der extreme Einsatz von Antibiotika und Hormonen zur keimresistenten Schnellzüchtung verbietet eigentlich den Konsum einer solchen Ware, denn sie schadet uns sehr. Schaut man sich die schreckliche Tierhaltung in konventionellen Betrieben an, kann man guten Gewissens dieses Fleisch nicht verzehren. Außerdem sollte man sich klarmachen, dass man von Biofleisch viel weniger essen muss

20  Burkhard Sieper, Michael Eisenmann: »Fit in die Kiste. Die Basismethode«, Seite 34.

als von »normalem« Fleisch, um ein Sättigungsgefühl zu erhalten. Machen Sie den Test: Ein kleines Biosteak erzeugt dasselbe Sättigungsgefühl wie ein großes konventionelles Steak. Nicht die Masse macht's, sondern die Qualität! Und überhaupt: Ein- bis zweimal Fleisch pro Woche reicht für eine vernünftige Ernährung völlig aus.

Immer mehr Menschen pfeifen auf gesundes Essen. Für die meisten zählt: Schnell und billig muss es sein! Zu dem beliebten Argument, Bio sei zu teuer, hat das Öko-Institut Freiburg im November 2014 eine Studie veröffentlicht. Das Ergebnis ist ermutigend: Für den Einzelnen entstehen gerade mal sieben Euro Mehrkosten pro Monat, wenn er sich mit ökologisch hergestellten und fair gehandelten Lebensmitteln versorgt und sich außerdem an den Empfehlungen der deutschen Gesellschaft für Ernährung orientiert: weniger Fleisch, dafür mehr Obst, Gemüse und Milchprodukte.[21]

Bio trägt übrigens auch dazu bei, dass wir unsere Geschmacksfähigkeit behalten. Die Lebensmittelindustrie dagegen macht alles, um uns einem Einheitsgeschmack näherzubringen. Beispielsweise erhält man heute im Supermarkt nur noch selten stichfesten natürlichen Joghurt. Stattdessen muss alles »cremig gerührt« sein – mit Joghurt hat das nichts mehr zu tun, weder vom Geschmack her noch von der Konsistenz. Wie Joghurt früher geschmeckt hat, wissen unsere Kinder kaum noch. Der Frischmilch wird seit einiger Zeit H-Milch routinemäßig zugemischt, damit sie länger haltbar bleibt. Verkauft wird sie aber nicht als Variante der H-Milch,

---

21  Zitiert nach: »Schrot & Korn«, Aschaffenburg, 11/2014, Seite 14.

was der Wahrheit entspräche, sondern als »Länger haltbare Milch«. Diese Rosstäuschung schlägt sich auch im Geschmack nieder. Doch angeblich will der Kunde länger haltbare Milch – auch wenn es auf Kosten des Geschmacks geht. Mich jedenfalls hat niemand gefragt, ob ich das wirklich will. Wurden Sie gefragt?

Fertigpizzas werden vollgestopft mit Zusatzstoffen und Zucker, damit sie immer »gleichbleibend gut« schmecken. Frisch zubereitetes Gemüse scheint für immer mehr Menschen, besonders für Jugendliche, eine Zumutung zu sein. Dabei erhalten wir aus frischem Obst und Gemüse besonders viel Mineralstoffe und Lebensenergie!

In der vierten Grundschulklasse wurde in der Klasse meines Sohnes gefragt, was »Mangold« sei. Er war der Einzige, der wusste, dass es sich weder um eine berühmte Comicfigur noch um einen Ritter aus dem Mittelalter handelt.

Zu dieser bedenklichen Entwicklung gesellt sich der Boom der Mikrowelle, denn es muss ja alles schnell gehen. Die wenigsten wissen jedoch, dass Mikrowellen elektromagnetische Strahlen sind, die die Wechselwirkung der Wassermoleküle beeinflussen, wodurch Wärme erzeugt wird. Schon 1976 haben Wissenschaftler in der Sowjetunion herausgefunden, dass Eiweiße und Kohlenhydrate auf unnatürliche Weise zerfallen, wenn sie mit Mikrowellen bestrahlt werden. Das führte bei den Versuchspersonen zu Verdauungsstörungen und der Zunahme von Krebszellen im Blutserum. Kurzzeitig wurden Mikrowellen in der UdSSR sogar verboten!

Ebenfalls zu wenig bekannt ist die Entdeckung des Biologen Hans Hertel aus dem Jahre 1991, nach der Essen aus der Mikrowelle das Blutbild bei Menschen krankhaft verändert.

Laut einem Urteil des Europäischen Gerichtshofes darf der Biologe ungestraft in der Öffentlichkeit behaupten: »Mikrowellen verursachen Krebs.«[22]

Wenn Sie also sorgsam mit der Ihnen zur Verfügung stehenden biologischen Energie umgehen wollen, dann verzichten Sie konsequent auf die Mikrowelle! Ich muss gestehen: Mir bleibt fast immer das Herz stehen, wenn ich zusehen muss, wie eine Mutter die Nahrung für ihr Baby in der Mikrowelle zubereitet.

Achten sollte man – auch hinsichtlich des persönlichen Energiehaushalts – zusätzlich auf das, was man trinkt. Das Beste, was man zu sich nehmen kann, ist pures Quellwasser. Kein anderes Wasser hat eine solch positive Energie in sich. Wenn sich in Ihrer Nähe eine gute Quelle befindet, dann füllen Sie sich ab und an in Glasflaschen davon ab – allerdings nicht in Plastik!

Dazu eine eigene Geschichte. Vor sehr langer Zeit habe ich in einer neurologischen Klinik gearbeitet. Eine Kollegin im Labor erzählte mir, wie verblüfft sie immer ist, wenn sie das Patientenblut unter dem Mikroskop anschaut: Unglaublich viele kleine Teile würden darin rumschwimmen. Es hat eine Weile gedauert, bis sie merkte, was das ist: winzige Teilchen von den Plastikröhrchen, in denen fürs Labor das Blut geliefert wird. Es war unglaublich, wie stark das die Blutproben verschmutzte ... Zum Zeitpunkt dieser Geschichte gab es noch kaum Getränke in Plastikflaschen zu kaufen.

22  Burkhard Sieper, Michael Eisenmann: »Fit in die Kiste. Die Basismethode«, Seite 40, hier finden sich weitere Infos zur Mikrowellenforschung.

Mittlerweile wird es jedoch immer schwieriger, Getränke in Glas zu erhalten. Am schlimmsten für uns sind sie abgefüllt in Weichplastik, weil das besonders viele Plastikteilchen abgibt, die sich in unserem Gewebe ansammeln. Gefährdet sind besonders Kinder und Jugendliche! Wer aufmerksam durch den Supermarkt geht, findet mittlerweile auch Getränke in Hartplastikflaschen; sie sind zwar nicht so rein wie Glas, doch immerhin stellen sie einen guten Alltagskompromiss dar, weil sie deutlich weniger Plastik abgeben.

Eine Studie des Instituts für Ökologie, Evolution und Diversität der Universität Frankfurt hat ergeben, dass in zwölf von zwanzig Mineralwasser-Plastikflaschen Inhaltsstoffe mit hormonellen Wirkungen gefunden wurden.[23] Insbesondere die verwendeten chemischen Weichmacher stellen ein starkes gesundheitliches Risiko dar. Diskutiert wird sogar seit Längerem, ob diese Stoffe zur Unfruchtbarkeit führen können.

Zum Schluss noch ein Punkt, der uns theoretisch allen klar ist, den wir jedoch alle zu wenig beherzigen: Wer langsam und bewusst isst, tut nicht nur seinem Magen etwas Gutes, sondern er nimmt die Energie aus den Lebensmitteln gründlicher auf.

23 »Ist Wasser aus Plastik ungesund?«, in: t-online-Nachrichten: http://www.t-online. de/ratgeber/heim-garten/essen-trinken/id_49222780/ist-wasser-aus-plastikflaschen-ungesund-.html, abgerufen am 14.9.2014.

## Eine Atemübung

In Ihrem Umfeld befindet sich ein Energievampir, dem sie schlecht dauerhaft ausweichen können? Oder Sie befinden sich in einer kräftezehrenden Lebenssituation, die Sie oft ängstlich macht und lähmt? Die folgende Atemübung kann Ihr Problem zwar nicht ursächlich lösen, doch sie kann Ihnen zweifellos helfen, besser durch den Alltag zu kommen. Der Einsatz dieser Übung ist universell: Egal ob Sie Kopfschmerzen, Rückenschmerzen, Müdigkeit, Energielosigkeit, Angst oder Verzweiflung in sich spüren, machen Sie für maximal zehn Minuten Folgendes:

Nachdem Sie sich versichert haben, dass Sie in den nächsten zehn Minuten von niemandem gestört werden können, schalten Sie Ihr Smartphone aus, setzen sich bequem auf einen Stuhl, schließen die Augen und achten innerlich auf Ihren Körper. Wie fühlen Sie sich in Ihrem Körper?

Nun stellen Sie sich beim Einatmen vor, dass Sonnenenergie in Sie hineinströmt. Beim Ausatmen dagegen stellen Sie sich vor, dass alles, was Sie loswerden wollen, durch den leicht geöffneten Mund nach draußen geleitet wird: Schmerz, Angst, ein bestimmter körperlicher Zustand, was auch immer. Verstärken können Sie das Ausleiten noch dadurch, dass Sie sich das Negative, das Sie verlässt, als wegziehende Wolke vorstellt.

Atmen Sie auf diese Weise maximal zehn Minuten lang.

Wichtig: Atmen Sie während der Übung langsam ein und aus! Falls Sie irgendwelche Bedenken haben, fragen Sie Ihren Arzt. Seit zwanzig Jahren führe ich diese Übung in all meinen

Gruppen durch und oft gebe ich sie als Hausaufgabe Klienten mit. Bislang war die Rückmeldung äußerst positiv.

Natürlich gibt es viele weitere Möglichkeiten, sich wieder mit Energie aufzuladen: Hobbys und andere Dinge, die Ihnen Freude bereiten, sollten Sie gerade in energiezehrenden Zeiten pflegen. Gespräche mit Freunden, der Besuch eines guten Konzerts oder Theaterstücks, Tanzen gehen – all das kann Ihnen Energie spenden. Haus- und Gartenbesitzer wissen zudem aus Erfahrung: Das Arbeiten auf der eigenen Scholle, auf der Wiese, an Bäumen, Blumen, Obst und so weiter kann einen alles vergessen lassen. Anschließend fühlt man sich auf wunderbare Weise »neu«. Dies hängt mit der kosmischen Kraft zusammen, die wir beim Arbeiten in der Natur unbewusst in uns aufnehmen. Nutzen Sie es!

# Dank

Allen Menschen, die ratsuchend zu mir kamen, danke ich für ihr Vertrauen. Zu ihrem Schutz wurden Namen, Orte und Details verändert.

Wie schon so oft in der Vergangenheit, danke ich meinem Freund Dr. Norbert Linz für seine Hinweise zu Gliederung und Einleitung. Ebenfalls bedanke ich mich bei meinem Freund Wolfgang Kasper für seine Gedanken zur Konzeption des Buches.

Stockach-Wahlwies, Januar 2016

# Quellenverzeichnis

Charisius, Hanno: *Depressiv vor dem Fernseher. Schlägt exzessiver Serienkonsum auf das Gemüt?*, Süddeutsche Zeitung vom 30.1.2015, Seite 16

Herrmann, Sebastian: *Eingebildete Gangster. Wie leicht sich Erinnerungen an nicht begangene Straftaten wecken lassen,* Süddeutsche Zeitung vom 30.1.2015, Seite 16

Hirigoyen, Marie-France: *Die Masken der Niedertracht. Seelische Gewalt im Alltag und wie man sich dagegen wehren kann,* München 2002

Lusseyran, Jacques, *Das Leben beginnt heute. Erinnerungen und Begegnungen eines Blinden,* München 1990
– *Das wiedergefundene Licht. Die Lebensgeschichte eines Blinden im französischen Widerstand,* München 1989

Schäfer, Thomas: *So wird Ihr Kind bärenstark. Ein therapeutisches Vorlesebuch,* München 2009
– *Was die Seele krank macht und was sie heilt. Die psychotherapeutische Arbeit Bert Hellingers,* München 1997 und 2003

- *Was unseren Kindern wirklich hilft. Unterstützung bei sozialen Problemen und Krankheiten*, München 2015
- *Wenn der Körper Signale gibt. Wege zur Gesundheit durch Familienaufstellungen*, München 2012
- *Wenn Dornröschen nicht mehr aufwacht. Die Botschaft der Märchen in Familienaufstellungen*, München 2008
- *Wie aus Beruf Berufung wird. Erfolg und Glück aus Sicht des Familienstellens*, München 2009
- *Wie aus Leiden wieder Liebe wird. Mann und Frau aus Sicht des Familienstellens*, München 2007
- *Wie der Tod dem Leben dient. Abschied und Sterben im Familienstellen*, München 2008
- *Wie die Seele uns durchs Leben führt. Die Essenz des Familienstellens*, München 2011

Schindler, Jörg: *Die Rüpel-Republik. Warum sind wir so unsozial?*, Frankfurt 2012

Schultz, Tanjev: *Unpünktlich und ohne Disziplin*, Süddeutsche Zeitung vom 18.6.2010, Seite 19

Sheldrake, Rupert: *Sieben Experimente, die die Welt verändern könnten*, München 1997

Sieper, Burkhard / Eisenmann, Michael: *Fit in die Kiste. Die Basismethode*, Lörrach-Stetten 2009

Spitzer, Manfred: *Digitale Demenz. Wie wir uns und unsere Kinder um den Verstand bringen*, München 2012

Steinitz, David: *Die spinnen, die Eltern*, Süddeutsche Zeitung vom 15.1.2015, Seite 12

Yogananda, Paramahansa: *Aus der Quelle der Seele. Wege zum erfolgreichen Beten*, Los Angeles 1998

# Über den Autor

Thomas Schäfer, M.A. (phil.), arbeitet seit 1993 als Heilpraktiker mit dem Schwerpunkt Psychotherapie und Familien-
stellen. Aus- und Fortbildungen im Familienstellen, NLP,
Hypnotherapie (nach Milton Erickson), Traumatherapie (SE
nach Dr. Peter Levine) und eine private Lehranalyse (nach
C.G. Jung).

Er lebt und arbeitet am Bodensee und ist Autor von über
zwanzig Fachbüchern, die in viele Sprachen übersetzt wurden.

Informationen über Seminare, weitere Bücher des Autors und
seine Arbeit:

Thomas Schäfer
Burgweg 27
78333 Stockach-Wahlwies
Telefon: 07771- 919405
Internet: www.FamilienaufstellungenThoSchaefer.de
E-Mail: tho.schaefer@t-online.de

# Rebecca Zinn

## Die besten Abwehrtechniken gegen negative Kräfte

Zahlreiche Berichte belegen: Schwarzmagische Übergriffe gibt es wirklich – und sie können großen Schaden anrichten: Menschen werden plötzlich krank, Beziehungen gehen auseinander, geradezu Unerklärliches geschieht ...

Rebekka Zinns Buch basiert auf persönlichen Erfahrungen und zeigt Auswege auf. Als erfahrenes Clearing-Medium versteht sie sich auf die Abwehr von Fremdenergien und hat bereits vielen Menschen geholfen, die von magischen Manipulationen, Besetzungen und anderen negativen Kräften betroffen und blockiert waren. Ein packender Ratgeber mit überraschenden Fallbeispielen, Hintergrund-informationen zu schwarzer Magie, Liebes- und Trennungszauber und effektiven Abwehrtechniken für den Selbstschutz.

978-3-7787-7536-3

*Ansata*